Hans Blumenberg zur Einführung

Franz Josef Wetz

Hans Blumenberg zur Einführung

JUNIUS

Für Odo Marquard

Junius Verlag GmbH
Stresemannstraße 375
22761 Hamburg
Im Internet: www.junius-verlag.de

Titelbild: Suhrkamp Verlag
Satz: Junius Verlag
Printed in the EU 2020
ISBN 978-3-88506-684-2
5., vollständig überarb. Auflage 2020

Bibliografische Information der Deutschen Nationalbibliothek
Die Deutsche Nationalbibliothek verzeichnet diese Publikation in der Deutschen Nationalbibliografie; detaillierte bibliografische Daten sind im Internet über http://dnb.dnb.de abrufbar.

Inhalt

Auf Umwegen zur Einsiedelei

Als Blumenberg noch lebte, hätte man leicht annehmen können, er sei bereits tot; nachdem er tot ist, könnte man vermuten, er lebe noch. Woran liegt das? Die Antwort ist einfach: Ersteres an seinem freiwilligen Rückzug aus der Öffentlichkeit, Letzteres an den zahlreichen Neuerscheinungen aus dem Nachlass seit seinem Tod.

Über die Person Hans Blumenberg war zu dessen Lebzeiten wenig in Erfahrung zu bringen. Wer ihn näher kennenlernen wollte, musste ihn lesen, und das ist noch heute so. Konsequent befolgte er den römischen Grundsatz: »De nobis ipsis silemus, de re autem – Über uns selbst wollen wir schweigen, allein die Sache möge sprechen.« Blumenberg lebte in zunehmender und zuletzt völliger Abgeschiedenheit. Immer weniger suchte er die Öffentlichkeit – in den letzten Jahren überhaupt nicht mehr, gemäß der bekannten Sentenz des Ovid: »Bene vixit, qui bene latuit – Wohl lebt, wer im Verborgenen lebt.« Er führte das Leben eines philosophischen Eremiten, der in ein selbstgewähltes Exil ging, um in Ruhe schreiben zu können. Schreiben ist die vornehmste Art, sich von der Welt zurückzuziehen! Dennoch versteht sich ein solcher Rückzug im gegenwärtigen Wissenschaftsbetrieb keineswegs von selbst, in dem die Experten sich nicht nur dauernd Gehör verschaffen möchten, sondern auch ständig ins Bild zu bringen versuchen. Allenthalben ist ein Drang nach Sichtbarkeit zu beobachten: Sehen und Gesehenwerden bei Vorträgen, auf Kongressen, in Zeitungen und im Fernsehen. Blumenberg bildete da eine Ausnahme. Sichtbarkeit mit Verwundbarkeit gleichsetzend, entzog er sich dem Wissenschaftstourismus, der Kamera der Fotografen ebenso wie der des Fernsehens und zog es vor, in seiner Höhle zu bleiben – eine Metapher, mit der sich eines seiner umfangreichsten Bücher näher befasst (vgl. H). Eine Höhle macht das Auffällige unsichtbar und bietet Schutz dem Angreifbaren. Blumenberg bezeichnete sich selbst gerne als Nesthocker, und man darf hinzufügen: Der Ort, an dem sich der Stubenhocker am wohlsten fühlte, war zweifellos die Imagination.

Überspitzt formuliert könnte man Blumenbergs Verhältnis zu Menschen sogar mit der Beziehung von Löwen, die er als »sehr fleischeslustig« bezeichnete, zu Elefanten vergleichen, die er »sehr fleischhaltig« nannte: »Wenn sie sich nichts tun, so nicht aus Zuneigung [...]: Sie interessieren sich nicht füreinander. Das ist die solideste Grundlage fürs Überleben der einen mit den anderen [...]: Der eine ist für den anderen abwesend.« (Lö, 90)

Mehr als die Menschen scheint Blumenberg die Bücher geliebt zu haben, über die er selbst wieder Bücher schrieb. Wie ein kenntnisreicher Besucher einer Weltausstellung, die das Leben von Jahrhunderten, alte und neue Kulturen zeigt, bewegte er sich in der abendländischen Geistesgeschichte. Wilhelm Dilthey ähnlich schloss er aus der Gesamtheit der Kultur auf die Bedeutung des Menschen. »Was der Mensch sei, sagt ihm nur seine Geschichte«, schrieb Dilthey.[1] Hieraus ergab sich für Blumenberg die »elementare Obligation, Menschliches nicht verloren zu geben« (W, 170). Dabei passt die von Jacob Burckhardt geprägte Metapher des »Wühlergeistes« (H, 644) ebenso gut auf ihn selbst: »Der Geist weht nicht, wo und wohin er will – und er weht eben gar nicht, sondern er wühlt [...]; geweht wird in der Luft, gewühlt wird im Boden. Das macht die Verschärfung aus [...], daß es im Boden an die Wurzeln geht. Das Wühlen im

Boden unterwühlt diesen, macht alle Sicherheit des Stehens und Gehens auf ihm dubios.« (H, 645) Hiernach liegt das wirklich Wissenswerte weniger in der Höhe als vielmehr in der Tiefe.

Das Ideal von Blumenbergs Existenz hat Theodor Fontane formuliert, mit dem er sich gleichfalls intensiv auseinandersetzte: »still sitzen, wenig Störung, schreiben, lesen und Kaffee trinken« (F, 20). Doch lastete auf Blumenberg ein ungeheurer Zeitdruck, der sich im Alter verstärkte: Er wollte möglichst viele Bücher schreiben, nachdem er durch den Nationalsozialismus wichtige Jahre verloren hatte. Um diesen Verlust wettzumachen, sollte die Lebenszeit optimal genutzt werden. Darum schottete er sich von seinen Lesern ab, denen er für gewöhnlich viel, manchmal zu viel zumutet. Blumenbergs gelehrte Werke bewegen sich hart an der Grenze des Erträglichen, die sie hin und wieder überschreiten. Er ist zwar als Verfasser packender und zupackender Bücher bekannt – als ein Meister der Sprache, der oft brillante und elegante Formulierungen wählt und mit einprägsamen Wendungen nicht ohne Spannung interessante Zusammenhänge und Hintergründe aufdeckt, die etwas verständlich machen, das bislang unverständlich war. Auch fasziniert er sein Publikum durch die ungeheure Breite seiner Themen und eine kaum zu übertreffende Wissensfülle auf den Gebieten der Geschichte, Literatur, Astronomie, Theologie und Philosophie. Dennoch sind seine Texte schwer zugänglich, nicht für eine breite Leserschaft bestimmt, eher schon für ein gebildetes, um nicht zu sagen erlesenes Publikum – gemäß einem Ausspruch des Horaz: »Odi profanum volgus et arceo – Abhold bin ich gemeinem Volk, ich halte es fern.« Für Leserfreunde populärer Literatur werfen seine gelehrten Bücher nur wenig ab, obwohl seine späteren Werke zahlreiche Anekdoten und Erzählungen enthalten, was deren Zugang jedoch nicht unbedingt erleichtert. Allerdings verfasste er auch zugänglichere Texte. Schon in der

Zeit zwischen 1952 und 1955 schrieb er unter dem Pseudonym Alex Colly eine Reihe ernster und launiger Glossen, Essays und Rezensionen für die *Düsseldorfer* und *Bremer Nachrichten* – und ohne Decknamen gelegentlich auch für die *Süddeutsche Zeitung*. Wohl um den Ruf des seriösen Wissenschaftlers nicht zu gefährden, entschied er sich zum Pseudonym und wählte hierfür den Namen seines Hundes Alex, der ein Collie war. In den damaligen Artikeln beschäftigte er sich vorrangig mit Fragen der Zeit. Mehr als zwanzig Jahre später begann er von Neuem, Kulturbeiträge in Zeitungen wie der *FAZ* oder *NZZ* zu veröffentlichen – jetzt allerdings mit höheren Anforderungen an seine Leser.

Blumenbergs komplizierte Denk- und Schreibweise wie auch die verborgene logische Struktur der Argumentation erschweren manchen Interessierten den Zugang. Seine Fragestellung ist nicht immer klar ersichtlich und die Grundthese nur selten auf Anhieb verständlich. Blumenberg wählt für die Darstellung seiner verschlungenen Gedanken eine Kompositionsweise, die dem Leser ein Höchstmaß an Problemsensibilität und Konzentration abverlangt. In der Sprache der Musik gesprochen, bedient er sich nicht so sehr der Form der Sonate als vielmehr der Form der Suite. All dies bringt es mit sich, dass die Grundabsicht und Grundthese seiner Darstellungen häufig schwer auszumachen sind. Gleichwohl gibt es sie natürlich in seinen an Gedanken und Anregungen reichen Werken, auch ohne dass die näheren Angaben und Ausführungen hierzu besonders hervorgehoben werden oder die Grundabsicht am Anfang, die Grundthese am Ende seiner Bücher steht. Fest steht allein: Sie sind irgendwo anzutreffen. Jedoch bekommt man sie ohne geduldige und ausdauernde Lektüre nicht zu fassen. Das begrenzt von vornherein die Leserschaft, für die er schrieb, ohne sich um Fragen der Rezeption zu kümmern, was auf einen ungelösten Widerspruch hindeutet. Denn wozu Bücher verfassen für ein Publikum, das einen nicht interessiert? Weshalb möglichst schnell und schwer verständlich schreiben, wenn das Geschriebene doch nur Eingeweihte entschlüsseln können?

Sicherlich hätte sich Blumenberg als Schriftgelehrter auf den alten Ausspruch zurückziehen können: »Mihi ipsi scripsi – Für mich selbst habe ich geschrieben.« Dementsprechend hätte er an der Verbreitung eigener Schriften keinerlei Interesse zeigen müssen, weil ihr Ertrag so lediglich in einem besseren Selbstverständnis gelegen hätte. Nur, warum publiziert man dann überhaupt? Mit trockener Ironie fragte Blumenberg selbst:

> »Wann mag ein Urheber von Werken zufrieden sein mit dem Radius seiner Wirkung [...]? Sind 50 Leser eines Buches eine kleine Gemeinde? [...] Sind 5000 abgesetzte Exemplare Indiz für einen schönen Erfolg? [...] 500 000 in 25 Sprachen dann ein Welterfolg? Ich stelle mir einen hübschen Tag der Megalomanie vor, an dem mir ein Telegramm ins Haus kommt, die Hälfte der Menschheit [...] habe eins meiner Bücher erworben und, demoskopisch gesichert, auch gelesen – beziehungsweise sich vorlesen lassen! Unfehlbar wäre meine Reaktion augenblicklich: Und bitte: Was macht die andere Hälfte?« (S, 30)

Wie jeder Autor wollte auch Blumenberg gelesen werden; er wollte aber nicht, dass man über ihn schreibt. Davon riet er jedem ab, weil er immer noch lebe und arbeite, wie überhaupt große Teile seines Werkes noch unveröffentlicht seien, die als Nachlassbände erst nach und nach ans Licht der Öffentlichkeit kommen. Zahlreiche Manuskripte aus dem Nachlass sind inzwischen erschienen, andere werden folgen. Einige sind nicht sonderlich ergiebig. Sie enthalten Teile seiner archivierten Zettelkästen mit viel Unfertigem, Unausgereiftem und Ungefährem. (Vgl. Q) Andere enthalten manches Neue, Überraschende, Nennenswerte, aber nichts, das über den zu Lebzeiten in den »größeren« und »kleineren« Büchern entfalteten Grundgedanken hinausginge. Dessen allmähliche Entstehung soll im Folgenden nachgezeichnet und seine hintergründige Stellung in den verschiedenen Schriften offengelegt werden, ohne dabei das Spezifische und Unverwechselbare eines jeden dieser Bücher und Aufsätze außer Acht zu lassen.

Im Laufe unseres Lebens erzielen wir Menschen manchmal Gewinne, dann wieder erleiden wir Verluste. Ziehen wir Bilanz, so spricht der Saldo mal für uns, mal gegen uns. Eine besonders traurige Angelegenheit wird das Leben in Augenblicken der Enttäuschung, oft aber sogar in Momenten der Erfüllung, wenn die Verwirklichung unserer Träume ein Gefühl der Leere nach sich zieht. Wie praktisch jedes Dasein zeichnet auch die Lebensgeschichte Blumenbergs ein Bild mit größeren und kleineren Glückserfahrungen, mehr oder weniger bewältigten Enttäuschungen und anrührenden Kränkungen.

Hans Blumenberg ist einer der herausragenden Philosophen der Nachkriegszeit in Deutschland, dessen Werke zwar zu Lebzeiten folgenlos blieben, mittlerweile aber richtig erfolgreich sind. Geboren wurde er am 13. Juli 1920 in Lübeck, wo er auch zur Schule ging. Im Jahre 1939 legte er als einziger Schüler seines Jahrgangs am berühmten »Katharineum«, das auch Thomas Mann besuchte, seine Reifeprüfung mit Auszeichnung ab. Obwohl es damals üblich war, dass der Beste eines Jahrgangs die Abschlussrede bei der Abiturfeier hielt, wurde dem 19-jährigen Primus wegen der jüdischen Herkunft seiner Mutter diese Gepflogenheit verweigert. So bat Blumenberg einen Schulfreund, jene Rede zu halten, die er selbst verfasst hatte. Am liebsten hätte der nationalsozialistische Direktor, der ihm als Einzigem bei der Aushändigung des Zeugnisses nicht die Hand gab, ihm damals das Reifezeugnis verweigert. Nach den Nürnberger Rassegesetzen war Blumenberg ein »Halbjude«, aus jüdischer Perspektive ist er bei jüdischer Abstammung der Mutter schlicht ein Jude.

Als solcher durfte er nach seiner Schulzeit nicht an einer deutschen Universität studieren. Aus diesem Grund besuchte der »Katholik« Blumenberg zunächst in Paderborn und Frankfurt am Main kirchliche philosophisch-theologische Hochschulen, was ihm später jedoch auch untersagt wurde. Daraufhin kehrte er in seine Heimatstadt Lübeck zurück. Nachdem 1942 in der Nacht zu Palmsonntag bei einem Bombenangriff der Alliierten auf die Stadt Lübeck das elterliche Haus getroffen worden war, baute Blumenberg den vormals darin untergebrachten Kunstverlag des Vaters wieder auf. Noch im gleichen Jahr wurde er zum Arbeitsdienst bei dem Flugzeugbauer Dornier eingezogen, aus dem er aus gesundheitlichen Gründen bald wieder ausschied. Seit 1943 arbeitete er dann im Einkauf und später als Einkaufsleiter in den Lübecker Dräger Werken, wo bis heute Sauerstoffgeräte hergestellt werden. Wie viele von den Nationalsozialisten als »jüdische Mischlinge« klassifizierte Bürger wurde Blumenberg Anfang 1945 zur Zwangsarbeit in das Konzentrationslager Zerbst bei Dessau eingewiesen, von wo er dank der Initiative Heinrich Drägers – Eigentümer der Dräger Werke, der sich in der Zeit des Nationalsozialismus um viele Halbjuden verdient machte – nach einigen Wochen entkommen konnte. Er floh zur Familie seiner Lübecker Freundin und späteren Ehefrau Ursula, die ihm bis Kriegsende Unterschlupf gewährte.

Nach dem Zweiten Weltkrieg brachte Blumenberg sein Studium der Philosophie, Germanistik und Klassischen Philologie an der Universität Hamburg zum Abschluss. Promoviert wurde er 1947 in Kiel mit der Dissertation *Beiträge zum Problem der Ursprünglichkeit der mittelalterlich-scholastischen Ontologie.* Ebenfalls in Kiel habilitierte er sich 1950 mit der Abhandlung *Die ontologische Distanz. Eine Untersuchung über die Krisis der Phänomenologie Husserls.* Sein wichtigster Lehrer war der Phänomenologe Ludwig Landgrebe.

Im Jahre 1958 wurde Blumenberg außerordentlicher Professor für Philosophie in Hamburg. Eine ordentliche Professur erhielt der Vater von vier Kindern dann 1960 in Gießen. Ihr folgte 1965 ein Ruf nach Bochum und 1970 nach Münster, wo er bis zu seiner Emeritierung 1985 lehrte. Im Schloss zu Münster, seit Längerem Universitätsgebäude, fanden im Hörsaal VIII seine beliebten Freitagsvorlesungen auch für Nicht-Philosophen statt. Wie sehr Blumenberg schon während seiner letzten Lehrjahre in *sozialer Abgeschiedenheit* lebte, wird bereits daraus deutlich, dass er damals nur noch Vorlesungen hielt, aber keine Seminare mehr, um so den Kontakt zu den Studenten aufs Notwendigste zu beschränken. Im Schloss zu Münster hat man ihn zum letzten Mal öffentlich gesehen, bevor er sich von der Universität endgültig verabschiedete und fast alle Brücken zu Kollegen hinter sich abbrach, um sich in der *räumlichen Abgeschiedenheit* seiner privaten Klause fast ausschließlich der Schreibarbeit zu widmen. Hier suchte er zugleich *zeitliche Abgeschiedenheit:* Blumenberg floh vor dem Tag in die Nacht, deren Stille ihm genug Gelegenheit zum Nachdenken bot. Spätnachmittags begann seine Arbeitszeit, die mit der Zeitungslektüre in den Morgenstunden endete. Sein disziplinierter Lebenswandel und sein umfangreicher Nachlass lassen an Scipio Africanus denken, der nach Cato über sich selbst zu sagen pflegte: »Numquam se minus otiosum esse, quam cum otiosus, nec minus solum, quam cum solus esset – Er sei niemals weniger müßig, als wenn er müßig sei, niemals weniger allein, als wenn er allein sei.«

Freilich lebte Blumenberg nicht von Anbeginn zurückgezogen, wie seine Mitgliedschaft in der Akademie der Wissenschaft und der Literatur zu Mainz von 1960 bis 1974, im Senat der Deutschen Forschungsgemeinschaft von 1962 bis 1967 und im Gründungsgremium der ostwestfälischen Universität Bielefeld 1965 oder sein anfängliches Engagement in der 1963 mitbegründeten interdisziplinären Forschungsgruppe »Poetik und Hermeneutik« beweisen. Blumenberg ist Träger verschiedener Auszeichnungen – etwa des Kuno-Fischer-Preises der Universität Heidelberg 1974, des Sigmund-Freud-Preises für wissenschaftliche Prosa der Deutschen Akademie für Sprache und Dichtung in Darmstadt 1980 und des Ehrendoktors der Universität Gießen 1982.

Ein Jahr vor Blumenbergs Tod kam es zu einem kurzen Briefwechsel zwischen dem Senat der Hansestadt Lübeck und dem Philosophen, der nach der erlittenen Schmach im Nationalsozialismus seine Heimatstadt – bis auf den 25. Jahrestag des Abiturs, der alte Wunden wieder aufriss – nicht mehr betreten hatte. Wie Thomas Mann, dem sich Blumenberg auf vielerlei Weise verbunden fühlte, fand auch er nach dem Zweiten Weltkrieg in Lübeck keine Heimat mehr. Im Februar 1995 baten der damalige Kultursenator und der Bürgermeister in einem offiziellen Brief den Philosophen um Verzeihung für ihm widerfahrene Demütigungen und luden ihn ein, als Ehrengast der Hansestadt nach Lübeck zu kommen. Blumenbergs schriftliche Antwort vom 20.3.1995 beginnt mit den Worten »Ihren mich ehrenden Brief vom 8. Februar habe ich mit Bewegung aus der Hand gelegt« und endet mit den ergreifenden Sätzen: »Ich setze nun auf Ihr Verständnis, wenn ich Ihre Einladung annehme, zu deren Realisierung aber keine Zusage mache. Dieses Ausweichen erfüllt mich mit Trauer.« So kam es nicht mehr zu der vorgesehenen Verleihung der Ehrenbürgerwürde.

Nach einem schweren Schlaganfall im September 1994, von dem sich Hans Blumenberg nicht mehr völlig erholen sollte, verstarb er am 28. März 1996 im westfälischen Altenberge bei Münster. Obwohl er niemals aus der katholischen Kirche ausgetreten war – aus Dankbarkeit für erfahrene Förderung und familiäre Unterstützung in dürftiger Zeit –, ließ er sich ohne kirchlichen Beistand bestatten. Seine Asche liegt auf dem Grund der Kieler Bucht bei Laboe, sein Nachlass im Deutschen Literaturarchiv in Marbach am Neckar.

Über Leben und Welt im Bilde sein

1960 veröffentlichte Blumenberg in Rothackers *Archiv für Begriffsgeschichte* die Studie *Paradigmen zu einer Metaphorologie.* Dieser Programmschrift ging 1957 als Blumenbergs erster metaphorologischer Beitrag die Abhandlung *Licht als Metapher der Wahrheit* (Ä, 39 ff.) voraus. 1971 entwickelte er seine Metaphorologie weiter in *Anthropologische Annäherung an die Aktualität der Rhetorik* (W, 104 ff.), und 1979 baute er sie zu einer *Theorie der Unbegrifflichkeit* (SZ, 75 ff.) aus. Allgemein versteht Blumenberg unter Metaphorologie eine Lehre von den Bildern, die sich der Mensch für sein Dasein und die Welt schafft.[2] Blumenberg fragt jedoch nicht, was sich hinter diesen Bildern verbirgt, sondern welche Funktion sie einnehmen im geschichtlichen Prozess der Verständigung des Menschen über sich selbst und die Welt. An zahlreichen historischen Beispielen zeigt er, was Metaphern leisten.

Eine zentrale Frage in der Debatte über Metaphern ist bis heute deren Verhältnis zum Begriff. Blumenberg lehnte nicht nur Joachim Ritters Angebot zur Mitarbeit am begriffsgeschichtlichen Wörterbuch der Philosophie ab. Nachdem der erste Band des *Historischen Wörterbuchs der Philosophie* im Jahre 1971 erschienen war, fand Blumenberg seine Vorbehalte gegen Ritters Begriffslexikon bestätigt. Nicht bloß, dass das verarbeitete begriffsgeschichtliche Material aus seiner Sicht unzureichend blieb, den knappen Artikeln fehle außerdem die Kraft, die mit den jeweiligen Begriffen verbundenen Sinnhorizonte angemessen zu erschließen. Die dem Bedeutungswandel philosophischer Begriffe zugrunde liegenden Fragen, welche ihnen die jeweils vorausliegenden Epochen hinterließen und aus denen sich die jeweiligen Sinnverschiebungen überhaupt erst erklären ließen, würden nicht genug thematisiert. Davon abgesehen galt Blumenbergs damaliges Interesse vorrangig einer Metaphorologie, die er wie die Begriffsgeschichte als philosophische Hilfsdisziplin zur besseren Erfassung sich verändernder Wissensformationen und Weltbilder verstand. Mehr noch, die von ihm erstrebte Metaphorologie leiste sogar wichtige Hilfsdienste der Begriffsgeschichte, insofern sie die vorbegrifflichen Tiefenschichten philosophischer Begriffe aufspüren könne. Deren Untergrund bestehe keineswegs aus bloßem Sprachrauschen, sondern eben aus Metaphern.

Innerhalb der abendländischen Denkgeschichte hat erstmals Aristoteles den Ausdruck Metapher definiert: »Metapher ist die Übertragung eines fremden Nomens.«[3] Sie liegt vor, wenn die Bezeichnung für eine Sache auf eine andere übertragen wird. Blumenberg interessieren solche Wortübertragungen aber nicht bloß in Bezug auf die Begriffsgeschichte, sondern auch und vor allem ihrer praktischen Bedeutungen wegen. Er sieht in ihnen Hilfsmittel für den Menschen, mit sich und der Welt zurechtzukommen. Im Einzelnen untersucht er das Licht und die Nacktheit als Metaphern für die Wahrheit, die Seefahrt als Metapher für den menschlichen Lebensgang, die Uhr und die Maschine als Metaphern für die Wirklichkeit, um bloß einige zu nennen. Bereits diese Beispiele machen deutlich, dass auch Metaphern Begriffe sind, die eben nur nicht wörtlich genommen werden, wie überhaupt die Unterscheidung zwischen Begriff und Metapher verschwimmt, zumal beide gleichermaßen die menschliche Weltauffassung beeinflussen. Von der sinnbildenden Kraft solcher Bilder überzeugt, betrachtet Blumenberg Metaphern als unverzichtbar für das menschliche Selbstverständnis und Weltverhältnis. Insgesamt unterscheidet er drei Funktionen der Metapher:

1. In der philosophischen Schultradition wird die Frage nach der Bedeutung von Metaphern vor allem innerhalb der Poetik und Rhetorik abgehandelt, deren Worte im Gegensatz zur exakten Wissenschaftssprache auf anschauliche Vieldeutigkeit angelegt sind. Hier gelten Metaphern in erster Linie als schmuckartige Glanzlichter des Gesagten und Geschriebenen. So meint etwa Quintilian, dessen Ausführungen zur Rhetorik in der Schultradition maßgeblich geworden sind: Eine »Metapher [...] wirkt [...] so erfrischend und strahlend, daß sie, auch wenn sie in einem noch so glänzenden Redezusammenhang erscheint, doch noch ein eigenes Licht verbreitet.«[4] Als Schmuck einer Rede gehören Metaphern zu Ornamenten, die bestimmten Darbietungen nicht nur anschaulichen Reiz verleihen, sondern sich auch zur Steigerung der angestrebten Wirkung bei Betrachtern und Zuhörern eignen. Ornamenthaft gebrauchte Metaphern können in den Dienst von Aussagen treten, die bei einem kritischen Publikum um Zustimmung und Anerkennung werben. Wichtig ist hierbei, dass ornamentale Metaphern nichts zur Erweiterung dieser Aussagen beitragen. Sie helfen zwar mit, eine Feststellung gefällig zu präsentieren und dadurch attraktiv oder plausibel zu machen, bringen aber nichts zum Ausdruck, »was nicht auch in theoretisch-begrifflicher Weise dargestellt werden könnte« (PM, 8); als poetisches Beiwerk sind sie ohne eigenen Wahrheitsgehalt, können aber wesentliche Beiträge zur Illustration und Überredung leisten.

2. Davon zu unterscheiden ist als zweite Funktion der Metapher deren Verständnis als ungenauer Vorbegriff oder unklare Denkform. In dieser Funktion bringen Metaphern unpräzise und uneigentlich zum Ausdruck, was sich in eigentlicher und

genauer Sprache besser sagen ließe. Sie bewegen sich auf dem »Vorfeld der Begriffsbildung« (SZ, 77) und geben bloß vage kund, was sich von Philosophie und Wissenschaft präziser erfassen ließe. Eine solche Sichtweise begreift die »Übergänge von der Metapher zum Begriff« (PM, 88) analog dem Übergang »vom Mythos zum Logos« (PM, 9). Dabei herrscht die Meinung vor, dass alle »Formen und Elemente übertragener Rede [...] vorläufig und logisch überholbar« (PM, 7) seien. Alle mehrdeutigen Metaphern ließen sich in eindeutige Begriffe umformen. Darum gilt ihre Ausmerzung auch als wünschenswert; Metaphern seien so lange zu bekämpfen, bis »die philosophische Sprache rein begrifflich« (PM, 7) geworden sei. Ein solches Ideal verfolgte etwa Descartes in seinem *Discours de la méthode.* Danach ist nur zulässig, was sich zu begrifflicher Klarheit und Bestimmtheit bringen lässt, unzulässig dagegen, »was dem Standard der auf objektive Eindeutigkeit tendierenden Sprache nicht genügt« (SZ, 83). Wo immer Metaphern auftreten, hätten sie den Charakter von »Restbeständen« oder »Rudimenten« (PM, 9), die ihrer Ablösung durch klar definierte Begriffe harrten. Wo beispielsweise alte Mythen die Welt aus »Wasser« hervorgehen ließen, dort redet die heutige Wissenschaft von »Wasserstoff«.

Solch verächtlicher Abwertung der Metapher zu einem aufzulösenden Restbestand setzt Blumenberg seine Wertschätzung der Metapher als irreduzible Denkform entgegen. Zwar leugnet er nicht, dass Metaphern auch ausschmückende Ornamente und begrifflich einholbare Rudimente sein können. Metaphern dienten tatsächlich nicht immer der Aussagenerweiterung; zuweilen seien sie bloße Vorformen des Begriffs, die imaginativ vorzeichneten, was ein präziser Terminus zu definitorischer Bestimmtheit bringen könne. Blumenberg fordert sogar, »auf Metaphern nicht auszuweichen, wo Formeln möglich« (SZ, 89) seien. Zugleich aber bestreitet er, dass Metaphern nur Ornamente oder

Rudimente bilden: Nicht bloß, dass Wissenschaft und Philosophie ohne Metaphern gar nicht auskommen. Viele Metaphern besitzen überdies eine unüberholbare Eigenbedeutung.

3. Die Geschichte der Verteidigung der Metapher gegen ihre Herabwürdigung durch den logischen oder wissenschaftlichen Begriff, der sich für alles Nennenswerte und Sagbare zuständig erklärt, verläuft von Vico über Hamann, Novalis, die Gebrüder Schlegel, Nietzsche und Cassirer[5] bis zu Blumenberg und über ihn hinaus.[6] Metaphern sind dann mehr als Ornamente, wenn sie einen eigenständigen Bedeutungsgehalt besitzen. Metaphern sind darüber hinaus auch mehr als Rudimente, wenn sie im Besitz eines eigenständigen Bedeutungsgehaltes sind, für den keine anderen Ausdrücke als Metaphern zur Verfügung stehen. Wo dies der Fall ist, sind Metaphern keine bloßen »Restbestände« (PM, 9), die sich im Verlauf der Wissensentwicklung durch logische Begriffe ersetzen und verdrängen lassen, sondern »Grundbestände der philosophischen Sprache« (PM, 9). Wenn logische Verlegenheit besteht, dann fungieren sie als Platzhalter, um Erklärungs- und Verständnislücken zu füllen. Als solche besitzen sie einen aussagenerweiternden, unbegrifflichen Eigensinn. Sprachliche Bilder dieser Art nennt Blumenberg »absolute Metaphern« (PM, 9). Ihnen gilt sein Hauptinteresse.

Unabhängig und sogar früher als Blumenberg gebrauchte der Romanist Hugo Friedrich den Terminus »absolute Metapher«[7]. Darunter verstand er jedoch etwas anderes als Blumenberg. Absolute Metaphern bezeichnen nach Friedrich vor allem in der modernen Lyrik vorkommende sinnliche Irrealitäten wie etwa »Azurrotz« oder »holzbeschuhte Hirtengedichte knurren im Garten«. Solche Metaphern erschließen eine Welt, »deren Realität allein in der Sprache existiert«[8]. Dagegen führt Blumenberg den Terminus absolute Metapher zur Kennzeichnung jener sprachlichen Bilder ein, die semantische Gehalte umfassen, welche sich der Ausdruckskraft der begrifflichen und objektivierenden Sprache von Philosophie und Wissenschaft entziehen. Ihm zufolge gibt es eine Dimension des unbegrifflich Metaphorischen, die sich nicht ins begrifflich Logische übersetzen lässt.

Worum handelt es sich dabei? Über die Bedeutung absoluter Metaphern gibt nach Blumenberg vor allem ihre Funktion näheren Aufschluss. Allgemein dienen absolute Metaphern der Beantwortung höchster und unabweislicher Fragen, die sich jeder wissenschaftlichen Klärung entziehen und nach Immanuel Kant die theoretische Vernunft überfordern: »Absolute Metaphern beantworten jene vermeintlich naiven, prinzipiell unbeantwortbaren Fragen, deren Relevanz ganz einfach darin liegt, daß sie nicht eliminierbar sind, weil wir sie nicht stellen, sondern als im Daseinsgrund gestellte vorfinden.« (PM, 19) Blumenberg unterteilt diese Fragen in theoretische Totalitätsfragen und pragmatische Orientierungsfragen. Absolute Metaphern haben demnach eine »theoretische« (PM, 62) und zugleich eine »pragmatische« (ebd.) Aufgabe. Ihre theoretische Funktion besteht im Aufschließen von Totalhorizonten. Absolute Metaphern »geben einer Welt Struktur, repräsentieren das nie erfahrbare, nie übersehbare Ganze der Realität« (PM, 20). Sie lassen ein Bild von der Totalität der Wirklichkeit entstehen. Zu solchen Welt-Bildern zählen die Vorstellungen von der Wirklichkeit als Polis, Lebewesen, Theater oder Uhrwerk. Diese und ähnliche Metaphern beanspruchen nicht, einzelne Sachverhalte der Wirklichkeit darzustellen, sondern die Totalität der Welt selbst zu vergegenwärtigen. Selbstredend genügen sie nicht dem Anspruch des strengen Denkens, und dennoch müssen sie ihm genug sein, wenn nicht auf eine Vorstellung vom Ganzen verzichtet werden soll. So bieten uns vertraute sprachliche Bilder eine Anschauung von der unbegrifflichen Totalität der Wirklichkeit, an deren Stelle sie treten. Zwar haben Metaphern – wie als »Restbestände« – auch als »Grundbestände« die Funktion eines bloßen »Ersatzes«; aber mit dem wesentlichen Unterschied, dass Letztere für etwas stehen, das sich weder in Begriffe überführen noch durch Begriffe angemessen erfassen lässt: Absolute Metaphern stellen die unüberschaubare, nie erfahrbare Wirklichkeit im Ganzen dar. Darin stimmen sie mit Immanuel Kants Verständnis des Symbols überein:[9] Wie Symbole Vernunftideen, denen keine sinnliche Anschauung angemessen ist, dennoch anschaulich repräsentieren können, etwa die Schönheit die Sittlichkeit, machen absolute Metaphern, etwa die Vorstellung der Welt als Maschine oder Organismus, das nicht erlebbare Ganze sinnlich erfassbar.

Nun veranschaulichen solche Metaphern aber nicht bloß die ungegenständliche Totalität der Welt, sie fungieren darüber hinaus als Orientierungsmuster. Zum Gehalt absoluter Metaphern gehören Wertungen, die bestimmte »Haltungen, Erwartungen, Tätigkeiten und Untätigkeiten, Sehnsüchte und Enttäuschungen, Interessen und Gleichgültigkeiten« (PM, 20) freisetzen. Absolute Metaphern sind sonach auch Ausdrucksformen von »Grundhaltungen und Verhaltungen« (PM, 62). Sie repräsentieren und orientieren zugleich.

Diese Leistung absoluter Metaphern führt Blumenberg an zahlreichen historischen Beispielen vor. Er schreibt eine Reihe von Entwicklungsgeschichten grundlegender Bilder, an deren Stelle im Laufe der abendländischen Kulturgeschichte häufig nicht strenge Begriffe, sondern zumeist wieder andere sprachliche Bilder getreten sind. Dabei gibt Blumenbergs Nachzeichnung der Wandlungen grundlegender Metaphern mehr als nur eine lexikalische Übersicht über das Auftreten bestimmter Bilder. Eine solche findet sich etwa bei Ernst Robert Curtius in *Europäische Literatur und Lateinisches Mittelalter*[10] und im *Historischen Wörterbuch der Philosophie*. Ausgehend von der Annahme, dass absolute Metaphern Sichtweisen der Welt und des Menschen strukturieren, bemüht sich Blumenberg dagegen, aus den verschiedenen Daseins- und Weltmetaphern jeweils ein Ganzes von Erfahrbarkeit herauszulesen, d.h. geschichtlich sich wandelnde Sinnhorizonte freizulegen, »innerhalb derer Begriffe ihre Modifikationen erfahren« (PM, 11).

Zur Illustration der theoretischen Repräsentierungs- und pragmatischen Orientierungsfunktion absoluter Metaphern seien zwei Beispiele angeführt: Die pantheistischen Stoiker verstanden unter Welt einen am Augenschein orientierten harmonischen Ordnungszusammenhang. In Bezug auf das physische Weltall gebrauchten sie die absolute Metapher des »Kosmos«, was so viel wie »wohlgegliederte Schmuckordnung« heißt. Die ungegenständliche Totalität der Wirklichkeit sei ein vollkommenes Schmuckstück (theoretische Funktion). Dieses verdiene bewundernde Betrachtung. Der Mensch sei sogar auf die Welt gekommen, um diese Schmuckordnung, das physische Weltall, anzuschauen (pragmatische Funktion). Ganz anders verhält es sich hingegen bei den atomistischen Epikureern: Ihnen zufolge besteht die Welt aus einer Unendlichkeit von Atomen, die sich im leeren Raum bewegen und sich hierbei verbinden und trennen. Auch der atomare Weltzusammenhang hat den Charakter einer absoluten Metapher, insofern durch ihn zugleich die Wertlosigkeit und Gleichgültigkeit der Natur gegenüber den in ihr ablaufenden Prozessen angezeigt wird (theoretische Funktion). Die Welt ist weder göttlich noch geschöpflich, sondern einfach natürlich. Natürlichkeit bedeutet wiederum, als Metapher verstanden, Befreiung von den furchterregenden Göttern (pragmatische Funktion). Denn ist die Welt das Natürliche, das von selbst da ist, so ist es nicht weiter verwunderlich, dass es sie überhaupt gibt und dass sie so beschaffen ist, wie sie ist. Als das Nächstliegende ist sie für die Epikureer nichts, das nach bewundernder Betrachtung verlangt, sondern vielmehr etwas, um das sich der Mensch nicht zu kümmern braucht und dem er folglich mit Gleichgültigkeit begegnen soll (pragmatische Funktion).

Absolute Metaphern lassen sich nicht nur in mythischen, religiösen und metaphysischen Sinnhorizonten und Sichtweisen antreffen. Auch die wissenschaftliche Weltauffassung ist metaphernhaltig. Blumenberg behandelt diesen Gesichtspunkt unter der Überschrift »Metaphorisierte Kosmologie« (PM, 106). So werde in der Neuzeit die mit dem Namen Kopernikus verbundene Herabsetzung und Neutralisierung der Erde zum Himmelskörper unter anderen »nicht als Erkenntnis, nicht als Hypothese, sondern als Metapher« (PM, 108) genommen. Der Kosmos werde in den Rang einer über die Stellung des Menschen in der Welt Aufschluss gebenden Metapher erhoben: »Geozentrik und Heliozentrik bzw. Azentrik werden zu Diagrammen, von denen abzulesen sein soll, was es mit dem Menschen in der Welt auf sich hat.« (PM, 108) Blumenberg beschreibt dies als »Gängelung unseres Selbstverständnisses durch die kosmologische Metapher« (PM, 108). Diese beschere uns in der Neuzeit eine große Enttäuschung und Ernüchterung. Denn das unermessliche Universum der physikalischen Kosmologie avanciere zur absoluten Metapher dafür, dass die Erde nicht mehr als »ein bevorzugtes Sympathiezentrum der kosmischen Strebungen« (PM, 116) angesehen werden und der Mensch nicht mehr »diese ganze kosmische Veranstaltung auf sich beziehen« (PM, 113) könne. Im unermesslichen Weltall »ohne besondere Kennzeichen« (PM, 116) werde sich der Mensch »seiner peripheren Mitläufigkeit« (PM, 108) bewusst.

Dieses Beispiel macht deutlich, dass die Funktion absoluter Metaphern nicht durchweg in Sinnstiftung besteht. Sie repräsentieren zwar Totalität und indizieren Grundhaltungen, produzieren aber nicht notwendigerweise Sinn, Wert und Weltvertrauen. Sowohl der atomistische Epikureismus als auch die wissenschaftliche Weltauffassung widerlegen die Gleichsetzung von absoluter Metapher mit vertrauter, wertbesetzter Sinnwelt. Denn hier übernehmen die absoluten Metaphern sowohl die theoretische Funktion, ein Weltall ohne Sinn und Wert zu vergegenwärtigen, als auch die pragmatische Funktion, die Gleichgültigkeit des physischen Weltalls für die Gestaltung des menschlichen Daseins anzuzeigen. Doch ungeachtet dessen, was absolute Metaphern zum Ausdruck bringen, haben sie ihren Ort stets dort, wo das begriffliche Denken nicht zu einem Abschluss kommen kann, weil solche Themen wie »Welt«, »Geschichte«, »Leben«, »Ich« und »Zeit« seine Erkenntnismöglichkeiten übersteigen und überfordern.

Ein interessanter Spezialfall zur Veranschaulichung des Undarstellbaren wie Gott oder Welt ist die sogenannte Sprengmetapher. Das Besondere hieran liegt in deren Scheitern. Eine Sprengmetapher beginnt mit einem anschaulichen Bild, das, wenn man ihm folgt, zu einem unanschaulichen Paradox führt. Aufgrund des schrittweisen Vollzugs, auf den es ankommt, wird eine Grenze selbst metaphorischer Veranschaulichung erlebbar gemacht. Am Ende des Mittelalters entwickelte Nikolaus von Kues solche Sprengmetaphern. Möchte man sich beispielsweise ein Bild von der Unendlichkeit des Weltalls machen, so stelle man sich einen Kreis vor, der unaufhörlich wächst, so dass sein Umfang immer größer und die Krümmung seiner Peripherie immer kleiner wird, bis am Ende Bogenlinie und Gerade zusammenzufallen scheinen. Solch einem Kreis mit größtmöglichem Radius ist nicht mehr anzusehen, ob er noch ein Kreis oder schon eine Linie ist, die nicht mehr zu ihrem Ausgangspunkt zurückfindet. Hier scheitert das menschliche Vorstellungsvermögen und schlägt in ehrfürchtiges Staunen über die unfassbare Größe dessen um, was damit metaphorisch veranschaulicht werden soll.

Nun stellt sich die Frage, wie es denn gegenwärtig um die Verwendbarkeit absoluter Metaphern bestellt ist. Ungebrochen wirksam sind sie dort, wo sie nicht als solche empfunden und erkannt werden. Hier liegen sie gleichsam unterhalb des begrifflichen Denkens. Folglich hat die Metaphorologie die Aufgabe, »an die Substruktur des Denkens heranzukommen, an den Untergrund, die Nährlösung der systematischen Kristallisationen« (PM, 11), um zu zeigen, »mit welchem Mut sich der Geist in seinen Bildern selbst voraus ist« (PM, 11). Solche mehrdeutigen Bilder, deren Entstehung eine lebhafte Fantasie voraussetzt, wirken auf die Begriffsbildung wie unbewusste Prozesse aufs bewusste Leben.

Mythos, Religion und Metaphysik wissen nichts von absoluten Metaphern. Sie bewegen sich zum einen in der fraglosen Selbstverständlichkeit ihrer Totalitäts- und Orientierungsvokabeln und nehmen sie zum anderen beim Wort. Beides aber wird durch die Erkenntnis, dass die Totalitäts- und Orientierungsvokabeln absolute Metaphern sind, zutiefst erschüttert. Die Metaphorologie, die den Wandel geschichtlicher Sichtweisen und Sinnhorizonte durch eine Nachzeichnung der Entwicklungsgeschichte absoluter Metaphern deutlich macht, verwandelt so nicht nur Mythos, Religion und Metaphysik in Metaphorik, sondern sie versetzt uns zudem in die Verlegenheit, kaum mehr angeben zu können, welche absoluten Metaphern heute unser Selbst- und Weltverhältnis am besten bestimmen können.

Die Herabsetzung von Mythos, Religion und Metaphysik zu reiner Metaphorik erfolgt aus der Einsicht, dass Totalitäts- und Orientierungsvokabeln Fälle von Unbegrifflichkeit sind, die Unsagbares sagbar machen und daher nicht wörtlich genommen werden dürfen. Absolute Metaphern behalten aber ihre ganze Kraft und Verbindlichkeit nur, wenn sie beim Wort genommen werden. Dagegen werden sie bereits geschwächt, wenn ihre Wörtlichkeit verloren geht. Ihre Entwertung setzt sich fort, wenn sie überdies im Rahmen einer reflektierenden Metaphorologie zu Metaphern vergegenständlicht werden, die ihre fraglose Selbstverständlichkeit verlieren. So ist der Schluss unausweichlich, dass wir »als Metaphorologie Betreibende [...] uns schon der Möglichkeit beraubt [haben], in Metaphern Antworten auf jene unbeantwortbaren Fragen zu finden« (PM, 19). Zugleich aber hält Blumenberg an der Unvermeidlichkeit absoluter Metaphern fest, weil Totalitäts- und Orientierungsfragen immer gestellt werden. Jedoch ist die Zeit vorüber, wo Metaphern wörtlich genommen werden konnten und daher Metaphysik noch möglich war: »Metaphysik erwies sich uns oft als beim Wort genommene Metaphorik; der Schwund der Metaphysik ruft die Metaphorik wieder an ihren Platz.« (PM, 42) Metaphorik »als eine authentische Leistungsart der Erfassung von Zusammenhängen« (SZ, 77) ist weniger als Metaphysik und mehr als Wissenschaft. Sie lässt etwas aufgehen und verstehen, das weder bewiesen noch widerlegt werden kann und seine Verbindlichkeit daraus gewinnt, Totalitäts- und Orientierungsansprüchen zu genügen. Jedoch bleibt auf dem Boden von *Paradigmen zu einer Metaphorologie* das Problem weithin ungelöst, wie gegenwärtig absolute Metaphern Glaubhaftigkeit und Annehmbarkeit gewinnen können.

Nach dem Erscheinen des ersten Bandes des *Historischen Wörterbuchs der Philosophie* 1971 nimmt Blumenberg seine metaphorologischen Studien wieder auf, um sie gleichsam als Ersatz für die Begriffsgeschichte zu etablieren. Die Metaphorologie wurde nun nicht mehr als Hilfsdisziplin der Begriffsgeschichte verstanden, sondern als eigenständiges Aufgabenfeld. Sie wurde zu einer *Theorie der Unbegrifflichkeit* weiterentwickelt. Darin geht es zwar weiterhin um Sinn- und Orientierungsfragen, die außerhalb der Reichweite exakter Begrifflichkeit, strenger Wissenschaft und beweiskräftiger Vernunft liegen. Jetzt werden aber stärker als zuvor auch Tagebücher, Romane, Anekdoten, Gedichte, Bekenntnisse, Mythen, Aphorismen und ähnliche lebensweltliche Dokumente berücksichtigt. Außerdem stehen fortan nicht mehr nur letzte Fragen im Lichtkegel des Interesses, sondern auch vorletzte Fragen nach einem guten Überleben und gelungenen Leben.

Damit ist jedoch noch immer ungeklärt, wie im heutigen Zeitalter der kritischen Aufklärung absolute Metaphern, Sinn- und Orientierungsgeschichten als gute Antworten auf letzte wie auch vorletzte Fragen rational und existenziell vertretbar werden können. Einen Wink zur Lösung dieses Problems geben die Aufsätze *Ausblick auf eine Theorie der Unbegrifflichkeit* (SZ, 75-93) und *Anthropologische Annäherung an die Rhetorik* (W, 104-135). Hier wirft Blumenberg die Frage auf, ob denn gegenwärtig die zustimmende Aneignung absoluter Metaphern »irrationalen Dezisionen« (SZ, 88) gleichzusetzen sei. Irrationale Dezisionen hält er für eine problematische, wenn nicht sogar unzulässige Form des Umgangs mit metaphorischen Deutungsmustern. Blumenberg möchte sich nicht auf die Vorgehensweise eines nicht-argumentativen Philosophierens einlassen, erkennt aber klar die Grenzen der philosophischen Argumentation. Diese seien nicht als behebbare Mängel zu bewerten, sondern als unüberwindbare Schranken unseres endlichen Bewusstseins. Einerseits ist nach Blumenberg die philosophische Argumentation, die hintergründige Zusammenhänge offenlegt und Sachverhalte zu verstehen gibt, die andernfalls unerkannt blieben, weit davon entfernt, anarchische Willkür zu sein; andererseits ist sie aber außerstande, den Erwartungen nach sicherem Wissen zu genügen. In der Gegenwart muss speziell bei der Wahl absoluter Metaphern, durch die wir unserem Bedürfnis nach Totalitäts- und Orientierungswissen zu entsprechen suchen, mit einem großen Defizit an Sicherheit gerechnet werden. Denn das Vertrauen in die Berechtigung absoluter Metaphern ist nur noch »ohne zureichende Begründung« (SZ, 88) möglich.

Aber Mangel an zureichender Begründung »ist nicht zu verwechseln mit einem Postulat des Verzichtes auf Gründe überhaupt, wie auch Meinung nicht das unbegründete, sondern das diffus und methodisch ungeregelt begründete Verhalten bezeichnet« (W, 125). Ein solches Verhalten beherrscht das nicht zuerst von Blumenberg so getaufte »Prinzip des unzureichenden Grundes« (SZ, 88); bereits Robert Musil spricht im *Mann ohne Eigenschaften* von »Prinzip des unzureichenden Grundes«.[11] Dieses steht bei Blumenberg für die Zulässigkeit des bloß Plausiblen und Einleuchtenden, das sich durch mehr oder weniger überzeugungskräftige Argumente stützen lässt, die niemals die Qualität definitiver Intuitionen oder zwingender Beweisführungen haben können. So hat das Prinzip des unzureichenden Grundes es mit einer Verlegenheit zu tun, die aus der Unmöglichkeit folgt, in Totalitäts- und Orientierungsfragen begriffliche Bestimmtheit und definitive Wahrheit zu erreichen. Es kann aber in dem Maße absoluten Metaphern zur Anerkennung verhelfen, wie es mehr oder weniger starken Argumenten gelingt, Totalitäts- und Orientierungsvokabeln einleuchtend und damit zustimmungswürdig zu machen. Solche Bemühungen haben zumal im Zeitalter der Verwissenschaftlichung und Metaphysikkritik vor dem Hintergrund unserer Totalitäts- und Orientierungsbedürfnisse die Frage zu erörtern, »was wir uns an Erfüllungen leisten können« (SZ, 89).

Auffällig ist jedoch, dass Blumenberg über den formalen Umriss dieses Projekts nicht hinauskommt. Er bleibt die Antwort auf die Frage schuldig, welche absoluten Metaphern der Gegenwart angemessen sind und auf welche überzeugungskräftigen Argumente sie sich stützen lassen: Blumenbergs Grundgedanke verharrt noch weitgehend in Latenz.

Menschliche Selbstbehauptung

Der 1966 erstveröffentlichte, in der Neuausgabe von 1988 überarbeitete und erweiterte Text *Die Legitimität der Neuzeit* nimmt unter Blumenbergs Publikationen einen besonderen Rang ein. Mit dieser Schrift gehen eine Reihe vor- und nachbereitender Aufsätze einher, so etwa *Philosophischer Ursprung und philosophische Kritik des Begriffs der wissenschaftlichen Methode* (1952), *Nachahmung der Natur. Zur Vorgeschichte der Idee des schöpferischen Menschen* (1957), *Ordnungsschwund und Selbstbehauptung* (1960), *Säkularisation. Kritik einer Kategorie historischer Illegitimität* (1964), *Die Vorbereitung der Aufklärung als Rechtfertigung der Curiositas* (1967) sowie *Selbsterhaltung und Beharrung* (1969). Zwar bleibt auch in der *Legitimation der Neuzeit* Blumenbergs eigentlicher Grundgedanke weiterhin unter Verschluss, doch werden einige Aspekte dieses Themas, das später in verschiedenen Variationen zur Darstellung kommt, bereits hier im Schattenriss erkennbar. Dass uns Blumenberg in der *Legitimität der Neuzeit* seinen eigentlichen Grundgedanken noch vorenthält, heißt indessen nicht, dass er in dieser Schrift keine klare Position bezieht. Im Gegenteil formuliert er dort mit allem Nachdruck einen Standpunkt, der damals heftige Kontroversen auslöste.

Im Mittelpunkt der *Legitimität der Neuzeit* steht das Begriffspaar »Theologischer Absolutismus und humane Selbstbehauptung« (LN, 135), wobei Ersterer dem spätmittelalterlichen Nominalismus, Letztere der gesamten Neuzeit zugeordnet wird. Noch ungeachtet aller inhaltlichen Ausprägungen lässt sich das formale Verhältnis beider Begriffe zueinander wie folgt beschreiben: Der spätmittelalterliche theologische Absolutismus hat den Charakter einer Herausforderung, auf welche die humane Selbstbehauptung der Neuzeit die geschichtliche Antwort ist. Der theologische Absolutismus des Spätmittelalters ermächtigt und erzwingt also die humane Selbstbehauptung der Neuzeit. Bemerkenswerterweise formulierte Blumenberg diese These bereits 1950 in seiner Habilitationsschrift *Die ontologische Distanz.* Schon hier thematisierte er die neuzeitliche »Selbstbehauptung der Vernunft« (OD, 79) als Antwort auf den theologischen Absolutismus des »spätmittelalterlichen Nominalismus« (OD, 81).

Allgemein versteht Blumenberg unter theologischem Absolutismus den Glauben an eine dem Menschen unbegreifliche, absolute Souveränität Gottes, wie sie die Überzeugung des spätmittelalterlichen Nominalisten Wilhelm von Ockham gewesen sei. Gott war für diesen »potentia absoluta« (LN, 169): unbegrenzte Willensmacht und Willkürfreiheit. Bereits 1952 entdeckt Blumenberg solch übermächtige Figur in Franz Kafkas *Brief an den Vater*. In seinem Aufsatz *Der absolute Vater* findet er an Kafkas gefürchtetem Erzeuger jene Merkmale, mit denen er in der *Legitimität der Neuzeit* den spätmittelalterlichen Willkürgott charakterisiert. Kafkas biologischer Erzeuger sei »ein absoluter Vater, unter dessen Macht und Regiment alle sonst verlässlichen Wirklichkeiten förmlich verdampfen und nur das Gefühl einer bodenlosen Nichtigkeit zurücklassen« (SL, 105 f.). Mit der gleichen uneingeschränkten Souveränität des Willens lässt Blumenberg den spätmittelalterlichen Willkürgott sich einen unendlichen Horizont des Möglichen eröffnen, innerhalb dessen er wähle und handele, ohne dass die menschliche Vernunft seine Entscheidungen voraus- und einsehen könne. Gottes absoluter Wille sei für die Menschen unberechenbar. Dadurch werde er für sie ebenso unzuverlässig wie unergründlich; für Gott sei eben alles möglich: »Im Begriff der potentia absoluta ist die Unendlichkeit des Möglichen impliziert.« (LN, 169) Was Gott erschaffe, könne er im nächsten Augenblick wieder vernichten; sein Handeln sei nicht an die Maßstäbe menschlicher Vernunft gebunden. Die wahren Motive des alles begründenden nominalistischen Willkürgottes blieben seinen Geschöpfen verborgen: »Der theologische Absolutismus verweigert dem Menschen den Einblick in die Rationalität der Schöpfung.« (LN, 164) Wo aber das Schicksal der Welt auf das Wirken einer »potentia absoluta« zurückgeführt wird, dort verwandelt sie sich in eine »Dimension schlechthinniger Ungewißheit« (LN, 181). Jetzt kann alles im nächsten Augenblick ganz anders werden; wenn es Gott gefällt, kann er die Welt verändern und sogar aufheben. Die in rationaler Hinsicht unberechenbar und unzuverlässig gewordene Welt erweist sich dadurch als radikal »kontingent« (LN, 173), »als pures Faktum verdinglichter Allmacht, als Demonstration unbeschränkter Souveränität eines unbefragbaren Willens« (LN, 194).

Hinzu kamen immer größere Zweifel an der Wohlgegliedertheit und Wohlgeordnetheit der Schöpfung. Denn eine Welt, die dem Wirken eines allmächtigen Willkürgottes ausgeliefert ist, kennzeichnet einen Mangel an einsehbarer Ordnung. Blumenberg spricht in diesem Zusammenhang von »Ordnungsschwund« (LN, 150). Damit einher gingen Zweifel an der althergebrachten Annahme, dass die Welt um des Menschen willen geschaffen sei, die menschlichen Daseinsinteressen in der gesamten Schöpfung berücksichtigt würden und der Mensch die Krone oder Mitte der Schöpfung bilde. Stattdessen dränge sich immer mehr der Gedanke auf, »daß der Schöpfer sein Werk zu keinem anderen Zweck als dem geschaffen habe, seine Macht zu demonstrieren« (LN, 194). Wenn dies alles zutrifft, fallen die »Menschen aus der Bestimmung des Weltsinns ganz heraus« (LN, 194). Sie mussten sich in eine Wirklichkeit versetzt fühlen, in der auf sie »keine

Rücksicht genommen zu sein« (LN, 150) schien, und mit einem Gott konfrontiert, der als »potentia absoluta« das menschliche Handeln ihrer Verfügung entzog.

Der theologische Absolutismus des spätmittelalterlichen Nominalismus verkehrte das zeitlich vorausgehende System des mittelalterlich-scholastischen Rationalismus gewissermaßen in sein Gegenteil. Dort wurde behauptet, was hier in Abrede gestellt wird. Im Hochmittelalter wurde das Ganze der vergänglichen Schöpfung noch als sinnvoller Ordnungszusammenhang von beruhigender Beständigkeit, Verlässlichkeit und Wohlgeordnetheit vorgestellt. Dieses Ganze hatte den Charakter eines hierarchischen Stufenbaus, an dessen Spitze der Mensch stand, der in der Ordnung des Wirklichen eine Vorzugsstellung beanspruchte, da er sich als Krone der für ihn eingerichteten und zu seinen Gunsten disponierten Welt betrachten durfte. Zugleich sah er sich durch seine Gottebenbildlichkeit in den Stand gesetzt, Gott und die Welt sicher erkennen zu können. Seine Gottebenbildlichkeit war Garant für die Zuverlässigkeit seiner Gottes- und Welterkenntnis, denn Gott ebenbildlich zu sein hieß, im Besitz eines Verstandes zu sein, der tendenziell mit dem Gottes übereinstimmte.

In der vorchristlichen Antike galt der Kosmos als Inbegriff des schlechthin Möglichen; außer dem Wirklichen war nichts möglich. Auch im christlichen Mittelalter von Augustinus bis Albertus Magnus und Thomas von Aquin soll das »Was der Welt«, deren essenzieller Bestand, für Gott als Schöpfer alternativlos gewesen sein. Dessen Willensmacht bezog sich lediglich auf das »Daß der Schöpfung«, deren existenziellen Bestand: Es lag in seiner Macht zu entscheiden, ob die Welt sein wird oder nicht, aber nicht, welche Gestalt sie haben soll.

Alle diese Grundaussagen sind nach Blumenberg im spätmittelalterlichen Nominalismus fragwürdig geworden. Die sichtbare Welt offenbarte jetzt nur noch einen kleinen Ausschnitt des Gott Möglichen, der seiner Schöpfung jederzeit ein anderes Aussehen geben konnte. Nachdem so Gottes Wille zu höchster Mächtigkeit gesteigert worden war, soll es anschließend zu einem großen Vertrauensverlust in seine Zuverlässigkeit gekommen sein. Wurde Gott aber infolge seiner absoluten Macht für die Menschen unberechenbar, so konnte auch die Wohlgeordnetheit der Schöpfung sowie die Sonderstellung und Bedeutsamkeit des Menschen nicht mehr länger metaphysisch begründet werden. Der Zuverlässigkeitsschwund Gottes zog einen Ordnungsschwund der Welt und einen Bedeutsamkeitsschwund des Menschen nach sich. Gott, der im Spätmittelalter die Menschheit aller metaphysischen Garantien und Zusicherungen beraubte, war für sie ebenso unbelangbar wie ungreifbar geworden. Mit seiner Macht hatte auch seine Verborgenheit zugenommen: Die »potentia absoluta« (LN, 179) ist ein »deus absconditus« (LN, 404). Nun ist ein verborgener Gott aber für die Menschen so viel wie ein toter Gott, denn von Fürsorge für Welt und Menschen ist bei einem solchen Gott nichts mehr zu spüren. Folgerichtig schreibt Blumenberg: Der nominalistische Gott ist ein verborgener Gott »– und ein verborgener Gott ist pragmatisch so gut wie ein toter« (LN, 404). Oder: »Der nominalistische Gott ist der überflüssige Gott, er kann durch den Zufall [...] ersetzt werden.« (LN, 165)

Dies bedeutete das Ende des Mittelalters und den Beginn der Neuzeit als Epoche der humanen Selbstbehauptung. Die verschärfte Transzendenz des göttlichen Umgangs mit der Schöpfung erzwang gewissermaßen die Immanenz der menschlichen Daseins- und Weltorientierung. Der seit dem Ausgang des Mittelalters von den Ordnungs- und Bedeutsamkeitsgarantien verlassene Mensch sah sich fortan mehr und mehr zur Selbstbehauptung gegen eine rücksichtslose Welt veranlasst. Wenn

Gottes Zuverlässigkeit schwindet, seine Allmacht sich das menschliche Handeln restlos unterwirft, die Welt ihre bislang vorgegebene Ordnung verliert und schließlich der Mensch sogar seine Bedeutsamkeit einbüßt, dann wird die menschliche Vernunft zwangsläufig herausgefordert, sich durch Abkehr von der Metaphysik auf sich selbst zu konzentrieren sowie die Welt den eigenen Bedürfnissen gemäß verfügbar und beherrschbar zu machen.

Damit wird die innere Logik des Zusammenhangs von theologischem Absolutismus und humaner Selbstbehauptung deutlich: Der spätmittelalterliche Nominalismus mit seinem Willkürgott hatte den Menschen einer solchen Gleichgültigkeit und Rücksichtslosigkeit der Natur ausgeliefert und in eine derartige metaphysische Unsicherheit gestürzt, dass er nun sein Geschick selbst in die Hand nehmen musste: »Der in der Verborgenheit Gottes seiner metaphysischen Garantien für die Welt beraubte Mensch konstruiert sich eine Gegenwelt von elementarer Rationalität und Verfügbarkeit.« (LN, 197) Anders formuliert: »Je gleichgültiger und rücksichtsloser die Natur gegenüber dem Menschen erscheint, um so weniger gleichgültig kann sie ihm sein, um so rücksichtsloser muß er selbst das, was ihm als Natur vorgegeben ist, [...] verfügbar machen und als den Spielraum seiner Daseinschancen sich unterwerfen.« (LN, 206) So legte der theologische Absolutismus indirekt dem Menschen die Last der Selbstbehauptung auf. Mit dieser These widerspricht Blumenberg der weitverbreiteten Ansicht, dass die Neuzeit mit einem absoluten Neuanfang begonnen habe und in keinem Verhältnis zum Mittelalter stehe. Der Beginn der Neuzeit sei kein absoluter Anfang, weil er irreduzible Voraussetzungen im spätmittelalterlichen Nominalismus habe. Die Neuzeit sei aus einer extremen Nötigung des Menschen zur Selbstbehauptung hervorgegangen, die sich aus dem theologischen Absolutismus des spätmittelalterlichen Nominalismus herleiten lasse. Repräsentant und Prototyp der auf sich selbst gestellten Neuzeit sei Faust (vgl. G, 181 ff.).

Zur Verdeutlichung der autonomen, auf die eigene Rationalität sich gründenden Selbstbehauptung des neuzeitlichen Menschen führt Blumenberg die neuzeitliche Durchsetzung des Selbsterhaltungsbegriffes (vgl. SB, 333-383) an, weiter die neuzeitliche Rehabilitierung der theoretischen Neugierde (vgl. LN, 263-528), ferner die neuzeitliche Idee des schöpferischen Menschen (vgl. Ä, 9-46) sowie die neuzeitliche Vorherrschaft von Naturwissenschaft und Technik. Gerade in Letzterer äußere sich die »Selbstbehauptung der Vernunft durch Beherrschung und Veränderung der Wirklichkeit« (LN, 150). Mithilfe von Wissenschaft und Technik ermittele die menschliche Vernunft eine Reihe von Naturgesetzen und stelle auf diese Weise wieder jene rationale Verlässlichkeit der Welt her, deren sie mit dem theologischen Absolutismus verlustig ging. Wissenschaft und Technik bildeten die »Macht, Ereignisse vorauszusehen, ihnen zuvorzukommen, sie zu verändern oder hervorzubringen« (LN, 238). Damit trotzten sie der Rücksichtslosigkeit der Natur und behöben die Weltungewissheit, die der theologische Absolutismus hinterlassen habe.

Angetrieben würden die wissenschaftlichen Prozesse der Neuzeit durch die theoretische Neugierde. Blumenberg verwendet viel Sorgfalt auf die Nachzeichnung ihrer geschichtlichen Entwicklung vom antiken Griechentum bis zur europäischen Neuzeit.[12] Zwar ist hier nicht der Ort, die verschiedenen Stationen dieser wechselvollen Geschichte nachzuzeichnen, aber so viel sei gesagt: Nach Aristoteles gehört die theoretische Neugierde insofern zur Wesensnatur des Menschen, als alle Menschen von Natur aus nach Wissen strebten. Die Wissbegierde sei ein zu bejahender Teil der Grundausstattung des Menschen. Diese sei zu bejahen, weil Wissen glücklich mache. Damit behauptet Aristoteles eine Identität von Wissensbesitz und Glückseligkeit. Eine ganz andere Bewertung erhält die theoretische Neugierde durch den Kirchenvater Augustinus. Er fügte sie dem »Lasterkatalog« (LN, 358) ein, was zu einer jahrhundertelangen »Diskriminierung« (LN, 276) dieser geistigen Triebfeder führte. Im Mittelalter wurde sie als »überflüssige und über das menschlich Mögliche und Nötige hinausgreifende Besorgtheit« (LN, 296) abgewertet. Begründet wurde diese Abwertung mit Augustins Befürchtung, dass eine neugierige Betrachtung und Erforschung des Sternenhimmels den Menschen in die Gefahr der Selbst- und Gottvergessenheit bringe. Neugierige Welterkenntnis bedeutete für Augustinus heillose Weltverfallenheit, die den Menschen von der Sorge um sein Heil abhalte. Welterkenntnis und Heilssorge wurden Gegenbegriffe. Den rechtmäßigen Weg der Erkenntnis sah Augustinus nicht in der neugierigen Hinwendung zur Welt, sondern in der demütigen Einkehr bei sich selbst und dem dabei sich vollziehenden Aufstieg zu Gott. Fragen nach Aufbau und Beschaffenheit des Himmels stünden dem auf sein Heil bedachten Menschen nicht zu.

Blumenberg sieht in diesem »Mißtrauen gegen die astronomische Neugierde die Wurzel der theoretischen Stagnation dieser Wissenschaft über Jahrhunderte hinweg« (LN, 377). Zwar erfolgte in der Hochscholastik bei Thomas von Aquin im Zuge der Rezeption des Gesamtwerks von Aristoteles eine gewisse Entschärfung der Unterdrückung unserer theoretischen Neugierde, ihre vollständige Rehabilitierung stand aber damals noch in weiter Ferne. Diese wurde erst am Anfang der Neuzeit möglich. Jetzt konnte ihr »die Qualifizierung als Sorge um das Überflüssige genommen werden« (LN, 403) – ein Vorgang, der sich vor dem Hintergrund des theologischen Absolutismus im spätmittelalterlichen Nominalismus abspielte. Danach wurde »die Rehabilitierung der theoretischen Neugierde« (LN, 267) erst in dem Augenblick möglich, als sich der Mensch auf sich selbst zurückgeworfen und einer rücksichtslosen Natur ausgeliefert sah. In dieser Situation erwachte sie als Antriebskraft der modernen Wissenschaft wieder zu neuem Leben, mit deren Hilfe sich die Menschen bis heute die Welt verfügbar machen und ihr Dasein sichern. Allerdings wird nunmehr die menschliche Wissbegier nicht wie etwa bei Aristoteles bejaht, weil Wissen so viel wie Glück bedeutet, sondern vielmehr weil Wissen Macht verleiht. Diese frühneuzeitliche These von Francis Bacon besagt genauerhin: Wissen im Sinne der Naturbeherrschung schenkt den Menschen eine Macht über die Dinge, durch die sie Leid und Elend von ihrem Dasein abzuwenden vermögen. So stehen theoretische Neugierde und moderne Naturwissenschaft im Dienste der unter dem Druck des theologischen Absolutismus entstandenen Selbstbehauptung des neuzeitlichen Menschen.

Auch Blumenbergs ausführliche Untersuchungen zu Nikolaus von Kues und Giordano Bruno stehen in diesem Zusammenhang. Beide Philosophen hätten ebenfalls den theologischen Absolutismus des Spätmittelalters bekämpft. Allerdings sei Nikolaus weder Vorläufer der Neuzeit noch Vordenker der naturwissenschaftlichen Kosmologie gewesen, wie oftmals behauptet werde. Obgleich er von einem rand- und mittelosen Kosmos ausgegangen sei, stehe seine Philosophie noch fest auf dem Boden des Mittelalters, an dessen Fortbestand ihm besonders gelegen war. Bruno dagegen gehöre auf die Seite der Neuzeit. Jedoch sei er nicht seiner Begeisterung für die Unendlichkeit des Weltalls wegen auf dem Scheiterhaufen verbrannt worden, sondern hauptsächlich weil er die Inkarnation bestritt.

Blumenberg, der die bislang wenig beachtete Verbindung zwischen spätmittelalterlichem Nominalismus und neuzeitlicher Selbstbehauptung freigelegt hat, führt diese anschließend noch auf eine andere, bislang verborgene historische Konstellation zurück. Den geschichtlichen Deutungsrahmen erweiternd, setzt er

Spätmittelalter und Neuzeit auch in ein Verhältnis zur spätantiken Gnosis, die er als bestimmendes Phänomen für die Entwicklung sowohl des Mittelalters als auch der Neuzeit betrachtet. Konkret deutet er den spätmittelalterlichen Nominalismus als gescheiterten Versuch zur Überwindung der spätantiken Gnosis, die Neuzeit dagegen als deren gelungene Überwindung: »Die Neuzeit ist Überwindung der Gnosis.« (LN, 138) Demnach sind dem Mittelalter aus der spätantiken Gnosis[13] Probleme entgegengetreten, für deren befriedigende Lösung jene Epoche noch nicht disponiert war. Der erste Versuch war zum Scheitern verurteilt, ein zweiter Versuch aber nicht ausgeschlossen. Der geglückte zweite Anlauf sei die Neuzeit. Sie stelle »eine zweite Überwindung der Gnosis dar« (LN, 143), in der nun endlich gelinge, was im Mittelalter noch misslungen war. Blumenbergs Unterfangen, die Neuzeit als zweite – erfolgreiche – Überwindung der spätantiken Gnosis verständlich zu machen, wirkt auf den ersten Blick künstlich und überzogen. Bei näherem Hinsehen aber gewinnt auch diese These an Plausibilität. Rekonstruieren wir ihre Entwicklung.

Tendenziell waren die antiken Griechen weltverklärende Pantheisten: Das physische Weltall hielten sie für einen der bewundernden Betrachtung würdigen, sichtbaren Gott. Als solcher war die Welt ein beständiger und selbstgenügsamer Harmoniezusammenhang, in dem alles wohlgefügt und wohlgeordnet ist. Charakteristisch für diese Sichtweise ist eine Grundhaltung der Weltbejahung und des Weltvertrauens. In der spätantiken Gnosis wechselten dann die Wertvorzeichen. Im Gegensatz zu den antiken Griechen sahen Gnostiker wie Basilides und Valentinus die Welt als etwas Dunkles, Dämonisches und Schlechtes. Sie entkleideten das Weltall der Hoheit seiner Göttlichkeit und Vollkommenheit: Nun galt die Welt als das Finstere und Gegengöttliche. Kennzeichnend für diese Sichtweise ist eine Grundhaltung der Weltverneinung und Weltangst. An die Stelle vormaliger Weltpositivierung war jetzt eine Weltnegativierung getreten.

Doch wechselte in der Gnosis der Kosmos nicht nur seine Wertvorzeichen, überdies verlor er seine Beständigkeit und wurde zu etwas Vergänglichem. Dazu kam noch ein eigengearteter Dualismus. Während im antiken Griechentum der bewundernswürdige Kosmos schon das Ganze darstellte, neben dem es sonst nichts gab, unterschied die Gnosis zwischen einem Jenseits und Diesseits. Das Diesseits sei das finstere Weltall, dem ein jenseitiges Reich des Lichtes gegenüberstehe – eine Sphäre des Göttlichen, die der Welt gänzlich transzendent sei. Der Unterscheidung zwischen dem Reich der Finsternis und einem Reich des Lichtes entspricht die Unterscheidung zwischen Schöpfergott und Erlösergott. Beide sind in der Gnosis noch nicht identisch: Die finstere Welt soll sich einem bösen Schöpfergott verdanken, dem ein zum Reich des Lichtes gehöriger guter Erlösergott gegenüberstehe. Dieser weise dem Menschen, der eigentlich in das Reich des Lichtes gehöre und wie auch immer in das Reich der Finsternis gefallen sei, den Weg zurück in die lichtvolle Sphäre.

Von der Auseinandersetzung mit der gnostischen Grundanschauung hat Blumenberg zufolge das Mittelalter seinen Ausgang genommen. Dabei sei es der mittelalterlichen Philosophie vor allem darum gegangen, die Welt als Schöpfung von der Qualität des absolut Negativen zu befreien und die »antike Kosmos-Dignität in das christliche System hinüberzuretten« (LN, 143). Überwindung der Gnosis bedeutete so viel wie Ersetzung der Weltverneinung durch Weltbejahung. Aber ein Scheitern war in diesen Bemühungen bereits angelegt.

Allgemein hielt das christliche Mittelalter die gnostische Unterscheidung von Schöpfer- und Erlösergott für unannehmbar. Es gebe nur einen Gott, der gleichermaßen Schöpfer- und Erlösergott sei. Waren aber beide identisch, dann konnte die Welt nicht so schlecht sein, wie die Gnosis behauptete. Denn der eine Gott ist doch gut, und als solcher kann er wieder nur bewundernswürdiges Gutes schaffen. Nun gibt es aber Übel in der Welt, weshalb sich unweigerlich die Frage stellt, wem diese zur Last gelegt werden können. Der gnostische Weg war schon damals ungangbar geworden, da der gute Schöpfergott nicht für die Übel in der Welt verantwortlich gemacht werden konnte. Augustinus gab eine folgenreiche Antwort auf diese Frage. Er übertrug die Verantwortung für die Übel in der Welt allein dem sündigen Menschen. So wurde Gott entlastet, der Mensch aber schwer belastet. Alle Übel in der ursprünglich guten Welt wurden als Folgen menschlicher Laster und der Erbsünde angesehen. Damit war der gnostische Dualismus auf den ersten Blick zwar beseitigt. Bei näherem Zusehen zeigt sich aber, dass er »im Schoße der Menschheit und ihrer Geschichte« (LN, 148) fortlebte. Denn Gott wird von Augustinus zugleich als allwissendes und allmächtiges Wesen vorgestellt, das die Geschicke der Menschheit in seiner Hand hält, so dass für die Sünde und Verderbnis der Welt nur wieder der »Urgrund der Dinge selbst verantwortlich gemacht werden« (LN, 148) konnte.

Die Überwindung der Gnosis am Anfang des Mittelalters war nicht durchgreifend gelungen. Sogar in der weiteren Geschichte des Mittelalters blieb die endgültige Überwindung aus. Wie wenig das Mittelalter bei dieser Anstrengung sein Ziel erreichte, zeigt sich nach Blumenberg besonders im spätmittelalterlichen Nominalismus. Zwar war dort die Welt als Demonstration der unbeschränkten Souveränität des verborgenen und unbegreiflichen Gottes nichts Gegengöttliches, Dämonisches und Finsteres mehr, aber auch kein durchsichtiger Ordnungszusammenhang von zuverlässiger Beständigkeit, sondern vielmehr ein rücksichtsloses, unberechenbares Faktum. Wenn Überwindung der Gnosis so viel wie Positivierung der Welt als eines verlässlichen und zugänglichen Ordnungszusammenhangs bedeutet, dann drückt der spätmittelalterliche Nominalismus ihr Misslingen aus. Die gesuchte Weltpositivierung vollzog sich erst in der Neuzeit als Epoche der humanen Selbstbehauptung. Darin wurde die Welt radikal und konsequent aus ihrer Negativierung entlassen und für den Zugriff der humanen Selbstbehauptung freigegeben, welche die Unerträglichkeit des theologischen Absolutismus angeregt hatte. Somit darf die Neuzeit als Überwindung des spätmittelalterlichen theologischen Absolutismus zugleich als die zweite – erfolgreiche – Überwindung der gnostischen Weltnegativierung verstanden werden. Diese Deutung richtet sich vornehmlich gegen Eric Voegelin, der sogar die Neuzeit als gnostisches Zeitalter gekennzeichnet hatte.

Interessanterweise interpretiert Blumenberg die Herleitung der Neuzeit aus ihren spätantiken und spätmittelalterlichen Voraussetzungen auch als Nachweis für ihre Legitimität: Die Neuzeit sei eine legitime Geschichtsepoche – zum einen, weil sie unter der Bedingung des spätmittelalterlichen Nominalismus unvermeidlich war, zum anderen, weil ihr im Unterschied zum Mittelalter die Überwindung der Gnosis gelang. Nun bestünde aber keinerlei Anlass, von einer Legitimität der Neuzeit zu sprechen, wenn nicht zuvor der Vorwurf ihrer Illegitimität erhoben worden wäre. Die Kategorie, die der Neuzeit ihre Berechtigung aberkennt, ist nach Blumenberg der Säkularisierungsbegriff. Diesen kennzeichnet er als »Kategorie des geschichtlichen Unrechts« (LN, 8), behaupte er doch die Unrechtmäßigkeit der Neuzeit. Blumenberg ist um eine Zurückweisung dieser Behauptung auf dem Wege einer Destruktion des Säkularisierungsbegriffs bemüht. Dabei geht er von einer speziellen Bedeutung des Wortes Säkularisierung aus.

Ursprünglich meint Säkularisierung nichts weiter als die Entlassung eines Geistlichen aus der Gemeinschaft und den Verpflichtungen eines Ordens. Dann bezeichnet sie die 1803 erfolgte Enteignung von Kirchengütern. Damals bedeutete Säkularisierung die Entlassung von Besitztümern aus der Aufsicht und Herrschaft kirchlicher Institutionen. Heutzutage dagegen versteht man unter Säkularisierung zumeist die Glaubenskrise der modernen Kultur und damit verbunden die zunehmende Zurückdrängung von Religion und Kirche aus der öffentlichen wie privaten Sphäre. Der Begriff Säkularisierung steht für den modernen »Schwund religiöser Bindungen, transzendenter Einstellungen, lebensjenseitiger Erwartungen, kultischer Verrichtungen und festgeprägter Wendungen im privaten wie täglich-öffentlichen Leben« (LN, 11). Die Trennung von Staat und Kirche, die Entflechtung von Politik und Religion sowie die Emanzipation von Kunst, Wissenschaft, Philosophie sowie Rechts- und Bildungswesen hat im Verlauf der Neuzeit in wachsendem Maße zu einer Abnahme der religiösen und kirchlichen Bindungen geführt.

Auffällig an Blumenbergs Säkularisierungsbegriff ist zweierlei: Zum einen ist es nicht der zuvor erwähnte Begriff der Säkularisierung, den Blumenberg destruieren möchte. Säkularisierung als Kategorie des geschichtlichen Unrechts meint etwas anderes als quantitativen Schwund religiöser und kirchlicher Merkmale. Zum anderen nimmt Blumenberg die Säkularisierung im Sinne des öffentlichen wie auch privaten Geltungsverlustes von Religion und Kirche ohne größeres Pathos zur Kenntnis. Wiederbelebungsversuche theologischer Deutungsmuster hält er für wenig aussichtsreich. Im Gegenteil unterwirft er alle theologischen Positivierungen der Säkularisierung einer heftigen Kritik. Bevor auf Blumenbergs speziellen Säkularisierungsbegriff als Kategorie des geschichtlichen Unrechts näher eingegangen werden soll, sei zunächst seine Kritik an den theologischen Aufwertungsversuchen der Säkularisierung vorgestellt.

Unter den Bemühungen von Theologie und Kirche, die säkulare Situation der modernen Welt erfolgreich zu bestehen, ist besonders das Unterfangen eindrucksvoll, die Säkularisierung selbst als Verwirklichung wesentlicher Aspekte des Christentums zu interpretieren. Diesen Gedanken haben vor allem protestantische Theologen entwickelt. Blumenberg nennt Friedrich Gogarten und Rudolf Bultmann.[14] Zu ergänzen wären Dietrich Bonhoeffer, Paul Tillich, Johann Baptist Metz, der Philosoph Hermann Lübbe und der Verfassungsrechtler Ernst-Wolfgang Böckenförde.[15] Nun ist hier aber nicht der Ort, die verschiedenen Formen der theologischen Positivierung der Säkularisierung zu rekonstruieren. Von Interesse sind allein Blumenbergs kritische Bedenken. Erstens sieht er aus den theologischen Positivierungen der Säkularisierung die vertrauten Muster aller vom Untergang bedrohten Selbsterhaltungen hervorscheinen. Die Aufwertung der Säkularisierung sei in dem Augenblick erfolgt, als die kirchliche und theologische Abschirmung oder Frontstellung gegen die moderne Welt nicht mehr wie bisher gelang. Doch gleiche diese zustimmende Öffnung zur modernen Welt einem fragwürdigen Rückzugsgefecht, in dem zwar die Dissonanzen zwischen Christentum und moderner Welt vermindert würden, die fortschreitende Plausibilitätskrise überlieferter Glaubensinhalte aber weder behoben noch zum Stillstand gebracht worden sei. Zweitens verurteilt Blumenberg die theologischen Positivierungen als unaufrichtige Zugeständnisse an die autonome, auf eigene Rationalität sich gründende Neuzeit, die eigentlich nur darauf abzielten, den durch den spätmittelalterlichen theologischen Absolutismus erzwungenen humanen Selbstbehauptungswillen der Neuzeit zu brechen. Wie immer es um die Richtigkeit dieser Einschätzung bestellt sei, eines wird aus dem Gesagten deutlich: Blumenberg hält es offensichtlich weder für möglich noch für nötig, über die neuzeitliche, weltliche Welt hinauszugehen. Dies lässt sich noch deutlicher an seiner Destruktion des Säkularisierungsbegriffs als Kategorie des geschichtlichen Unrechts erkennen.

Hierbei gilt es zweierlei zu unterscheiden: Einerseits gibt es die Ausdehnung der Zuständigkeit nicht mehr religiös fundierter, weltlicher Instanzen und den Geltungsschwund religiöser Deutungsmuster und Institutionen. Andererseits steht da die Umformung oder Umwandlung genuin theologischer Gehalte in weltliche Inhalte. Ersteres ist noch nicht Säkularisierung im Sinne eines Unrechtsgeschehens, Letzteres dagegen umso mehr. Denn eine Umwandlung genuin theologischer Inhalte in weltliche ist ein Prozess der Verformung, Entstellung und Entfremdung von ursprünglichen Bedeutungen. Die Resultate solcher Verformungen werden Säkularisate genannt. Eine Reihe neuzeitlicher Begriffe stehen nach Meinung kritischer Zeitgenossen im Verdacht, solche Säkularisate zu sein. So sehen manche in der neuzeitlichen Erkenntnistheorie, welche theoretische Gewissheit anstrebt, eine Säkularisierung der christlichen Suche nach Heilsgewissheit; andere bewerten das moderne Arbeitsethos gerne als Säkularisierung der Heiligkeit und der ihr zugehörigen Formen der Askese. Das Postulat der politischen Gleichheit aller Bürger betrachten wieder andere als Säkularisierung des Begriffs der Gleichheit aller Menschen vor Gott. Ferner halten einige alle politischen Heilserwartungen für Säkularisate des biblischen Paradieses oder des apokalyptischen Messianismus. Auch die Idee des Fortschritts stellen sie häufig als Säkularisat einer providenziell gelenkten Heilsgeschichte dar. Nicht zuletzt bewerten sie sogar das in der Neuzeit auf die Welt und die Geschichte übertragene Attribut der Unendlichkeit gelegentlich als Säkularisat des göttlichen Attributs der Unendlichkeit. Carl Schmitt und Karl Löwith gehören nach Blumenberg zu jenen Interpreten, die den Säkularisierungsbegriff im genannten Sinne gebrauchen.[16] (Vgl. BS) Tatsächlich sind für Schmitt alle prägnanten Begriffe der modernen Staatslehre säkularisierte theologische Begriffe. Löwith deutet dagegen speziell die moderne Geschichtsphilosophie mit ihrer immanenten Enderwartung als Säkularisierung der mittelalterlichen Vorstellung einer Heilsgeschichte, der christlichen Eschatologie und alttestamentlichen Prophetie.

Säkularisate der beschriebenen Art sind Entfremdungen genuin theologischer Gehalte. Daher scheint auf ihnen eine »objektive Kulturschuld« (LN, 32) zu lasten. Sie machen sich schuldig, authentische theologische Gehalte zu entstellen. Als solche geschichtlichen Verzerrungen tragen sie die Signatur der Illegitimität: Sie sollen nicht sein! Allerdings lassen sich die genannten Säkularisate nur unter der Bedingung als illegitime Selbstentfremdungen theologischer Gehalte kennzeichnen, dass beim Säkularisierungsvorgang die Substanz der theologischen Bestände erhalten bleibt. Zum besseren Verständnis dieses Geschehens sei ein einfaches Bild als Vergleich herangezogen. Danach bedeutet verzerrender Wandel bei gleichzeitiger Substanzerhaltung so viel wie Umformung eines Apfels in die Gestalt einer Birne, die ihrem Wesen nach Apfel bleibt und auch weiterhin so schmeckt! Würde sich bei solchem Vorgang gleichfalls die Substanz wandeln, so hätten wir es nicht mehr mit einer entstellenden Verformung zu tun, sondern vielmehr mit einer Ablösung – der Ersetzung des Apfels durch eine echte Birne! Von dieser könnte dann nicht mehr sinnvollerweise gesagt werden, dass sie eine entstellende Verformung eines Apfels ist. Nun stellt Blumenberg die Auslegung des Säkularisierungsvorgangs als eines Prozesses der entstellenden Verformung theologischer Gehalte radikal infrage. Nachdrücklich widerspricht er der Interpretation des Säkularisierungsvorganges als »Umsetzung authentisch theologischer Gehalte in ihre säkulare Selbstentfremdung« (LN, 75). Zum einen verneint Blumenberg, dass die als Säkularisate verfemten neuzeitlichen Vorgänge tatsächlich Säkularisate darstellen, zum anderen – und darauf liegt der Schwerpunkt seiner kritischen Untersuchungen – zeigt er, dass viele säkulare Größen, denen ursprünglich tatsächlich theologische Gehalte entsprachen, nicht deren entstellende Verformungen sind. Nehmen wir beides gesondert in den Blick.

Blumenberg wendet sich etwa gegen Löwiths Auffassung, das neuzeitliche Geschichtsbewusstsein sei aus der Säkularisierung der christlichen Idee der Heilsgeschichte hervorgegangen. Er stellt in Abrede, dass die geschichtsphilosophische Enderwartung und die moderne Fortschrittsidee bloße Metamorphosen der neutestamentlichen Eschatologie seien. Allgemein geht die neuzeitliche Geschichtsphilosophie davon aus, dass sich die Geschichte nach einem ihr innewohnenden Plan entwickele und zielstrebig auf eine letzte Erfüllung hinlaufe. Eine solche Geschichtsvorstellung ist nach Blumenberg allerdings der neutestamentlichen Eschatologie völlig fremd. Diese erwarte ein nahe bevorstehendes, von außen in die Welt einbrechendes Endereignis. Begriffe wie Geschichte, Geschichtsentwicklung und Geschichtsziel blieben ihr absolut äußerlich. Hieraus schließt Blumenberg auf die »Unübersetzbarkeit« (LN, 52) der neutestamentlichen Eschatologie in einen wie immer definierten Begriff von Geschichte. Dabei leugnet er nicht, dass sich in der Folge die Eschatologie vergeschichtlichte. Denn das Ausbleiben des als nahe vermuteten Endereignisses habe die Anpassung der eschatologischen Erwartung der Enderfüllung an den Fortbestand der Welt erzwungen. So seien Welt und Geschichte im Mittelalter auf ein sie erfüllendes, letztes Ziel bezogen worden, das in nicht so ferner Zukunft liege. Der springende Punkt ist für Blumenberg, dass es sich bei dieser Umstellung nicht um eine Metamorphose der neutestamentlichen Eschatologie handele – also nicht um einen bloß äußerlichen Gestaltwandel von Äpfeln in Birnen –, sondern vielmehr um deren Ersetzung – die Ablösung der Äpfel durch echte Birnen.

Ähnlich darf nach Blumenberg auch von der vergeschichtlichten Eschatologie nicht gesagt werden, dass sie die theologische Substanz der neuzeitlichen Geschichtsphilosophie sei, die lediglich ihre Metamorphose darstelle. Die neuzeitliche Geschichtsphilosophie sei keine entstellende Verformung der Heilsgeschichte, sondern allenfalls deren Ersetzung. Dies verdeutlicht Blumenberg an der für die neuzeitliche Geschichtsphilosophie charakteristischen Fortschrittsidee, die seines Erachtens nichts mit dem Christentum und Mittelalter gemeinsam habe. Die moderne Fortschrittsidee sei kein Säkularisat der eschatologischen Erwartung einer künftigen Erfüllung. Sie sei vielmehr Antriebskraft und Schrittmacher des durch den spätmittelalterlichen theologischen Absolutismus erzwungenen Selbstbehauptungswillens der Neuzeit, der bis heute die Entwicklung von Politik, Kunst, Wissenschaft und Technik in Gang halte.

So richtig Blumenbergs These ist, dass die neutestamentliche Eschatologie nichts mit Geschichte zu tun hat und die neuzeitliche Geschichtsphilosophie nicht einfach eine Metamorphose der heilsgeschichtlichen Substanz des Mittelalters darstellt, so unzulässig ist seine Annahme, Löwith habe dies alles behauptet. Diesem war durchaus nicht entgangen, dass der neutestamentlichen Eschatologie der Geschichtsbegriff fremd bleibt. Löwith versteht keineswegs die neuzeitliche Geschichtsphilosophie als bloße Umformung der heilsgeschichtlichen Substanz des Mittelalters. Zu Recht weist er Blumenberg darauf hin, dass er »nicht mehr und nicht weniger [behauptet], als daß alttestamentliche Prophetie und christliche Eschatologie einen Horizont von Fragestellungen und ein geistiges Klima geschaffen haben – im Hinblick auf die Geschichtsphilosophie einen Horizont der Zukunft und einer künftigen Erfüllung –, das den modernen Geschichtsbegriff und den weltlichen Fortschrittsglauben ermöglichte«[17]. Die Ermöglichung des einen durch das andere ist aber etwas wesentlich anderes als eine entstellende Verformung identisch bleibender Substanzen.

Nun soll hier nicht so sehr die Richtigkeit von Blumenbergs Ausführungen überprüft als vielmehr deren Absicht dargelegt werden. Ihm geht es in erster Linie um den Nachweis, dass die Neuzeit keine illegitime Geschichtsepoche ist, was sie genau dann wäre, wenn sie den Charakter einer entstellenden Verformung genuin theologischer Gehalte hätte. Diese Eigenschaft besitzt sie jedoch nicht. Im Gegenteil würdigt Blumenberg sie als erfolgreiche Überwindung der spätantiken Gnosis und als angemessene Antwort auf den spätmittelalterlichen Nominalismus.

Allerdings bleibt Blumenberg an dieser Stelle nicht stehen. Denn eines ist die Erkenntnis, dass die als Säkularisate verdächtigten Vorgänge der Neuzeit keine Metamorphosen theologischer Substanzen darstellen, ein anderes, dass die als Säkularisate verurteilten Begriffe jene Stellen einnehmen, die bislang theologische Gehalte besetzt hielten. Blumenberg bestreitet zwar, dass die neuzeitliche Fortschrittsidee und Geschichtsphilosophie etwa entstellende Umwandlungen der Heilsgeschichte sind, betont aber zugleich, dass beide für die von Schöpfung und Jüngstem Gericht umgrenzte Heilsgeschichte einspringen. Mögen Heilsgeschichte und Weltgeschichte auch zwei ganz verschiedene Vorgänge sein und mag die Weltgeschichte keine Umwandlung der Heilsgeschichte darstellen, so trete doch die Weltgeschichte an deren Platz. Blumenberg betont, dass zwar viele neuzeitliche Begriffe und Vorgänge ihrer Substanz nach nichts mit theologischen Gehalten des christlichen Mittelalters zu tun hätten, dennoch aber deren Funktion übernähmen und somit ihre Stelle ausfüllten. Absolute Subjektivität, Fortschritt, Geschichte, Geld, Rasse, Nation und viele andere Begriffe seien einerseits keine entstellenden Verformungen theologischer Begriffe, andererseits träten sie in der Neuzeit an die freigewordenen Stellen. Sicherlich hätten sie nicht dieselbe Substanz wie religiöse Vorstellungen, aber dieselbe Funktion. In der Ersetzung des Substanzdenkens durch das Funktionsdenken folgt Blumenberg der Philosophie Ernst Cassirers, der ebenfalls den Substanzbegriff durch den Funktionsbegriff ablöste (vgl. W, 163-172).[18]

Es ergibt sich folgende Konstellation: Das christliche Mittelalter verfügte noch über ein beinahe selbstverständliches Wissen über Schöpfung und Geschichte, die Herkunft des Menschen und dessen Daseinsbestimmung. Als die Glaubwürdigkeit und Geltung dieses Wissens am Ende des Mittelalters und im Laufe der Neuzeit immer mehr schwanden, gingen allerdings nicht auch die Fragen verloren, auf die dieses Wissen einst die Antwort war. Der Glaubwürdigkeitsschwund und Geltungsverlust der mittelalterlichen Antworten hinterließen »die ihnen adäquaten Fragen, auf die dann eine neue Antwort fällig« (LN, 76) wurde. So traten der Neuzeit aus dem Mittelalter Fragen entgegen, die sie nicht einfach abweisen konnte: »Die Neuzeit hat Probleme als sich aufgegeben angenommen, die das Mittelalter gestellt und [...] beantwortet hatte.« (LN, 59) Anders formuliert, hinterließ die Glaubwürdigkeitskrise der großen mittelalterlichen Antworten einen Fragenüberhang, der sich als ein System von Leerstellen beschreiben lässt, das nach neuer Auffüllung verlangte. Mit D.F. Strauß gesprochen: »Man kann sich die Stelle nicht leer denken, wo man von jeher etwas hat stehen sehen.«[19] Dabei können »ganz heterogene Inhalte an bestimmten Stellen des Systems der Welt- und Selbstdeutung des Menschen identische Funktionen übernehmen« (LN, 74). Diesen Vorgang der Neubesetzung leergewordener Systemstellen beschreibt Blumenberg als »Umbesetzung vakant gewordener Positionen von

Antworten« (LN, 75). Dementsprechend müsse etwa die neuzeitliche Geschichtsphilosophie als Versuch gewertet werden, »eine mittelalterliche Frage mit den nachmittelalterlich verfügbaren Mitteln zu beantworten« (LN, 60). Jede Epoche müsse als Antwort auf Herausforderungen gelesen werden, die ihr frühere Zeiten hinterließen.

Allgemein werden in der Neuzeit Größen und Begriffe wie Geld, Nation, Fortschritt und Macht häufig mit der Aufgabe betraut, jene Leerstellen zu füllen, die der Rahmen des christlichen Mittelalters vorgegeben hat. Bei dem Bemühen, diesen vorgegebenen Leerstellenrahmen auszufüllen, werden solche weltlichen Begriffe dann für gewöhnlich metaphysisch aufgeladen. Hierbei stehen sie unter der sie belastenden Anforderung, den hinterlassenen »großen und allzugroßen Fragen« (LN, 59) zu genügen. Allerdings erweist sich diese Anforderung oft als eine Überforderung, bei der diese Begriffe überanstrengt werden, wodurch sie letztlich bloß ihr eigenes Scheitern bewirken können. Blumenberg zufolge verfügt die Neuzeit nicht über die erforderlichen Mittel, um die vom christlichen Mittelalter geerbten Großfragen angemessen zu beantworten. Es sei ihr nicht möglich, den vom christlichen Mittelalter übernommenen Rahmen der Leerstellen adäquat auszufüllen. Was ehedem Gott hieß, sei mittlerweile bloßen Götzen gewichen. Die neuzeitlichen Ersetzungen theologischer Gehalte des christlichen Mittelalters böten also nur einen schlechten Ersatz: Surrogate, die sich an maßlosen Sinnerwartungen als deren vermeintliche Erfüllungen emporrankten.

Neben vielen anderen ist vor allem Alfred Müller-Armack dem Problem der Surrogatbildung in Neuzeit und Gegenwart nachgegangen. Eindringlich zeigt er auf, dass die gesamte Kultur des 19. Jahrhunderts »an Stelle des verlorenen alten Glaubens Idole setzte, d.h. Religionssurrogate, welche bestimmte theoretische Vorstellungen verabsolutierten und zum Ziel von Massenbewegungen machten«[20]. Diese »Ersatzmetaphysiken«[21] seien in den Leerraum alter theologischer Gehalte getreten und versuchten die Hypothek an Problemen abzutragen, die das christliche Mittelalter der säkularen Neuzeit hinterlassen habe. Dabei wurden »irdische Ziele mit dem Gefühl letzter Glaubenshingabe erstrebt [...] und [...] immer neue begrenzte Daseinsgebiete mit der Würde des Absoluten«[22] versehen. Da aber eine religiöse Überhöhung weltlicher Werte und Mächte diese überfordere, stellten sich im weiteren Verlauf unausweichlich Enttäuschungen ein. Der Absturz der Ersatzmetaphysiken mit der Folge eines radikalen Nihilismus sei unvermeidlich gewesen. Denn lösen sich erst einmal die religiösen Bindungen und erfährt der Mensch in einem Vorgang zunehmender Enttäuschung die Unzulänglichkeit seiner Ersatzmetaphysiken, dann breitet sich fast zwangsläufig ein Lebens- und Weltgefühl der Leere, Nichtigkeit und Vergeblichkeit aus. »Der Nihilismus, den unser Jahrhundert zu bestehen hat, ist die Katastrophe, die einer letzten Stufe der Überforderung folgt«, schrieb Blumenberg bereits 1955 in den *Düsseldorfer Nachrichten* (FF, 120). So verlief der Weg von Gott über Götzen zum Nichts. Einen Ausweg aus dieser verfahrenen Situation sehen Müller-Armack, Romano Guardini und Carl Schmitt wie viele Denker der Neuzeit und Moderne in der Wiederbelebung ehedem fraglos geltender christlicher Inhalte. So leicht ist eine alte Idee gar nicht auszurotten.

Blumenberg folgt dieser Empfehlung nicht. Zwar teilt er die Auffassung, dass neuzeitliche Begriffe das vom christlichen Mittelalter hinterlassene Leerstellensystem nicht angemessen ausfüllen können. Darüber hinaus betont er, dass sich die Großfragen des christlichen Mittelalters nicht ohne Weiteres eliminieren lassen. Der vorgegebene Problemüberhang könne genauso wenig einfach beiseitegeräumt wie der vorgeschriebene Leerstellenrahmen auf bloßen Wunsch hin wieder eingespart werden. Den Weg zum Christentum zurück hält er aber trotzdem für ungangbar.

Bestehen so die metaphysischen Großfragen weiter, ohne dass dafür noch traditionelle und moderne Lösungen in Betracht kommen, dann drängt sich geradezu zwangsläufig die beunruhigende Frage auf, wie der neuzeitliche Mensch diese geschichtliche Situation bestehen kann. Blumenberg gibt hier eine eigenwillige Antwort. Zunächst stellt er fest, dass erst das Christentum »neue Stellen in den Rahmen der über die Welt und den Menschen möglichen und erwarteten Aussagen eingebracht« (LN, 74) habe. Zu solchen in den Haushalt der menschlichen Wissensbedürfnisse und Sinnerwartungen eingebrachten Stellen gehören etwa die Erhebung des Menschen zur Krone und Mitte des Alls, die Zusicherung der Beteiligung Gottes oder der Welt am Glück und Schicksal des Menschen und die Aufwertung des Kosmos zu einer fürsorglich getragenen Schöpfung. Allerdings seien diese vom Christentum in das System der Menschen- und Weltdeutung eingezeichneten Stellen der Wirklichkeit unangemessen. Jedoch hätten wir uns über die Jahrhunderte so an diese überschwänglichen Sinnzuweisungen des Christentums gewöhnt, dass mit dessen Schwund nicht zugleich auch die ihm gemäßen Sinnansprüche als überzogen erschienen wären, geschweige denn verloren gingen. Da die überschwenglichen Sinnzuweisungen im Laufe der Jahrhunderte nahezu eine fraglose Selbstverständlichkeit geworden seien, erschienen nach ihrem Verlust die hinterlassenen Erwartungen und Hoffnungen weiter als naturwüchsig und gerechtfertigt. In Wahrheit aber wurden sie vom Christentum allererst erzeugt und seien im Grund so ungerechtfertigt wie dieses selbst. Auf diese Weise hinterlasse das abdankende Christentum ein genauso maßloses wie überzogenes Wissens- und Sinnbedürfnis. Blumenberg spricht in diesem Zusammenhang von »Bedürftigkeit eines an den großen

Fragen und großen Hoffnungen überdehnten und dann enttäuschten Bewußtseins« (LN, 98). Mit Perikles gesprochen: »Nicht der Raub eines Gutes, das wir niemals schmeckten, tut ja weh, sondern wenn uns etwas entrissen wird, mit dem wir wie verwachsen waren.«[23]

Oft ist hier die Rede von Sinnlosigkeit - ein Begriff, den Blumenberg in *Die Sorge geht über den Fluß* aus dem Jahre 1987 kritisch durchleuchtet. Scharfsinnig stellt er fest, dieses Wort unterstelle »nicht nur einen Mangel, sondern eine Vorenthaltung, eine Beraubung an Wesentlichem [...]. Zur Sinnlosigkeit als Bezeichnung eines Zustands gehört der Sinnverlust als Angabe des Hergangs seiner Entstehung; darin liegt eingeschlossen, daß es, was verloren werden konnte, schon einmal gab, also nichts Utopisches reklamiert wird.« (SF, 57) Genau hieran seien aber Zweifel angebracht: Es »darf nicht gescheut werden, die Frage zu stellen, ob jene Sinnlosigkeit nicht die Entbehrung von etwas beschreibt, was es nicht gibt und als das unterstellt Verlorene nie gegeben hat« (SF, 57).

Der maßlose Wissens- und Sinnanspruch des an den großen Fragen überdehnten Bewusstseins setze sich jedenfalls ins Unrecht, weil er der Wirklichkeit schlicht zu viel abverlange. Daher bestehe der einzig adäquate Umgang mit diesen Sinnansprüchen nicht so sehr im Versuch ihrer Erfüllung als vielmehr in ihrem Abbau. Es komme darauf an, das vom Christentum hinterlassene Sinn- und Wissensbedürfnis zunichte zu machen, was aber nur durch Absenkung und Mäßigung unseres Sinnverlangens möglich sei. Wann immer dies geschehe, reduziere sich »das Volumen ungesättigter und enttäuschter, zur Insistenz gesteigerter Erwartungen und Ansprüche, die eine Religion von der universalen geschichtlichen Ausprägung des Christentums erzeugt und hinterlassen« (LN, 127f.) habe. Ob es allerdings jemals zu einer solchen Mäßigung unserer Sinnerwartungen und mithin zur

Streichung der vom Christentum zusätzlich eingebrachten Stellen im Rahmen der Lebens- und Weltdeutung komme, bleibe eine offene Frage. Jedenfalls sei die »Idee, es könne einmal alles so sein, als ob das Christentum nie gewesen wäre« (LN, 128), wenig überzeugend. Auch durch Sprachanalyse und Methodenreflexion wird es wohl kaum gelingen, die maßlosen Fragen und Erwartungen »kritisch zu destruieren und am System der Welterklärung Amputationen vorzunehmen« (LN, 76). Zuletzt bewirkt nicht so sehr eine »rein rationale Operation« (ebd.) den Abbau der übergroßen Fragen als vielmehr die Geschichte selbst, insofern sie eher unauffällig die Dringlichkeit und Unabweisbarkeit sogenannter höchster und letzter Fragen verblassen lässt.

Gegen eine solche Prognose wird Einspruch erheben, wer die Auffassung vertritt, »daß diese Fragen einem menschheitlichen und tieferen Interesse entspringen« (LN, 80). Das schließt Blumenberg zwar nicht völlig aus, zieht es aber dennoch in Zweifel. Denn es gebe keinen »festen Kanon der großen Fragen« (LN, 76), der sich konstant durch die Geschichte des abendländischen Denkens hindurchziehe. Darum sei nicht einzusehen, wieso nicht im Laufe der Geschichte auf der Strecke bleiben und unverständlich werden könne, was gegenwärtig noch als unabweislich und sinnvoll erscheine. Angenommen, mit den Tatsachen der Welt wäre tatsächlich alles abgetan, dann gibt es nur eine Möglichkeit, mit den maßlosen Fragen fertigzuwerden: die mit ihnen verbundenen Hoffnungen und Erwartungen möglichst gering zu halten. Das heißt: Wenn es keine dicken Äpfel gibt, dann sollten wir nicht auf große Birnen hoffen, sondern uns mit kleineren Kirschen begnügen!

Es ergibt sich also folgendes Bild: Zuerst thematisiert Blumenberg den Säkularisierungsvorgang als Prozess der entstellenden Verformung theologischer Substanzen des christlichen Mittelalters. Dann bezweifelt er, dass die als Säkularisate verurteilten neuzeitlichen Vorgänge tatsächlich entstellende Verformungen christlich-mittelalterlicher Substanzen sind. Hiergegen macht er geltend, dass die als Säkularisate verdächtigten neuzeitlichen Begriffe ihrer Substanz nach etwas ganz anderes darstellen als theologische Inhalte. Allerdings seien sie bloß ihrer Substanz, nicht aber ihrer Funktion nach etwas anderes. Die gleiche Funktion wie theologische Inhalte zu haben bedeute, dass jene im Stellensystem der möglichen Aussagen über die Welt und den Menschen genau die Plätze einnähmen, die zuvor diese besetzt hielten. Jedoch würden die neuzeitlichen Begriffe und Vorgänge einer solchen Aufgabe nur ungenügend gerecht. In Wirklichkeit seien sie außerstande, die vom Christentum hinterlassenen Großfragen adäquat zu beantworten. Allerdings schließt Blumenberg hieraus nicht auf die Notwendigkeit der Erneuerung christlicher Bindungen und Wertorientierungen. Im Gegenteil empfiehlt er einen Abbau der vom Christentum hinterlassenen Großfragen durch Auflösung der mit ihnen einhergehenden überdehnten Hoffnungen und Erwartungen.

Motiviert wird dieser Ratschlag von der Einsicht, dass erst das Christentum in das System der möglichen Aussagen über die Welt und den Menschen überlastete Sinnstellen eingebracht habe, die der Wirklichkeit unangemessen seien. Folglich seien auch die nach dem Geltungsschwund des Christentums zurückbleibenden Sehnsüchte und Hoffnungen, welche die christliche Lehre gleichermaßen erzeugte und erfüllte, als überzogene Sinnansprüche und Sinnerwartungen abzulehnen, weil sie an der Wirklichkeit abprallten und somit von ihr enttäuscht werden müssten. Zur Vermeidung dieser Enttäuschung sei es ratsam, es mit den großen Fragen nicht zu übertreiben und die hohen Sinnansprüche zu mäßigen. Allerdings bleibe die Frage bestehen, ob wir tatsächlich ohne große Sinnzusagen auskommen können oder ob ein solcher Verzicht die Grenzen des Zumutbaren übersteige.

Sosehr für Blumenberg das Christentum etwas Überkommenes ist, das sich nicht mehr ohne Weiteres erhalten lässt, sosehr trägt für ihn die Neuzeit als Epoche der humanen Selbstbehauptung die Signatur der Legitimität. Denn erstens sei sie keine entstellende Verformung religiöser Substanzen, zweitens im Gegensatz zum Mittelalter die erfolgreiche Überwindung der Gnosis und drittens die angemessene Antwort auf die Herausforderung des theologischen Absolutismus des spätmittelalterlichen Nominalismus.

Allerdings steht die aufgezeigte Zustimmungswürdigkeit der Neuzeit unter zweifachem Vorbehalt: Die auf autonome Rationalität sich gründende Selbstbehauptung des neuzeitlichen Menschen realisiert sich in Form der wissenschaftlich-technischen Zivilisation. Für diese ist die Beherrschung der Natur zur Befriedigung menschlicher Bedürfnisse kennzeichnend. Die Technik ist für sie ein Mittel der Emanzipation des Menschen aus dem Bannkreis der übermächtigen, rücksichtslosen Natur. Dabei hat die wissenschaftlich-technische Zivilisation zweifellos Verhältnisse geschaffen, in denen unser von Sorgen geplagtes Dasein nicht nur leichter und erträglicher, sondern auch bequemer und angenehmer ist. Zugleich aber birgt sie eine Gefahr und Grenze in sich, die ihre Vorzüge mit Einschränkungen versehen. Es besteht die Gefahr, dass die technischen Apparaturen eine menschenverachtende Eigendynamik entwickeln und die Folgeprobleme der Verwissenschaftlichung unserer Lebensgrundlagen eine menschheitsbedrohende Übermacht gewinnen. Daneben stößt die wissenschaftlich-technische Zivilisation an eine immanente Grenze: Als Quelle möglichen Sinns ist sie niemals mächtig genug, das durch den Absturz des christlichen Mittelalters entstandene Leersystem der großen Fragen mit angemessenen Antworten auszufüllen. Betrachten wir beide Aspekte genauer.

1) Der neuzeitliche Prozess der humanen Selbstbehauptung zeigt sich als ein Prozess der wissenschaftlich-technischen Naturbeherrschung. Dieser Prozess wurde bereits von vielen modernen Philosophen kritisch befragt. So unterschiedliche Denker wie Adorno, Horkheimer und Heidegger[24] sehen in der wissenschaftlich-technischen Zivilisation einen heillosen Weltbemächtigungswillen am Werke, der die Menschen von sich selbst und von dem entfremdet, worüber sie Macht ausüben. Darüber hinaus liefere er Mensch und Natur einer erbarmungslosen Ausbeutung aus. Auch Blumenberg sieht die Schwierigkeiten und Folgeprobleme der Verwissenschaftlichung der zivilisatorischen Lebensgrundlagen. Ohne diese zu bagatellisieren, besteht er aber auf der Unentbehrlichkeit von Wissenschaft und Technik für den modernen Menschen und streicht dabei wiederholt deren beispiellose Lebensvorzüge heraus (vgl. LN, 263 ff.). Kritisch wendet er sich gegen jene, welche die Lebensvorzüge der wissenschaftlich-technischen Zivilisation so entschieden in den Hintergrund drängen, dass die humanen Fortschritte, die sich darin zugetragen haben, kaum in den Blick geraten können. Zwar bestreitet er nicht, dass die Verwissenschaftlichung der zivilisatorischen Lebensgrundlagen zu mancherlei Sorge Anlass gebe, fragt aber anders als etwa Hans Jonas nicht, ob die Macht der Technik für den Menschen und für die Ausmaße seiner verletzlichen Biosphäre nicht zu groß sei.[25] Blumenberg gehört zu jenen Philosophen, welche die zivilisatorischen Errungenschaften mehr als Segnungen preisen denn als Fluch verurteilen. Hier wie sonst auch spürt er im Kleinen das Große und im Selbstverständlichen das Besondere auf. Beispielsweise sei es »gerade ein gutes Jahrhundert her, dass akuter Schmerz bekämpft, unter Narkose operiert« (VS, 188) werden könne. Erst seit dieser Zeit

gebe es ein »Leben ohne Zahnschmerzen« (VS, 188). Statt aber dem Sieg der Vernunft über den Schmerz auch nur eine Zeile zu widmen, hätten die Zivilisationskritiker unserer Tage stets mit vermeintlich Größerem zu tun gehabt – etwa mit den Anfängen und Untergängen der Welt oder des Abendlandes.

2) Der neuzeitliche Prozess der humanen Selbstbehauptung ermöglicht durch seine Errungenschaften in Wissenschaft und Technik sogar Sinn und Glück. Denn beide geben den Menschen nicht nur die Möglichkeit, vielerlei Leid und Elend von ihrem Dasein abzuwenden, sondern sie setzen sie auch in den Stand, ihrem Leben zahlreiche Erfüllungen zu schenken.

Die hierfür erforderliche Lebenszeit erarbeitet die moderne Technik außerdem. Zwar leidet der heutige Mensch notorisch unter Zeitmangel. Technik bedeutet aber Zeitgewinn für mehr Zeitvertreib durch beschleunigte Zeitabläufe. Statt morgens erst das Feuer im Herd zu entfachen, dreht man einfach die Heizung auf! Allerdings reflektiert Blumenberg ebenfalls, dass der technologisch bedingte Zeitgewinn wieder verbraucht werde durch das technologisch bedingte Anwachsen von Wahlmöglichkeiten. Die Angst vorm Verpassen führe angesichts zahlloser Optionen zu dem Paradox, dass heutige Bürger noch weniger Zeit hätten als frühere Menschen. Ihre kleinmütige Devise laute: Nur keine Zeit verlieren! Dabei sei die Lebenszeit doch immer zu kurz. Dank technischer Zeitersparnisse könnten wir vielleicht mehrere Leben in einem unterbringen, doch der Mangel, nicht genug gelebt zu haben, bleibe für den, der auf kurzweilige Erlebnisse aus sei, immer gleich.

Trotz einiger kleiner Vorbehalte befürwortet Blumenberg aber den technischen Fortschritt, der durch seine Entlastungen große Freiräume zur individuellen Sinnstiftung schaffe. Nur könne die wissenschaftlich-technische Zivilisation selbst keinen emphatischen Sinn zur Verfügung zu stellen. Sie kann weder die leergewordene Systemstelle der Metaphysik und Theologie ausfüllen noch verhindern, dass sich diese unbesetzte Systemstelle in ihrer Leere eindringlich bemerkbar macht. Hier stößt die wissenschaftlich-technische Zivilisation an ihre Grenzen. An diesen empfiehlt Blumenberg weniger die Neubesetzung der offenen Systemstelle durch alte theologische Inhalte als vielmehr ihre Streichung durch Verringerung der vom Christentum hinterlassenen maßlosen Erwartungen und Hoffnungen, was jedoch nicht ohne Weiteres möglich ist. Trotz beider zuletzt genannten Vorbehalte bleibt nach Blumenberg die auf ihre eigene Rationalität sich gründende und zunehmend theologische Deutungsmuster verabschiedende Neuzeit zustimmungswürdig.

Abschied von Gott

Dass Blumenberg wie viele andere Denker der Neuzeit und Gegenwart die überschwenglichen Sinnentwürfe religiös-metaphysischer Art verabschiedete, versteht sich keineswegs von selbst. Er entstammte einer streng katholischen Familie. Seine Mutter war Jüdin mosaischen Glaubens, die dem Wunsch ihres späteren Schwiegervaters gemäß zunächst die evangelisch-lutherische Konfession annahm, bevor sie zum katholischen Glauben konvertierte. Auf diese Weise stellte der künftige Schwiegervater sicher, dass seine zukünftige Schwiegertochter als Christin zum katholischen Glauben übertrat. Die alte Hildesheimer Familie Blumenberg brachte zahlreiche Priester hervor. Auch dem jungen Hans bedeutete der katholische Glaube viel. Nicht nur, dass er mehrere Jahre als Ministrant in der Heiligen Messe diente, er zog auch ernsthaft in Betracht, katholischer Priester zu werden. Darum hatte er bereits neben der Schule die hebräische Sprachprüfung abgelegt, die fürs Theologiestudium erforderlich war. 1939 studierte er zunächst in Paderborn und 1940 in Frankfurt am Main an kirchlichen Hochschulen katholische Theologie. Nach den Nürnberger Rassegesetzen galt der katholisch erzogene Blumenberg wegen der jüdischen Herkunft seiner Mutter als »Halbjude«. Als solcher hätte er nach der Schulzeit zwar nicht an einer staatlichen Universität studieren dürfen, aber Theologie wählte Blumenberg ganz bewusst und nicht als schlechten Ersatz für das ihm verweigerte Universitätsstudium. Jedoch wurde ihm auch das Theologiestudium nach drei Semestern untersagt.

Bis zu seinem späteren Universitätsstudium wie auch in den folgenden Studienjahren beschäftigte er sich vorrangig mit theologischer, speziell mit thomistischer und neuthomistischer Philosophie, woraus dann 1947 seine Dissertation entstand. Darin versuchte er zu zeigen, dass bereits mittelalterliche Philosophen im Rahmen theologischer Deutungszusammenhänge in ähnlich fundamentaler Weise wie Martin Heidegger nach dem Sein fragten, die jener der Seinsvergessenheit bezichtigte.[26] Insbesondere aber hielt er in seiner Dissertation an der Möglichkeit einer Metaphysik fest, die sich auf die Unverfügbarkeit des menschlichen Daseins stützt. Unter der Überschrift »Letzte metaphysische Positionen« (UO, 85) behandelte Blumenberg zwei existenzielle Positionen: »Erleuchtete Existenz – auf sich selbst geworfene Existenz« (UO, 92). Erstere charakterisierte er als äußerste Möglichkeit christlicher Selbsterfahrung, die vor allem im christlichen Mittelalter realisiert wurde. Hier »erfährt der Mensch in seiner Ohnmacht die Ermächtigung, Sein zu verstehen und darin seiner Existenz einen Grund zu geben. Dieser Grund ist die Sinnerfüllung der menschlichen Existenz in der ›beatitudo‹, im Seinsgenuß.« (UO, 91) Im Unterschied dazu erfahre sich die auf sich selbst geworfene Existenz weder als ohnmächtig noch als von einem absoluten Seinsgrund ermächtigt; sie wisse sich als selbstmächtig und selbstverfügbar. Allerdings sei das moderne Bewusstsein »nicht bei der Erfahrung seiner Selbstmächtigkeit stehen geblieben; im Gegenteil wurde es zurückgeworfen in zuvor unbekannte Tiefen von Entmächtigung und Verzweiflung. Nichtigkeit, Geworfenheit und Faktizität wurden die beherrschenden Momente der existenziellen Selbsterfahrung [...]. In seiner Geworfenheit wurde der Mensch immer nur auf sich selbst zurückgeworfen.« (UO, 92) Gewährsmann jener erleuchteten Existenz sei Augustinus, für die auf sich selbst geworfene Existenz stehe Heidegger.

Mit Bezug auf beide existenziellen Grundeinstellungen fragte Blumenberg damals: »Ist hier ein letzter Dualismus metaphysischer Möglichkeiten erreicht? Und ist es menschliche Entscheidung, die zu einer dieser Positionen führt, oder die Faktizität der geschichtlichen Horizonte, die nur je eine der beiden Möglichkeiten freigibt?« (UO, 92) Doch war dies nur eine rhetorische Frage, denn Blumenbergs Reflexion endete nicht bei den beiden existenziellen Grundeinstellungen: »Es bleibt noch ein weiterer Standpunkt möglich: dass nämlich das metaphysische Fragen in diesen Positionen noch nicht zur Ruhe gekommen und in seinen radikalen Möglichkeiten noch nicht erschöpft ist. Wäre das richtig, dann hätte der Ansatz eines weiteren Fragens auszugehen von einer ›Entdeckung‹ der menschlichen Selbsterfahrung, die man ohne Übertreibung wohl als eine ›endgültige‹ ansehen darf: von der Erfahrung der ihrer selbst nicht mächtigen Existenz. Diese Erfahrung ist letztlich den beiden gekennzeichneten metaphysischen Positionen gemeinsam.« (UO, 92)[27] Denn diese dritte Position bedeute zugleich weniger als erleuchtete Existenz und mehr als geworfene Existenz. Auf der einen Seite ermangele sie der Sicherheit der mittelalterlichen Erleuchtung, auf der anderen Seite sprenge sie die Endgültigkeit der modernen Geworfenheit. Sie sollte den Weg zu einem absoluten Seinsgrund offenhalten, ohne sich von einem solchen gleich getragen zu wissen. Daher konnte Blumenberg damals sagen: »An dieser letzten Erfahrung muß alles metaphysische Fragen weiterhin ansetzen.« (UO, 92)

Noch 1954 empfahl Blumenberg vor dem Hintergrund von Nietzsches Proklamation des Todes Gottes, »in das Dunkel dessen tiefer einzudringen, was für uns noch Möglichkeit sein mag. Ob die Wiederkehr Gottes zu diesen uns aufbehaltenen Möglichkeiten gehört, ist dabei eine der drängenden Fragen, die uns zur Erhellung unserer geschichtlichen Herkunft bewegen.« (KG,

554) Doch seine Antwort darauf blieb aus, wenn auch die Möglichkeit hierfür von ihm zunächst nicht ausgeschlossen wurde. Weniger bekannt, wenngleich höchst beachtenswert für diesen Zusammenhang sind seine in den 1950er Jahren in der katholischen Kulturzeitschrift *Hochland* veröffentlichten literaturwissenschaftlichen Beiträge zu englischsprachigen Autoren wie Faulkner, Hemingway, Eliot und Waugh. Erst in diesen Jahren vollzog Blumenberg einen endgültigen Bruch mit der herkömmlichen Metaphysik und dem traditionellen Christentum. Bis zu seinem Abschied von der christlichen Religion in den 1950er Jahren war Blumenberg praktizierender Katholik. Äußerlich greifbar wird die Zäsur am Verzicht auf die Taufe seines 1959 geborenen vierten Kindes; die drei älteren wurden noch getauft. Doch ist Blumenberg nicht nur wegen der kirchlichen Unterstützungen während der Nazizeit niemals aus der Kirche ausgetreten. Geradezu pathetisch verweist der alte Blumenberg in einem Brief aus seinem Todesjahr 1996 darauf, dass er im Laufe seines Lebens zwar »den Glauben verloren [habe] – aber nicht die Liebe zur Kirche« (BB, 178) – ein merkwürdiges Bekenntnis zu einer Zeit, in der die Menschen eher der Kirche als Gott die Gefolgschaft verweigern (BB, 178). Nach Auskunft seiner Frau Ursula hat er wohl verschiedentlich gesagt: »Da kann man ganz sicher sein, dass es Gott nicht gibt.«

Gleichzeitig blieb er empfindlich für letzte Sinnfragen, wenn auch er sie für unbeantwortbar hielt. Wie stark ihn religiöse Fragen noch immer beschäftigten, wird deutlich aus einer seiner letzten Veröffentlichungen zu Lebzeiten, der *Matthäuspassion*, einer Würdigung von Johann Sebastian Bachs Passionswerk, das er seit früher Jugendzeit jeden Karfreitag hörte. War das erste Werk, seine Dissertation von 1947, noch eine versöhnliche Auseinandersetzung mit der christlich-mittelalterlichen Philosophie, so ist die *Matthäuspassion* von 1988 eine unversöhnliche

Abrechnung mit der christlichen Glaubenslehre. Doch bietet er darin keine Religionskritik herkömmlicher Art, wie man sie von Nietzsche, Marx und Freud kennt, sondern er unternimmt den kühnen Versuch, die im Neuen Testament verkündete frohe Botschaft von innen her aufzulösen, sie gleichsam als traurige Botschaft zu entlarven.

In tief eindringenden Untersuchungen, in denen Blumenberg noch einmal als in Dogmatik, Liturgie, Text- und Bildgeschichte bewanderter Religionsgelehrter hervortritt, versucht er zu zeigen, dass sowohl Schöpfung als auch Erlösung misslangen. Gerne zitiert er in diesem Zusammenhang den kastilinischen König Alfonso den Weisen, der gesagt haben soll, »er hätte wohl Gott bei der Schöpfung einige Ratschläge geben können, es besser zu machen, wäre er nur dabei gewesen« (G, 191). Auch müsse Leibniz gefragt werden, nach dem die bestehende Welt bereits die beste aller möglichen Welten sei: »Wenn dieses da das Beste sein soll, muß es dann nicht das noch Bessere sein, das Beste existierte nicht?« (VP, 128) Gott scheint nicht gewusst zu haben, was er tat, als er die Erde erschuf. Die dem Sündenfall des Menschen vorausgegangene Erschaffung der Welt sei jedenfalls der Sündenfall Gottes gewesen, mit dem eine – sogar für Gott selbst – äußerst leidvolle Geschichte begann. Fast möchte man glauben, Gott sei in die Welt gezogen, um das Fürchten zu lernen. In diesem Sinne interpretiert Blumenberg den Genitiv des alttestamentarischen Ausspruchs »Die Furcht des Herrn ist der Weisheit Anfang« als Genitivus subjectivus und nicht als genitivus objectivus. Blumenberg war dem Bibelspruch in der Aula seines Gymnasiums schon früh begegnet. Normalerweise liest man diesen Sinnspruch so: »Die Furcht des Menschen vor dem Herrn ist der Anfang menschlicher Weisheit.« Blumenberg dagegen: »Die Furcht Gottes vor dem Menschen ist der Anfang göttlicher Weisheit.«

Aus Furcht habe Gott den Menschen den Verzehr der Früchte vom Baum der Erkenntnis verboten, die selbst schuld gewesen seien, als sie davon aßen, und sich darum nachher nicht hätten wundern sollen, dass dessen Früchte bitter schmeckten. Gott habe den Menschen diese Frucht vorenthalten wollen, damit sie nicht erführen, wie er wirklich sei. Zwar war er davon überzeugt, sich bei den Menschen sehen lassen zu können, er hielt es aber nicht aus, von ihnen durchschaut zu werden, und zog es deshalb vor, im Verborgenen zu bleiben. Allerdings war dies Blumenberg zufolge nicht der einzige Grund, weshalb Gott die Menschen aus dem Paradies vertrieb. Das tat er, weil er sie aufgrund ihrer Gottebenbildlichkeit als Konkurrenten fürchtete. Um keine Rivalen mehr zu haben, beraubte er sie ihrer Unsterblichkeit und machte sie zu Feinden untereinander. Gerade sterblich geworden, kämpften sie kurz darauf auch bereits gegeneinander, wie die Geschichte von Kain und Abel beweise. Jedoch kam nach Blumenberg der Tod nicht mit der Sünde in die Welt, wie immer wieder behauptet werde, sondern umgekehrt die Sünde mit dem Tod – nämlich mit der Knappheit der menschlichen Lebenszeit und Lebensgüter. Deshalb hält es Blumenberg für völlig widersinnig, die Sünde dem Menschen anzulasten, und für noch widersinniger, den Teufel dafür verantwortlich zu machen, der ja nur verführen konnte, wen Gott als verführungsanfällig erschuf.

Offenbar kehrt Blumenberg nicht bloß die Beziehung zwischen Sünde und Tod, sondern auch das Schuldverhältnis zwischen Gott auf der einen Seite und Mensch und Teufel auf der anderen um. Beide seien nicht des Ungehorsams gegen Gott zu zeihen, vielmehr Gott der Erschaffung des Endlichen, Teuflischen, der Verführbarkeit und Sündhaftigkeit seiner Geschöpfe. Aus diesem Grund fragt Blumenberg, ob statt nur für die Menschen nicht genauso für den Teufel gebetet werden sollte, und er wundert sich, dass in den christlichen Kirchen bisher niemals Messen auch für die Erlösung und das Heil des Teufels gelesen wurden (vgl. T).

Besonders seltsam sei, dass erst so viele Jahre verstreichen mussten, bis Gott Christus im Fleische erscheinen ließ, obgleich die Erlösung »doch um der Menschen willen gar nicht früh genug begonnen und beendigt werden konnte« (L, 20; VP, 10). Da müsse mit allem Ernst gefragt werden: »Warum so spät?«, worauf es nur eine Antwort geben könne: Gleichgültig wann, Hauptsache überhaupt!

Gipfel der Absurdität sei allerdings die Annahme des stellvertretenden Opfertodes Christi: Nicht genug, dass Gott den Menschen aufbürdete, was er ihnen selbst antat, nun soll er die Menschen sogar noch aus ihrer notvollen Situation wieder befreien wollen, in die er sie doch selbst gebracht habe. Deshalb dränge sich die Frage auf, warum Gott es überhaupt so weit kommen ließ und wie mit solcher Sichtweise noch die Vorstellung des mit den Menschen wetteifernden, auf sie eifersüchtigen Gottes übereinstimmen könne. Überhaupt entbehre die heilsgeschichtliche Tragödie nicht einer gewissen Komik. Nicht bloß für ungläubige Ohren höre es sich seltsam an, ja lächerlich, dass ein allmächtiger Gott schon geringfügige Verstöße eines Einzelnen gegen seine Speiseordnung mit der Vertreibung aus dem Paradies ahnde. Noch aberwitziger sei die Vorstellung, dass Gott zur Behebung dieser Sünde seinen Sohn auf die Welt senden musste, damit dieser durch seinen Kreuzestod entweder die Rechte des Teufels auf die Menschheit ablöse (Redemptionstheorie) oder Gottes Ehrverletzung durch Adam wiedergutmache (Satisfaktionstheorie). Im ersten Falle wird Jesus dem Teufel als Lösegeld übergeben, im anderen Falle bittet Christus beim Allmächtigen anstelle der Menschen um Entschuldigung, weil ein Gott nur von einem ihm ebenbürtigen Gegenüber eine Verzeihung annehmen könne. Das alles klingt äußerst merkwürdig nicht nur für heidnische Ohren. Auch frommen Seelen muss sich die Frage aufdrängen: Warum geschah das Erlösungswerk so umständlich? Wozu dieser ganze Aufwand, wenn Gottes Barmherzigkeit die Sünde ohne große Mühe hätte beseitigen können? Warum konnte seine Gnade nicht über Adams Apfelverbrechen großmütig hinwegsehen? Was ist das für ein Gott, der wegen einer einzigen Sünde gegen das ganze Menschengeschlecht wütet? Blumenbergs humorvolle Bewertung des Heilsdramas verdeutlicht, wie wenig solche Geschichten noch in die moderne Lebenswelt passen.

Trotzdem gelingt es Bachs *Matthäuspassion* für die Dauer ihrer Aufführung tiefe Betroffenheit beim nachdenklichen Zuhörer auszulösen. Musik macht uns für die Stunden, in denen sie erklingt, empfänglich für Mythen, Metaphern und Sprüche, ohne dass wir sie deshalb schon für bare Münze nehmen. Jedoch besitzt für Blumenberg die vertonte Leidensgeschichte Jesu mehr als nur ästhetische Reize. Sobald es um Jesu Leiden und Sterben geht, schlägt er dunklere Töne an. Zwar wird Jesu Kreuzesschrei: »Mein Gott, mein Gott, warum hast du mich verlassen« noch einmal lächelnd mit den Worten kommentiert, dass offenbar der sterbende Gottessohn selbst in der Todesstunde »durchtränkt mit Schriftkenntnis« (G, 88) gewesen sei, zitiere er doch eine Frage aus Psalm 22. Zugleich aber beschreibt Blumenberg den erschütternden Verzweiflungsschrei mit großem Ernst als bittere Enttäuschung über Gottvaters Abwesenheit.

Schon Simone Weil notierte in ihren *Cahiers*: »Das ist ein Schrei ins Leere, ein Ruf, der ewig ohne Antwort bleibt.«[28] Ähnlich Blumenberg, nach dem dieser Verzweiflungsschrei »an den toten Gott gerichtet sein könnte. Wenn nicht sogar erst recht an diesen.« (M, 221) Blumenberg geht in diesem Zusammenhang so weit zu sagen, dass Gottvater an den Qualen seines Sohnes starb, an ihnen zugrunde ging. Der von Nietzsche verkündete Tod Gottes sei keineswegs erst das Werk des Übermenschen, eigentlich sei Gott bereits auf Golgatha gestorben, wo zur neunten Stunde der Allmächtige, von sich selbst verlassen, Selbstmord beging. So seien in der Passion Schöpfung und Schöpfer gleichermaßen gescheitert. Denn es sei schlechterdings unvorstellbar, dass Gottvater nach dem Martertod seines Sohnes weiter ein Gott bleiben konnte. Ihn mussten Selbstzweifel an der möglichen Fortdauer seiner Existenz befallen, als er den größten aller Vorwürfe eines Sohnes gegen seinen Vater vernahm: nämlich ihn bewusst in seinem Elend alleine gelassen zu haben. Blumenberg schreibt: »Sonst verlassen die Söhne die Väter [...]. Dieses eine Mal läßt der Vater den Sohn in dem Elend, das er ihm auferlegt hat.« (M, 249) Da sei Gottvater zu fragen, wie er mit der Passionslast des Sohnes weiter ein Gott sein konnte. »Ist es möglich zu denken, daß dies es war, was auch den Vater tötete?« (M, 251) Jedenfalls gibt es nach Blumenberg am Ende der Golgatha-Tragödie nur noch wenig Grund zur Hoffnung auf Erlösung. »Als sei es für immer, rufen beide Chöre dem im Grabe nach: Ruhe sanft, sanfte ruh.« (M, 240) Gott ist tot. Gott bleibt tot. Die Erlösung misslang. Auferstehung fand niemals statt. Bachs *Matthäuspassion* schließt »mit dem versiegelten, nicht mit dem leeren Grab. Sie hinterlässt die Gemeinde in Trauer und Tränen, nicht in Hoffnung und Gewissheit.« (M, 231)

In Abwandlung eines berühmten Ausspruchs Goethes kann man sagen: »Und wenn der Gott in seiner Qual verstummt, gibt ihm ein Mensch zu sagen, was er leidet!« Aber finden die Menschen dafür tatsächlich immer die richtigen Worte, oder verschlägt es ihnen die Sprache? Das traurige Ereignis von Golgatha vor Augen, antwortet der späte Blumenberg auf die empörte Frage: »Hast du da noch Worte?« mit: »Nein, dafür aber Töne.« Denn wovon man nicht sprechen könne, darüber müsse man keineswegs schweigen – man könne darüber auch musizieren, wie Bachs *Matthäuspassion* beweise. Sie mache das Unerträgliche erträglicher und tröste den Menschen selbst dann noch, wenn die Auferstehung Christi niemals stattgefunden haben sollte. So lasse diese Musik nicht nur erahnen, was religiöser Trost einem Gläubigen bedeuten könne, sie sei so stark, dass sie den Menschen selbst über den Verlust dieses Trostes hinwegzutrösten vermöge. Doch den denkbar stärksten Karfreitagstrost schenkte wohl der portugiesische Prediger Pinheiro da Veiga, der seinen Brüdern, als sie über das Leid des Gekreuzigten klagten, zurief: »Hört auf zu weinen! Der liebe Gott wird es gewiß so fügen, daß all dies nicht wahr ist« (M, 255) – und meinte damit Gethsemane, Golgatha, die Grablegung des Herrn.

Ist die Leidensgeschichte Christi vielleicht zu grausam, um wahr zu sein, so sind Blumenbergs Interpretationen zu überspannt, um wirklich zu überzeugen. Geradezu ratlos steht man vor seiner gewaltsamen Auslegung biblischer Texte, deren verblüffende Nachricht lautet: Die frohe Botschaft ist in Wahrheit eine traurige Botschaft, denn sie handelt weniger von der Erlösung der Welt und der Auferstehung der Toten als vielmehr vom Scheitern der Schöpfung und dem Tode Gottes. In der Tat: Uns Menschen fällt es schon zu Lebzeiten schwer aufzustehen, wie können wir da erst als Tote auferstehen? Nun ist die Auffassung, dass Gott tot und die Schöpfung missraten sei, weder neu noch besonders originell; viele Zeitgenossen vertreten sie. Neu und durchaus spektakulär ist dagegen, dass ausgerechnet jene Texte diese Erkenntnisse enthalten sollen, die offenkundig das genaue Gegenteil verkünden: nämlich Auferstehung, Erlösung und Heil, und denen Blumenberg auch noch eine gewisse Komik attestierte, bevor er sich mit tiefem Ernst dem Sterben Jesu zuwandte.

Was soll man von einer solchen Geschichte halten, wie Blumenberg sie sich hier erdacht hat? Er ist doch ein hochangesehener Philosoph, bekannt für umfassende Gelehrsamkeit, Scharfsinn, Wohlüberlegtheit, Nüchternheit – und dann diese merkwürdigen Exegesen und irrationalistischen Erzählungen im schlechten Sinne des Wortes. Sind sie nur versehentlich entstanden, gleichsam als die spekulativen Verirrungen und intellektuellen Ausrutscher eines Gelehrten, dessen Einbildungskraft hin und wieder mit ihm durchging? Oder stehen dahinter ernst zu nehmende Fragen und Probleme?

Im Grunde sind Blumenbergs theologische Ausführungen das Ergebnis einer nachchristlichen Melancholie, deren traurige Botschaft lautet: Der Mensch ist ein vergängliches Stück um sich selbst bekümmerte Natur in einer um ihn unbekümmerten Welt, was religiös ausgedrückt bedeutet: Es gibt nirgendwo Heil.

Aber wenn Blumenberg lediglich das sagen wollte, warum tat er es nicht und hüllte stattdessen seinen Atheismus in ein – zudem noch äußerst fragwürdiges – exegetisches Gewand? Darauf gibt es nur eine überzeugende Antwort: Blumenberg bedeutete die christliche Glaubenslehre offenbar selbst noch zu jenem Zeitpunkt sehr viel, als er sich äußerlich schon längst davon losgesagt hatte, da er stets empfindlich blieb für die mit dem Verlust des religiösen Trostes einhergehenden geschichtlichen und menschlichen Folgelasten. Er gehört zu einer Generation von Philosophen, die trotz ihrer Illusionslosigkeit nicht zu verhehlen vermögen, wie schwer es ihnen eigentlich fällt anzuerkennen, dass der Sturz des Christentums kaum noch des Sagens und Denkens wert sein soll. Infolge seiner umfassenden geistesgeschichtlichen Bildung und aufgrund seiner philosophisch-theologischen Interessen blieb er zeitlebens befangen in den Problemhorizonten der theologischen Tradition, die abzuschütteln ihm offenbar unmöglich war.

Wem, wie so manchem materialistischen Denker der Gegenwart, dieses Wissen fehlt, kennt einfach nicht mehr, was für den, der noch darüber verfügt, zu durchdenken mit so viel Enttäuschung und Trauer verbunden ist. Anstatt das unwiederbringlich Verlorene auf sich beruhen zu lassen, suchte Blumenberg daher stets die Auseinandersetzung mit den überlieferten Zeugnissen des Christentums – und sei es nur, um immer wieder aufs Neue deren zunehmende Obsoleszenz und irritierende Komik festzustellen. So war es nicht bloß die alte Faszination der christlichen Lehre, sondern mehr noch die Trauer über ihren Verlust, die Blumenbergs Bezug zu ihr gegenwärtig hielt. Deshalb sind seine gewaltsamen Exegesen auch ein Stück Trauerarbeit, ein Nachruf voller Erinnerungen, in dem von etwas für immer Zerbrochenem Abschied genommen wird, während zugleich die Zustimmung zu einer von vielen als bitter erfahrenen Situation gesucht wird, in welcher auf alle überdehnten Sinn- und Glücksversprechen verzichtet werden muss.

Nach dem »Niedergang der Hölle« (G, 206) als Zucht- und Züchtigungsmittel im Laufe der Neuzeit ist für die »Leichtgläubigen und Wundersüchtigen« (F, 73), die sich weiter nach Rätselhaftem und Geheimnisvollem sehnen, von der religiösen Botschaft nur noch die Idee des ewigen Lebens in himmlischen Wohnungen übrig. Wie Fontanes alter Stechlin glaubte Blumenberg aber nicht an die Auferstehung der Toten (vgl. F, 9). Er meinte, dass alle Religionen ihren Trost zu dick auftrügen, und stimmte Goethe zu, der Hegels Kolleg über Gottesbeweise schon im 19. Jahrhundert für unzeitgemäß hielt. Dennoch war Blumenberg anders als Goethe religiös nicht unbedürftig. Goethe ehrte die Religion, brauchte sie aber nicht zum Leben. Blumenberg machte dagegen gelegentlich böse Witze über die christliche Theologie, für die es immer kurz nach zwölf sei, weil sie stets philosophischen Moden nachrenne, die sich gerade überlebt hätten.

Hiervon abgesehen sei ohnehin das Leben auch mit Religion schwer und deren Sinnfülle nicht immer tröstlich, bedenke man nur: »Der Gequälte sollte sich sagen, es würde schon alles seinen Sinn haben und eines Tages offenbaren, weshalb die einen hatten leiden müssen und die anderen gut davongekommen waren.« (SF, 79, 81) Wenn es diesen Sinn tatsächlich gäbe, müssten die Notleidenden und Schmerzgeprüften dieser Welt etwas an sich haben, was das Schicksal berechtige, sie schlecht zu behandeln – fürwahr eine grauenhafte Vorstellung! Aus diesem Grund »sollten wir nicht nur die Wut über die Sinnlosigkeit der Welt kultivieren, sondern auch etwas von der Furcht vor der Möglichkeit, sie könnte eines Tages voller Sinn sein« (SF, 81). Am Ende bleibt dem Menschen nichts anderes übrig, als es mit sich und der Welt alleine aufzunehmen, kurz: humane Selbstbehauptung.

Der Weltraum – ein Albtraum

Maßgeblichen Einfluss auf Blumenbergs Bruch mit dem herkömmlichen Christentum und der traditionellen Metaphysik hat zweifellos seine intensive Auseinandersetzung mit der abendländischen Kosmologie, die seinen eigentlichen Grundgedanken bereits ansatzweise sichtbar werden lässt. 1975 legte er eine umfangreiche Studie mit dem Titel *Die Genesis der kopernikanischen Welt* vor. In weitgespannten Analysen beschreibt er darin die Heraufkunft der kopernikanischen Kosmologie und ihre Bedeutung im Selbstverständnis der Neuzeit. Dieser umfangreichen Studie geht eine zwanzigjährige Auseinandersetzung mit Kopernikus voraus, die sich zuvor in einer Reihe kleinerer Veröffentlichungen niedergeschlagen hatte: 1955 erscheint in *Studium Generale* der Aufsatz *Der kopernikanische Umsturz und die Weltstellung des Menschen.* Im Jahre 1957 folgt wiederum in *Studium Generale* die Abhandlung *Kosmos und System. Aus der Genesis der kopernikanischen Welt.* 1960 wird diese Thematik mit *Metaphorisierte Kosmologie in Paradigmen zu einer Metaphorologie* fortgeführt. Im Anschluss daran publiziert Blumenberg 1965 den bedeutenden Aufsatz *Kopernikus im Selbstverständnis der Neuzeit.* Ebenfalls 1965 erscheint das Buch *Die kopernikanische Wende.* Darüber hinaus gibt Blumenberg 1965 eine Schrift mit dem Titel *Galileo Galilei* heraus, die eine Auswahl von Texten Galileis enthält. Ihr stellt er eine Abhandlung mit der Überschrift *Das Fernrohr und die Ohnmacht der Wahrheit* voran, in der sich erneut eine Auseinandersetzung mit Kopernikus findet – wie auch in dem 1966 veröffentlichten Aufsatz *Contemplator coeli.* Eine Art Höhepunkt der Beschäftigung mit Kopernikus stellt jedoch das erst 1975 der Öffentlichkeit vorgestellte monumentale Werk *Die Genesis der kopernikanischen Welt* dar.[29] Als weiterführende Bereicherung dieses Opus magnum darf der Nachlassband *Die Vollzähligkeit der Sterne* aus dem Jahre 1997 gelten.

In der *Legitimität der Neuzeit* hatte Blumenberg die moderne Naturwissenschaft vor allem als Instanz in den Blick gerückt, mit deren Hilfe sich die rücksichtslose, unverfügbare, übermächtige Natur auf Distanz und unter Kontrolle bringen lasse. Sie mache die uns umgebende Natur beherrschbar und biete unserer von Ohnmacht und Ungewissheit bedrohten Existenz eine gewisse Daseinssicherung, im Grenzfall sogar Daseinserfüllung. Daher gehöre die moderne Naturwissenschaft zu den Werkzeugen der humanen Selbstbehauptung gegen die rücksichtslose, übermächtige Natur. In der *Genesis der kopernikanischen Welt* liefert Blumenberg tendenziell eine fast diametral entgegengesetzte Auslegung der modernen Naturwissenschaft. Jetzt wird sie nicht mehr nur als Mittel angesehen, die unverfügbare Natur zu domestizieren und zu distanzieren, sondern tritt als Macht auf den Plan, welche die Natur überhaupt erst als rücksichtslos und übermächtig enthüllt. So habe die moderne Naturwissenschaft uns nachgerade der Illusion beraubt, dass uns im Ganzen der naturalen Weltwirklichkeit eine Sonder- und Zentralstellung zukomme und die naturale Weltwirklichkeit einen überschaubaren, wertbesetzten Ordnungszusammenhang darstelle, in dem auf unsere Überlebens- und Sinninteressen besondere Rücksicht genommen werde. Ihre fortschreitenden Entdeckungen ließen sich als durchgreifende Widerlegung dieser traditionellen Annahmen bewerten.

Die moderne Naturwissenschaft zeigt so eine merkwürdige Janusköpfigkeit: Auf der einen Seite ist sie ein Instrument, mit dessen Hilfe wir uns die rücksichtslose und übermächtige Natur verfügbar machen; auf der anderen Seite ist sie eine Instanz, welche die Natur erst als rücksichtslos, übermächtig und unverfügbar aufdeckt. Die moderne Naturwissenschaft ist mithin ein zutiefst zweideutiges Phänomen. Dieser Zweideutigkeit entsprechen die beiden Bücher *Die Legitimität der Neuzeit* und *Die Genesis der kopernikanischen Welt.* Während in Ersterem das Schwergewicht auf der wissenschaftlich-technischen Dienstbarmachung und Beherrschung der rücksichtslosen Natur liegt, verlagert sich in Letzterem das Schwergewicht auf die wissenschaftlich-technische Enthüllung und Entdeckung der übermächtigen Natur. Hier rückt das wissenschaftlich-technische Wissen nicht mehr als Mittel zur Daseinsbewältigung, sondern vielmehr als Daseinskränkung in den Blick.

Allerdings wirft Blumenberg bereits in der *Legitimität der Neuzeit* die Frage »nach der Ungefährdetheit des Menschenglücks durch die Erkenntnis« (LN, 471; VA, 45) auf. Er spricht von »zunehmendem Zweifel an der Konvergenz von Erkenntnis und Glück« (LN, 472): »Die Wahrheit ist für die Neuzeit [...] zum Resultat eines Verzichtes geworden, der in der Trennung von Erkenntnisleistung und Glücksertrag liegt.« (LN, 472) In der Neuzeit sei nicht mehr garantiert, dass aus der Befriedigung der theoretischen und wissenschaftlichen Neugierde auch ein Glücksgefühl hervorgehe. Im Gegenteil: In der Neuzeit bilde sich eine »Antithese von Neugierde und Lebensglück« (LN, 474) heraus. Während für Aristoteles Wissensvermehrung noch gleichbedeutend mit Glücksvermehrung war, sei das Wissen der modernen Wissenschaft in wachsendem Maße zu einer Quelle des Unbehagens geworden. Es scheine nicht nur das menschliche Glücksverlangen unerfüllt zu lassen, sondern überdies bestehendes Menschenglück zu stören und zu gefährden. Unwissenheit werde mehr und mehr zu einer Bedingung von Glückseligkeit.

So dürfe bezweifelt werden, dass Wissen überhaupt glücklich mache. Denn das moderne Wissen setze uns doch nachhaltig zu. Es trage die Signatur der Enttäuschung, insofern es unser Verlangen nach Weltsinn und eigener Wertbesonderheit als ebenso unerfüllbar wie illusionär enthülle. Diese Enttäuschung steht in der Moderne unter den Vorzeichen der »Weltentzauberung« und »Daseinskränkung«. Dabei wird gewöhnlich »die Reihe der neuzeitlichen Demütigungen des Menschen durch Wissenschaft [...] mit Kopernikus eröffnet« (GKW, 710). Die bekannteste und von Blumenberg aufgenommene Beschreibung des menschlichen Wertverlustes durch wissenschaftliche Entdeckungen stammt von Freud:

»Zwei große Kränkungen ihrer naiven Eigenliebe hat die Menschheit im Laufe der Zeiten von der Wissenschaft erdulden müssen. Die erste, als sie erfuhr, daß unsere Erde nicht der Mittelpunkt des Weltalls ist, sondern ein winziges Teilchen eines in seiner Größe kaum vorstellbaren Weltsystems. Sie knüpft sich für uns an den Namen Kopernikus [...] die zweite dann, als die biologische Forschung das angebliche Schöpfungsvorrecht des Menschen zunichte machte, ihn auf die Abstammung aus dem Tierreich und die Unvertilgbarkeit seiner animalischen Natur verwies. Diese Umwertung hat sich in unseren Tagen unter dem Einfluß von Ch. Darwin [...] vollzogen. Die dritte und empfindlichste Kränkung aber soll die menschliche Größensucht durch die heutige psychologische Forschung erfahren, welche dem Ich nachweisen will, daß es nicht einmal Herr ist im eigenen Hause, sondern auf kärgliche Nachrichten angewiesen bleibt von dem, was unbewußt in seinem Seelenleben vorgeht.«[30]

So führt die Wissensentwicklung zu einem Anstieg des Wissensüberdrusses, als ob der Preis des wissenschaftlichen Fortschritts in einer Glückseinbuße bestünde. Eine solche macht die Frage unabweislich, ob die Anstrengungen der Wissenschaft überhaupt des Aufwandes und der Mühe wert sind.

Mittlerweile hat es sich eingebürgert, beinahe jede wissenschaftliche Entdeckung, die dem Menschen seine Hinfälligkeit, Unerheblichkeit und Nichtigkeit vor Augen führt, als eine weitere kopernikanische Demütigung zu kennzeichnen. Was aber hat Kopernikus getan, dass wir uns bei der Beschreibung des wissenschaftlich bedingten Sinn- und Wertverlustes von Welt und Mensch stets seines Namens bedienen? Gebrauchen wir in diesem Zusammenhang den Namen Kopernikus überhaupt zu Recht? In detaillierten und weitausladenden Untersuchungen verfolgt Blumenberg die Frage, wie es im Laufe der Geschichte des abendländischen Denkens zur Entstehung der kopernikanischen Welt hat kommen können. In pointierter Zuspitzung gesprochen, legt er dar, dass die Welt des Kopernikus nicht mit der kopernikanischen Welt zusammenfällt.

Im antiken Griechentum erscheint die Welt tendenziell als ein durch Schönheit und Vollkommenheit ausgezeichneter sichtbarer Gott. Die antiken Griechen waren weltverklärende Pantheisten, die davon ausgingen, dass die Menschen geboren würden, um das bewundernswürdige Himmelsgebäude, den kugelgestaltigen Kosmos in seiner vollkommenen Ordnung zu betrachten. Bei den antiken Griechen war die »Betrachtung des Himmels [...] exemplarischer Vollzug der Philosophie und damit der Bestimmung des Menschen« (CC, 113). Der Mensch galt als »contemplator coeli« (CC, 116). Aufs Ganze gesehen hatten sie ein positives Weltverhältnis, und deshalb nennt Blumenberg sie auch Weltoptimisten. Die kosmologische Ausdrucksform dieses »Weltoptimismus« (GKW, 16) sei der Begriff des »Kosmos« selbst als anschauliche, übersichtliche und wohlgegliederte »Schmuckordnung«. Aber die Griechen erfanden nicht nur den Kosmos, sondern auch die Tragödie, die das von Härten gezeichnete Menschenleben in Szene setzte. Sie sei eine pessimistische Ausdrucksform. In Anknüpfung an Burckhardt und Nietzsche charakterisiert Blumenberg die Griechen deshalb zugleich als Lebenspessimisten. Der »Antinomie von Kosmos und Tragödie« (GKW, 17) entspreche der Gegensatz von »Weltoptimismus« (GKW, 16) und »Lebenspessimismus« (GKW, 16). Letzterer äußere sich beispielhaft in dem von Sophokles formulierten Spruch, dass nicht geboren zu sein das Höchste sei. Dem steht die Aussage des Anaxagoras gegenüber, der auf die Frage, »warum einer sich entscheiden könnte, lieber geboren als nicht geboren zu sein« (GKW, 16), geantwortet haben soll: »Um das Himmelsgebäude zu betrachten.«

Sosehr griechischer Lebenspessimismus und Weltoptimismus eine Antinomie bilden, sosehr gehören beide zusammen. Die Griechen waren Weltoptimisten, weil sie Lebenspessimisten waren. Im unbeständigen Leben von den Schrecknissen des übermächtigen Schicksals heimgesucht, hätten sie Trost und Zuflucht in der Anschauung des beständigen Himmelsgewölbes gesucht. Denn der Kosmos bot sich ihnen als beglückender Gegenstand dar, dessen Betrachtung sie erfüllte. Hierbei wurden Mensch und Erde für gewöhnlich in der Weltmitte lokalisiert, um so einen Rundblick nach allen Seiten des gestirnten Himmels zu ermöglichen. Die Erde bildete die topografische Mitte des kugelgestaltigen Alls, wenn auch für Aristoteles die Vorstellung der Erde als Weltmitte noch »ein Faktum von nur physikalischer, nicht metaphysischer Bedeutung« (KS, 69) war. Erst bei den Stoikern bekam die Idee der Weltmitte einen »signifikativen Wert für die menschliche Selbstauffassung« (KS, 70). Jetzt wurde sie metaphysisch aufgeladen. Dass sich die Erde und mit ihr der Mensch in der Mitte der Welt befanden, galt nunmehr als Indiz dafür, dass der Mensch auch die Mitte aller Absichten der Natur sei, die um seinetwillen geschaffen wurde.

Die stoische Auffassung vom vollkommenen Kosmos und der zentralen Stellung des Menschen darin wurde in abgewandelter

Form vom Christentum übernommen. Der Kirchenvater Augustinus bezeichnete die von Gott aus dem Nichts heraufbefohlene Welt »als die vollkommene Schöpfung des vollkommenen Schöpfers« (KS, 67). Dennoch klingen die patristischen und scholastischen Formeln für die Bewunderung der Schöpfung zurückhaltender als die stoischen. Hierfür gibt es einen einfachen Grund: Im Christentum darf der Anblick der Welt »nicht mehr die umfassende Erfüllung des menschlichen Daseins bedeuten« (KS, 67). Der gestirnte Himmel soll nicht Trost und Zufluchtsort des von Not geplagten Menschen sein: »Das Glücksverlangen darf an der Welt nicht endgültig befriedigt werden und in ihr heimisch sein.« (GKW, 39; C, 118) Denn wenn dies geschehe, dann gehe Gott bald vergessen und werde mithin überflüssig. Hingegen gilt: »Nur Gott kann dem menschlichen Glücksverlangen Genüge tun, er allein ist Gegenstand der fruitio des seligen Genusses. Alles andere ist diesem absoluten Ziel instrumental untergeordnet – alles andere, das heißt: der Kosmos selbst und als Ganzes.« (KS, 67) Sowenig also die Welt als Gottes Schöpfung die Hölle sein kann, sowenig darf sie die Anlage zum Paradies haben, damit stets ein Verlangen nach Gott wach bleibt (vgl. GKW, 213).

Dass das Universum mit seinen einzelnen Gliedern von Gott als seinem Grund getragen wird und auf ihn als seinen Zweck hingeordnet ist, lässt sich nach christlicher Auffassung bereits den Zeichen am Himmel entnehmen, welche die Herrlichkeit Gottes rühmen. Dabei soll die sichtbar gewordene Schöpfungsordnung zugleich Aufschluss über die Stellung des Menschen in der Welt und seine Auszeichnung im Ganzen der Schöpfungsordnung geben. Der Mensch sei das auf den höchsten Gipfel des Wirklichen gestellte und vom Schöpfer bevorzugt behandelte Geschöpf.

Nach dem Selbstverständnis der Neuzeit hat Kopernikus mit dieser alten Tradition gebrochen: In mutiger Abstoßung und

Loslösung vom metaphysischen Mittelalter habe er das Zeitalter der Wissenschaft begründet, indem er die Erde aus dem Mittelpunkt der Welt herausnahm und die Sonne in die Nähe des Weltmittelpunkts rückte. Dadurch sei auch der Mensch topografisch aus dem Zentrum des Universums herausgefallen. Fortan war er gezwungen, hinzunehmen und auszuhalten, dass er nicht mehr den Gipfel des Alls darstelle. So glaubt der neuzeitliche Mensch bis heute, »durch Kopernikus etwas über sich selbst und seine Stellung in der Welt erfahren zu haben« (K, 342).

Offenbar besitzt selbst der physikalische Sachverhalt, nicht mehr in der Mitte der Welt zu leben, einen gewissen Zeichencharakter; er gibt einen Hinweis auf die metaphysische Bedeutung des Menschen im Universum. Allerdings wird eine solche Vorstellung nur verständlich vor dem Hintergrund der antiken und mittelalterlichen Tradition, nach der das Weltall lesbare Zeichen enthält, die näheren Aufschluss über die Bedeutung des Menschen geben. In dieser Tradition steht noch die Neuzeit, wenn sie den Verlust der topografischen Mitte des Menschen mit einem Verlust seiner Wertbesonderheit gleichsetzt. Den Menschen aus der Mitte des Universums zu verbannen heißt dann, ihn aus dem Zentrum der göttlichen Weltabsicht herauszunehmen. Die kopernikanische Aufkündigung des Menschen und der Erde als Weltmitte wurde neuzeitlich zum Zeichen dafür, dass der Mensch »jedes Vorranges unter dem Seienden« (KS, 64) beraubt sei. Die geschichtsmächtige Bedeutung von Kopernikus liegt also darin, die Illusion zerstört zu haben, »der Mensch sei die Mitte aller Absichten der Natur und das wohlversorgte Schoßkind der Schöpfung« (KS, 65). Wie klein und nichtig der Mensch ist, das haben auf anschauliche Weise im 20. Jahrhundert die Apolloflüge auf den Mond zwischen 1969 und 1972 gezeigt, denn für »den Blick aus dem Weltraum auf das Ganze der Erdkugel gibt es den Menschen nicht« (VS, 308). Die

Außenperspektive bietet nur den Blick auf einen Himmelskörper: »Die Erde sah aus, als gäbe es den Menschen [...] nicht! Keine Spur vom Menschen.« (VS, 440) Deshalb darf bereits der von außen betrachtete blaue Planet zunächst als Zeichen für die Unerheblichkeit und Bedeutungslosigkeit des Menschen gelten.

Noch einen Schritt weiter gehen all jene, welche die kopernikanische Aufkündigung der Zentralstellung des Menschen und der Erde sogar als Indiz für die Sinn- und Gottverlassenheit des gesamten Weltalls werten. Wo dies geschieht, kommt jener Prozess zu einem Abschluss, den man als Etablierung der kopernikanischen Welt bezeichnet – einer Welt, in der eine ungeheure Gleichgültigkeit der Gestirne gegenüber den Menschen vorherrsche, so dass diesen zwangsläufig ihre kosmische Nichtigkeit bewusst werde. Aber enthält die Welt von Kopernikus tatsächlich Hinweise und Andeutungen in diese Richtung? Kündigt sich in ihr der große Wertverlust von Welt und Mensch an, mit dem sich Neuzeit und Moderne so schwertun?

Zunächst widerspricht Blumenberg dieser These. Der kopernikanische Übergang vom geozentrischen zum heliozentrischen Weltbild markiere seiner Intention nach keinen Bruch mit dem Mittelalter, sondern entspringe umgekehrt der Sorge um den Bestand des traditionellen Weltbildes. Blumenberg macht geltend, »daß die Motive der kopernikanischen Leistung auf das Mittelalter zurückgehen, ja wesentlich mittelalterlich sind« (K, 349). Kopernikus hatte niemals die Absicht, das Bild des traditionellen Kosmos zu zerstören. Im Gegenteil war er bestrebt, diesen mit allen Mitteln zu retten. Das habe schließlich den Übergang vom geozentrischen zum heliozentrischen Weltbild motiviert: »Das astronomische Weltmodell mit der metaphysischen Weltüberzeugung in Einklang zu bringen erweist sich als der kopernikanische Antrieb.« (KS, 64) Dieser sei folglich weniger innovativ als vielmehr restaurativ ausgerichtet gewesen. Ausgangspunkt der wissenschaftlichen Arbeit von Kopernikus war der Anblick, den das verworrene geozentrische Universum nach dem aristotelisch-ptolemäischen Grundriss bot. Nur unter Zuhilfenahme zusätzlicher Konstruktionen war es damals möglich, dieses Weltbild zu halten; doch gefährdeten diese Zusatzannahmen die vollkommene Ordnungsgestalt des antiken und mittelalterlichen Kosmos. Erst die Etablierung des heliozentrischen Weltbildes und die damit einhergehenden mathematischen Vereinfachungen gegenüber dem ptolemäischen System machten die Hilfskonstruktionen teilweise überflüssig und ließen wieder einen Kosmos von nahezu vollkommener Ordnungsgestalt sichtbar werden. So war »die Rettung des Kosmos« (KS, 74) die eigentliche Absicht der kopernikanischen Ersetzung des geozentrischen Weltbildes durch das heliozentrische.

Die Formulierung »Rettung des Kosmos« spielt auf die Formel »Rettung der Phänomene« an, die auf den Platon-Schüler Eudoxos von Knidos zurückgeht. Zu den unhinterfragten Annahmen des vorkopernikanischen Weltverständnisses gehörte die Vorstellung der ruhenden Erde im Mittelpunkt des kugelgestaltigen Weltalls, in dem sich die Gestirne um das Zentrum auf Kreisbahnen mit gleichförmiger Geschwindigkeit bewegten. Kugel-, Kreis- und Gleichförmigkeit galten seit der Antike bis zu Beginn der Neuzeit als vollkommene Eigenschaften. Nur waren wechselnde Geschwindigkeiten, Umkehrungen der Verlaufsrichtung, also Rückläufe und Schleifenbewegungen der Planeten schon antiken Kosmologen wie Hipparch, Apollonios und Ptolemäus aufgefallen. Hierdurch stand die Vollkommenheit des Kosmos auf dem Spiel. Gerade darum wurde ein Planet auch »Planet« genannt, was soviel wie »Umherirrer, Umherschweifer, Abschweifer« heißt. Denn eigentlich durfte es solche Abweichungen von der gleichförmigen Kreisbewegung gar nicht geben. Deshalb mussten sie als optische Täuschungen entlarvt werden.

»Rettung der Phänomene« hieß, hinter dem irritierenden Augenschein dennoch gleichförmige Kreisbewegungen zu erschließen. Dies war nur möglich mithilfe komplexer Konstruktionen wie der Einführung rotierender Exzenter (Kreisbewegung eines Planeten um einen aus der Mitte gerückten mathematischen Punkt) und Epizykel (Kreisbewegung eines Planeten um einen mathematischen Punkt, der auf einer größeren Kreisbahn um deren Zentrum geführt wird). So wurde die Aufrechterhaltung kosmischer Vollkommenheit mit schwierigen geometrischen Konstruktionen bezahlt, die Kopernikus jedoch für widersinnig hielt. Seiner Auffassung nach ließen sich die Erscheinungen am Himmel einfacher erklären, wenn man von einem heliozentrischen System mit der Rotation der Erde um die eigene Achse und die Sonne ausging. Allerdings kam auch er nicht ganz ohne Exzenter und Epizykel aus. Dennoch näherte sich sein heliozentrisches Weltbild stärker dem Ideal harmonischer Wohlgeordnetheit – einem Ideal, das sowohl der antiken Kosmosvorstellung als auch der mittelalterlichen Schöpfungsidee zugrunde lag. Demnach war das Motiv, das Kopernikus zur kosmologischen Reform veranlasste, weniger physikalischer als vielmehr theologischer Art. Erst Johannes Kepler brach mit dem Ideal der gleichförmigen Kreisbewegung und ließ sich die Planeten mit inkonstanter Geschwindigkeit auf elliptischen Bahnen bewegen, ohne dass ihn religiöse Zweifel überkamen.

Wie wenig auch Kopernikus mit der religiösen Tradition brach, macht sein ausdrückliches Festhalten an der stoisch-christlichen Formel deutlich, »daß die Welt für uns geschaffen sei« (K, 366). In diesen Zusammenhang passt, dass er selbst seine Ideen als humanistisch kennzeichnete: »Hier nun liegt ein empfindliches Ärgernis für jene Kopernikus-Deutung, die in ihm das Frühlicht des naturwissenschaftlichen Geistes aufleuchten sieht.« (KS, 64) Kopernikus war kein radikaler Verfechter des naturwissenschaftlichen Wissenschaftsideals. Allenthalben lässt sein astronomisches Werk noch einen metaphysischen Hintergrund durchblicken. Dennoch stellt sich die Frage, wie sich der Verlust unserer Zentralstellung in der Welt mit der Vorstellung vereinbaren lässt, dass die Welt von Gott für uns geschaffen sei. Denn woran wäre die Auszeichnung und Bevorzugung des Menschen durch die Schöpfung sonst zu erkennen, wenn nicht an seiner Stellung in der Welt? In dieser Frage folgt Kopernikus den Antworten der Renaissance-Humanisten. Ob Francesco Petrarca, Giannozzo Manetti oder Giovanni Pico della Mirandola – sie alle bekräftigen die traditionelle Auffassung, nach der die Welt von Gott für die Wohlfahrt des Menschen geschaffen wurde. Der Mensch bilde den Mittelpunkt der Welt. Jedoch wird dieser bei ihnen allen nicht mehr topografisch definiert; die kosmische Weltmitte wird von ihrer metaphysischen Weltmitte abgelöst. Blumenberg spricht in diesem Zusammenhang von einer »Idealisierung der Weltmitte« (CC, 121). Der eigentliche Mittelpunkt der Welt fällt nicht mehr notwendig mit dem kosmischen zusammen, denn die Weltmitte ist nun schlicht »dort, wo sich der Mensch befindet« (GKW, 565). Selbst wenn der Mensch seinen Standort im entlegensten Winkel des Weltalls hätte, läge hier das eigentliche Zentrum des Alls. Denn in der Stufenordnung der Natur stünden die mit einer vernünftigen Seele ausgestatteten Erdenbürger nach wie vor über allen anderen Lebewesen und dürften deshalb mit Recht das Zentrum der Welt heißen.

Offenbar war es im Renaissance-Humanismus sinnlos geworden, »von dem Ort eines Seienden im Ganzen der Welt auf seinen metaphysischen Rang zu schließen« (GKW, 240): »Es wird gleichgültig, wo der Mensch kosmologisch-topographisch mit seiner Wohnstätte im Universum angesiedelt ist.« (GKW, 240) Was aber den in kosmischer Randstellung existierenden Menschen zur metaphysischen Weltmitte adele, sei nicht bloß dessen metaphysischer Vorrang vor allen anderen Lebewesen und Dingen, sondern darüber hinaus seine Fähigkeit, das Ganze der Welt in Gedanken durchmessen und deren Ordnung und Größe ermessen zu können. So sichern die Position in der Rangfolge der Natur und die Fähigkeit, die Ordnung der Dinge zu erkennen, dem Menschen eine von seinem kosmischen Standort unabhängige Sonder- und Zentralstellung zu.

Blumenberg weist nach, dass diese Sichtweise der Renaissance auf Kopernikus prägenden Einfluss ausübte. Vor deren Hintergrund konnte der frühneuzeitliche Kosmologe den Menschen mühe- und widerspruchslos an einem nicht mehr kosmologisch privilegierten Ort ansiedeln und ihn dennoch als letzten Bezugspunkt der ganzen kosmischen Veranstaltung gelten lassen. Der Renaissance-Humanismus bereitete eine solche Betrachtungsweise vor, indem er die kosmologische Stellung des Menschen im All als unwesentlich für die Frage nach seiner Bedeutsamkeit einschätzte und die Wertbesonderheit des Menschen durch Herausstellung seiner körperlichen und geistigen Vorzüge sicherstellte. Allerdings gab es für Kopernikus »nur noch ein einziges Indiz für die Stellung des Menschen in der Welt und für seine Bevorzugung durch die Schöpfung: nämlich die Fähigkeit seiner Vernunft, die gegebenen Phänomene der Natur theoretisch-konstruktiv zu bewältigen« (K, 367). Der Mensch sei mit so vielen »Untersuchungsmethoden, unzähligen Werkzeugen und Gaben« (KS, 77) ausgerüstet, dass er die »Geheimnisse der Natur« (K, 349) entschlüsseln und die »Meisterschaft und Rationalität des Weltbaumeisters« (K, 349) durchsichtig machen könne. Diese Fähigkeit stelle ihn auf den Gipfel alles Wirklichen und erhebe ihn zum Günstling Gottes. Die Tatsache, dass er das Weltall erforschen könne, beweise, dass es für ihn erschaffen wurde. So hat Kopernikus »auf die kosmische Mittelpunktstellung des Menschen verzichten können, weil er

[...] die zentrale Stellung der menschlichen Vernunft behaupten bzw. bestätigen konnte« (K, 366). »Anstelle der Zentralposition ist die Zentralfunktion im Kosmos getreten.« (CC, 121)

Wenn es zutrifft, dass die eigentliche kopernikanische Leistung in der Rettung des antik-mittelalterlichen Kosmos lag, dann drängt sich umso nachdrücklicher die Frage auf, wieso der Zusammenbruch des mittelalterlichen Kosmos bis heute immer wieder mit dem Namen Kopernikus verbunden wird. Haben wir es hier einfach nur mit einer Fehlinterpretation oder einem Missverständnis zu tun? Oder enthält sein Werk tatsächlich Elemente, durch die er, ohne es beabsichtigt oder erkannt zu haben, wesentlich zur Erschütterung und schließlich zur Ablösung des mittelalterlichen Weltbildes beitrug? Tatsächlich gibt Blumenberg am Ende doch noch zu, dass die kopernikanische Aufhebung der Geozentrik die Plausibilität des Gedankens vom Menschen als Zentrum der göttlichen Weltabsicht geschwächt habe. Allerdings sei hiervon nicht die größte Erschütterung des mittelalterlichen Weltbildes ausgegangen.

Die Erklärung der Erde »zum Stern unter Sternen« (K, 364) kann nach Blumenberg nicht von vornherein mit einer Degradierung gleichgesetzt werden. Im Gegenteil dürfe man nicht übersehen, dass die Gleichstellung der Erde mit allen anderen Weltkörpern zunächst durchaus den Charakter einer Auszeichnung hatte (vgl. GG, 22 ff.). Bedenkt man nämlich, dass in der jahrhundertelang vorherrschenden aristotelischen Kosmologie der gestirnte Himmel für vollkommener gehalten wurde als die Erde, so darf deren Verwandlung in einen »Stern unter Sternen« (GG, 23) gerade nicht als Erniedrigung, sondern muss sogar als Erhöhung angesehen werden. Denn wird die Erde zum Stern unter anderen, wird »nicht der ›Himmel abgeschafft‹, sondern die Erde zum Himmel erhoben« (GG, 28). Jetzt erlangt sie die Vollkommenheit des gestirnten Himmels. Dieses festzustellen sei äußerst wichtig,

»weil nur unter dieser Voraussetzung der Kopernikanismus [...] nicht als die große Enttäuschung und Erniedrigung des Menschen erfahren wurde« (GG, 26). Trotzdem kam es in der Folge zu dieser bitteren Erfahrung: Die Erhebung der Erde zum Stern unter Sternen wurde nachmals als Entwertung und Herabwürdigung des Menschen empfunden. Deshalb lässt sich der Verdacht nicht zerstreuen, dass eine solche Entwicklung im Werk von Kopernikus angelegt sein muss, selbst wenn er weit davon entfernt ist, sie zu wollen.

Der Schlüssel zur Lösung dieses hartnäckigen Problems liegt nach Blumenberg in der Eigenart der naturwissenschaftlichen Methode, die auch und vor allem durch Kopernikus etabliert wurde. Mit ihrer Hilfe wird zwar die Erde zum Stern erhöht, zugleich aber werden durch sie auch »die Sterne zu physikalischen Körpern« (K, 364) objektiviert. Auf diese Weise wird gewissermaßen die Erhebung der Erde zum Stern wieder rückgängig gemacht, indem nun umgekehrt die Himmelssterne gleichsam auf die Stufe der Erde herabgeholt werden. Denn es gilt als gesichert, dass die Materie des Himmels von derselben Art ist wie die der Erde, nicht edler und erhabener, sondern genauso grob und schwer. Außerdem verwandelt sich im Zuge der Verwissenschaftlichung der Sterne zu physikalischen Körpern die sichtbare Welt des Augenscheins in eine Illusion und verliert so jede metaphysische Zeichenhaftigkeit. Kopernikus, der den Himmel zum Stehen brachte und die Erde in Bewegung setzte, enthüllte »das Phänomen, das sich uns in den Bewegungen des Sternenhimmels darbietet, [...] als das nicht selbst und eigentlich Wirkliche« (K, 353). Eigentlich sollte man nicht sagen, die Sonne geht auf, sondern vielmehr: »Die Erde geht unter.« (BG, 152) Vor allem aber leitete Kopernikus einen Prozess ein, in dem die mathematische Konstruktion die Anschaulichkeit des sich über die Erde wölbenden gestirnten Himmels verdrängte. Die sichtbare Welt war jetzt nur noch Oberfläche und Vordergrund des eigentlich Wirklichen, dem jede Zeichenhaftigkeit fehlt: »Die eine Physik der Welt, die Physik der Erde und des Himmels war, nahm den Zeichen am Himmel für immer ihre transzendente Zeichenhaftigkeit.« (K, 364)

Die kopernikanischen Veränderungen am traditionellen Weltbild dürfen darum auch als »Zeichen für das Ende der Zeichen« (K, 366) gelten. Die Welt, wissenschaftlich objektiviert, ist stumm geworden auf die Frage, was es im Letzten mit ihr und dem Menschen in ihr auf sich hat: »Der Mensch ist darauf angewiesen, diese Frage nur noch an sich selbst zu stellen.« (K, 368) Allerdings legt das Schweigen der wissenschaftlich-objektivierten Welt die Vermutung nahe, dass mit den aller Würde höherer Zeichenhaftigkeit entkleideten Tatsachen der Welt bereits alles abgetan ist. Das Ende der Zeichen wird so zum Zeichen für das Ende der metaphysischen Sinngestalt der Welt. Auf diese Weise bringt der kopernikanische Objektivismus unbeabsichtigt eine Weltauslegung auf den Weg, in der das Weltall nachgerade seine Sinngestalt und der Mensch seinen Halt und seine Bedeutsamkeit darin verliert. Mit Nietzsche gesprochen: »Seit Kopernikus scheint der Mensch auf eine schiefe Ebene gerathen, – er rollt immer schneller nunmehr aus dem Mittelpunkte weg – wohin? in's Nichts? in's durchbohrende Gefühl seines Nichts?«[31]

Aus dem Gesagten erhellt: Einerseits steht das kopernikanische Werk durchaus noch in einem mittelalterlichen Bezugssystem, andererseits führt es darüber hinaus. Kopernikus gehört ebenso dem Mittelalter wie der Neuzeit an. Dabei ist seine Zugehörigkeit zur Neuzeit selbst noch einmal in sich zweideutig. In seinem Werk spiegelt sich die Ambivalenz der modernen Naturwissenschaft. Deren Leistung besteht zum einen in der Domestizierung und Distanzierung der gleichgültigen, übermächtigen Natur, zum anderen in der Freilegung der gleichgültigen, übermächtigen Natur als solcher. Im ersten Falle triumphiert der Mensch über die Natur; im zweiten Falle erfährt er seine Nichtigkeit durch die Natur. In ähnlicher Weise geht von den kopernikanischen Entdeckungen eine spezifisch neuzeitliche »Erniedrigung und Erhöhung des Menschen« (K, 347) aus. Für die Erniedrigung steht der Verlust der Zentralstellung des Menschen: Mit Nietzsche gesprochen, vernichtet der Kopernikanismus unsere kosmische Wichtigkeit. Für die Erhöhung steht der Triumph des Menschen über den illusionären Schein und die bedrohliche Übermacht der Natur: Mit Wilhelm Dilthey ausgedrückt, begründet der Kopernikanismus das souveräne Bewusstsein der Autonomie des menschlichen Intellekts und seiner Macht über die Dinge (vgl. K, 365; PM, 107). Die Wirkung des Kopernikanismus auf das neuzeitliche Selbstbewusstsein ist somit zweideutig, ja zweifach, »indem die Demütigung des Verlustes der Zentralstellung ebenso möglich wurde wie der Triumph der den vordergründigen Schein durchdringenden Vernunft« (GKW, 99). In diesem Sinne ist innerhalb des neuzeitlichen Bezugssystems der Kopernikanismus sowohl ein Komplize der rücksichtslosen und übermächtigen Natur als auch der humanen Selbstbehauptung gegen sie.

In der nachkopernikanischen Zeit setzte sich zunehmend die Einsicht durch, dass die sichtbare Welt nicht die physische Wirklichkeit selbst ist. Zudem bestätigte sich der Verdacht, dass die sichtbare Welt nur einen winzigen Ausschnitt der physischen Wirklichkeit darstellt. In der Neuzeit traten der Horizont des Sichtbaren und des Wirklichen immer weiter auseinander, bis der Kopernikaner Thomas Digges 1576 endlich den geschlossenen Kosmos zum unendlichen Universum erweiterte.[32] Was vormals als global galt, erwies sich, an wirklich globalen Maßstäben gemessen, nur noch als regional. Tatsächlich wird das Wahrnehmbare von einem geradezu unendlichen Hof des Unsichtbaren umgeben, den wir mithilfe technischer Instrumente nur teilweise sichtbar werden lassen können. Die moderne Wissenschaft hat ein Weltall von so ungeheurer Größenordnung eingeführt, dass wir kaum in der Lage sind, es zu fassen. Die Punktualität der Erde im Milliarden von Sonnen und Galaxien umfassenden Weltall ist keine bloße Theorie mehr, sondern längst Befund. Mit diesem Verlust der Zentral- und Sonderstellung des Menschen und der Erde geht die Einsicht einher, dass im Weltall auch kein Ort und kein Zeitpunkt, kein Zustand und kein Ereignis einen Vorrang vor anderen besitzt. Der Gedanke von der Natur als metaphysischer Rangordnung, in der die einen Dinge einen Vorrang vor den anderen haben, hat seine Glaubwürdigkeit inzwischen verloren. In diesem stolzen Gebäude bleibt kein Stein mehr auf dem anderen. Alles besteht aus dem gleichen Stoff und unterliegt denselben Gesetzen.

In solchem Universum kann die Vermutung nicht ausbleiben, dass der Mensch absolut nichtig und unerheblich sei. Von Pascal über Kant, Nietzsche und Jacques Monod bis zu Freud, Nicolai Hartmann und Bertrand Russell ist immer wieder der Gedanke formuliert worden, dass die übergroße, stumme und gleichgültige Welt die angenommene Wichtigkeit des Menschen vernichte. Im Schauspiel des rand- und mittelosen Universums mit Milliarden von Sonnen und Galaxien aus Wasserstoff und Helium, in dem unser Blick nur auf unermeßliche Weiten und das Ohr bloß auf beängstigende Stille trifft, bekomme der Mensch seine Winzigkeit und Unerheblichkeit aufs Deutlichste vor Augen geführt. Blumenberg fragt: »Wie sieht es in dieser neuen Epoche mit der Stellung des Menschen im Kosmos aus?« (GKW, 665) Seine lakonische Antwort lautet: »Der Mensch ist nicht Adressat der kosmischen Veranstaltung.« (ebd.). Sein Dasein vollziehe sich »unterhalb der Schwelle kosmischer Relevanzen« (ebd.). Sich damit abzufinden und auszusöhnen fällt dem neuzeitlichen Menschen aber schwer. Lähmende Verzagtheit und Seufzer der

Vergeblichkeit stürzen ihn in tiefe Niedergeschlagenheit. So ist im Laufe der Neuzeit die Klage über die Gleichgültigkeit der unermesslichen Welt gegen das menschliche Schicksal und die Unerheblichkeit des menschlichen Schicksals für die unermessliche Welt nicht verstummt.

Im Gegenteil werden bis heute eine Reihe von Anstrengungen unternommen, durch die »der Mensch sich immer wieder davor zu retten sucht, das Nichts gegenüber dem Unendlichen zu sein« (CC, 117). Die Menschheit setzt sich gegen ihre kosmische Erniedrigung zur Wehr und fällt dabei ständig auf vorkopernikanische Vorstellungen zurück. Alle Formationen des Deutschen Idealismus bis zum Neukantianismus interpretiert Blumenberg als hochmütige Abwehr des gestirnten Himmels der physikalischen Kosmologie: Entweder finde das physische Weltall mit seinen Milliarden von Sternen in diesen Philosophien überhaupt keine Beachtung, weil die Gegenstände unserer näheren Umgebung als die Prototypen des Wirklichen gälten, oder aber das Ganze der Wirklichkeit werde rückgebunden an ein weltkonstituierendes Subjekt, das nicht mehr innerhalb des Ganzen stehe, sondern vielmehr dem Ganzen gegenüberstehe. Selbst wo sich der Deutsche Idealismus, wie etwa bei Schelling, dem physischen Weltall öffne, halte er es offenbar für unerträglich, »den Menschen nicht in der Mitte einer konzentrisch auf ihn gerichteten Realität zu sehen« (GKW, 98). So sei Schelling stets um den Nachweis bemüht gewesen, dass der Mensch das Ziel der Weltentwicklung und in diesem Sinne alles des Menschen wegen entstanden sei. Dabei sei der Weg der Naturentwicklung vom Weiten ins Enge und vom Häufigsten zum Seltensten verlaufen. Solcher Naturdeutung zufolge macht die Übergröße der Welt nicht so sehr die Nichtigkeit des Menschen sichtbar, als dass sie vielmehr umgekehrt dessen Einzigartigkeit hervorhebt (vgl. GKW, 95). Denn ist menschliches Leben auch nicht die herrschende Regel im All, das aus einem Feld unbeseelter, zielloser Kräfte besteht, so ist es doch die Ausnahme, deren Einzigartigkeit umso mehr hervorleuchtet, je breiter der Hintergrund ist, von dem es sich abhebt. Allerdings wird hierbei vorausgesetzt, dass das Seltene bereits das Kostbare ist (vgl. VS, 400).

Mag zwischen den Deutschen Idealisten und Nietzsche auch ein tiefer Graben bestehen, so gehört Nietzsche doch in die Reihe der Philosophen, welche die Kränkungen und Demütigungen des modernen Wissens noch nicht gut ertragen können. Er erkennt zwar, dass, je weiter unsere Kenntnis wächst, das Weltall umso sinnloser wird und desto bedeutungsloser der Mensch. Aber selbst er ist außerstande, »das Faktum Faktum sein zu lassen und hinzunehmen« (GKW, 129), wie kläglich und zwecklos es sich auch ausnimmt. Stattdessen formiert er eine Philosophie der ewigen Wiederkehr und des Willens zur Macht als Überwindung des modernen Sinn- und Wertverlustes von Mensch und Welt und als schlechten Ersatz für den verlorenen großen Sinn (vgl. GKW, 128).

Mittlerweile haben solche Maßnahmen gegen die kosmische Erniedrigung des Menschen und die wissenschaftliche Sinnentleerung der Welt weitgehend an Wirksamkeit und Glaubwürdigkeit verloren. Wir wissen längst, dass mit ihnen nichts mehr zu gewinnen ist. Tatsächlich sind sie mit so vielen Vorbehalten belastet, dass ihr Zusammenbruch nicht ausbleiben konnte. In der verwissenschaftlichten Welt üben sie kaum noch Einfluss auf den Menschen aus. In zunehmendem Maße zwingt die moderne Kosmologie uns, ohne Hintergrundstützen auszuhalten, was wir nur schwer auszuhalten vermögen: nämlich für die Welt, die stumm und gleichgültig ist, völlig bedeutungslos zu sein. Man »nimmt an den Sternen die Mitleidslosigkeit gegenüber dem Menschen wahr, die Unbeteiligtheit des Weltalls als Ärgernis« (CC, 123). Wie viele Enttäuschungen hält die Wissenschaft für den Menschen noch bereit?

Die Wahrheit ist für das Selbstwertgefühl des Menschen schmerzhaft und kränkend. Blumenberg scheut nicht vor der Vermutung zurück, dass wir uns, selbst wenn wir alles wüssten, kaum der bitteren Frage enthalten könnten, ob dies denn schon alles sei (vgl. GKW, 51). Er lässt wenig Zweifel darüber, dass das Zeitalter der Wissenschaft das vorläufige Ende von Theologie und Metaphysik markiert. In uns ernüchterten Zuschauern des unermesslichen, stummen und rücksichtslosen Weltalls rufen die althergebrachten theologischen und metaphysischen Orientierungen kaum noch Resonanz hervor. Wir leben auf einem winzigen Planeten in einem Sonnensystem, das zu einer Galaxie von 100 000 Lichtjahren Durchmesser mit mehr als 100 Milliarden Sternen gehört, wobei unsere Galaxie schätzungsweise nur eine von 100 Milliarden Galaxien im Universum ist. In der Moderne hat sich die Vermutung zum Verdacht verdichtet, dass alles – selbst das, was Jahrtausende geistiger Kultur geschaffen haben – zur spurlosen Vergänglichkeit verurteilt ist und von allem nur ein sich ausdehnendes Strahlungsfeld übrig bleiben wird. Das Universum, wie es sich gegenwärtig dem menschlichen An- und Einblick darbietet, scheint voller Wüsten, »narbiger Kraterwelten oder stickiger Gluthöllen ohne Anzeichen von Lebensmöglichkeiten« (GKW, 787) zu sein. Die Suche nach Spuren und Signalen höherer Intelligenzen im Weltall ist jedenfalls bislang erfolglos geblieben, die Erwartung unerfüllt, dass es im Universum mehr belebte Planeten als die Erde gebe (vgl. VS, 79, 119, 404). Leben scheint ein Grenzfall zu sein, nicht der Normalfall. Aber selbst wenn es im All noch mehr Lebewesen gäbe, so bliebe der Mensch doch allein, »weil der interkosmische Dialog nach Aufwand an Zeit und Energie die irdischen Proportionen überforderte« (VS, 408). In Anspielung auf Kants Diktum, dass »das Ganze so vieler [...] Welten [...] zu nichts da sein würde, wenn es in ihnen nicht Menschen gäbe; d.i. daß ohne den Menschen die ganze Schöpfung eine bloße Wüste, umsonst und ohne Endzweck sein würde«[33], macht Blumenberg geltend: »Es ist dem Menschen nicht gelungen [...] zu erweisen, daß die Welt nur deshalb keine Wüste ist, weil er existiert, sie anschaut und über sie sprechen kann.« (GKW, 784)

Freilich wird uns der Sternenhimmel auch in Zukunft noch beeindrucken, aber »wir empfinden, daß damit nichts mehr gesagt ist« (CC, 124). Der Mensch, der gerade mal eine kosmische Randstellung einnimmt und nur über einen kurzen Zeitraum im zeitlich unermesslichen Weltall bestehen wird, ist das Resultat ungerichteter mechanischer Prozesse, das Ergebnis des Wechselspiels zufällig streuender Mutationen mit dem harten Faktum des Kampfs ums Dasein. Das bewusste Leben, das ein hochorganisiertes Nervensystem voraussetzt, ist das Ergebnis einer Evolution, in der sein Auftreten höchst unwahrscheinlich war. Es ist »nicht das Resultat einer zielstrebigen Anstrengung der Natur« (VS, 109), in der die unbewohnbaren Weltkörper rings um unser Sonnensystem »nur die Vorposten und Vorboten einer milliardenhaften Wüstenei von Welten« (VS, 543) sind.

So vernichtet das wissenschaftliche Wissen unsere Wichtigkeit und Wertbesonderheit. Je klarer allerdings die ehemals Gottes Herrlichkeit kündenden Himmel als öde, trostlose Wüsten oder brennende Heliumöfen erkannt werden, umso deutlicher erscheint die Erde mit ihren unterschiedlichen Lebensformen auch als kosmische Besonderheit. Auf diese Weise behält der blaue Planet für uns Menschen dennoch eine Sonderstellung, selbst wenn er nur einer von unzähligen anderen, uns nicht bekannten Himmelskörpern sein mag. Denn er ist möglicherweise der einzige Ort innerhalb des riesenhaften Universums, auf dem sich bewusstes Leben entwickeln konnte. In diesem Sinne hat die physikalische Kosmologie doch noch »eine hinterhältigerweise vorkopernikanische Überraschung gebracht« (GKW, 787). Zwar vermag die moderne Kosmologie der Erde nicht mehr ihre einstige Wertbesonderheit im antik-mittelalterlichen Kosmos zurückzugeben, sie vermag die Erde aber als einen Glücksfall für den Menschen zu enthüllen, weil sie Leben und Heimat und unserer Vernunft eine Möglichkeit zur Selbstbehauptung bietet. Darum darf mit Blumenberg gesagt werden: »Die kosmische Oase, auf der der Mensch lebt, dieses Wunder von Ausnahme, der blaue Eigenplanet inmitten der enttäuschenden Himmelswüste ist nicht mehr auch ein Stern, sondern der einzige, der diesen Namen zu verdienen scheint.« (GKW, 794)

Diese Erkenntnis hat die moderne Astronautik vor mehr als drei Jahrzehnten sichtbar gemacht, als sie den Menschen einen Blick auf die Erde aus dem Weltall bot. Dabei verstärkte die Schönheit des Anblicks der auf- und untergehenden Erde am Himmel der öden Mondwüste das allgemeine Bewusstsein dafür, dass der blaue Planet unser Schicksal ist und bleibt. Blumenberg schreibt: »es ist wohl keine Übertreibung zu sagen, die Totalgegenwart der Erde für die Erdbewohner – die doch aus keinem Orbitalflug bis dahin zu haben gewesen war – habe ein Gefühl für die Kostbarkeit dieses wie lebendig erscheinenden Planeten geweckt. Als wüßten wir erst jetzt, was wir haben, seit wir wissen, wie es auf dem Mond aussieht – und anderswo nicht besser.« (VS, 440) Ähnlich hat es James Irwin, Mitglied der Besatzung von Apollo 15, formuliert: »Die Raumfahrt hat uns wieder Achtung vor der Erde gelehrt. Wir begreifen, daß die Erde etwas Besonderes ist. Wir haben sie aus der Ferne gesehen, wir haben sie vom Mond aus gesehen. Wir haben erkannt, daß die Erde die einzige natürliche Heimat des Menschen ist, die wir kennen, und daß wir sie besser schützen sollten.«[34]

Genau genommen waren alle bisherigen Weltraumflüge eher enttäuschend als erhebend, da sie nur Bilder von trostlos öden Wüsten- und Kraterlandschaften, Fotografien von einem lebensfeindlichen Reich der Langeweile boten. Auf dem Mond wächst nichts, dort gibt es kaum Wasser, keinen Wind, kein Leben: »Der Mond ist die Wüste schlechthin. Das Leben ist dort immer in Gefahr«, wie Irwin betont.[35] Von der menschenfeindlichen Himmelswüste enttäuscht, wandten sich deshalb die Augen der Astronauten bald wieder aus dem Weltraum zurück auf den heimatlichen Planeten. Dabei erwies sich dieser »Blick auf die Erde [...] vor der reinen Schwärze des Himmelshintergrundes« (VS, 308), vor dem sie wie eine wunderschöne, blaue Kugel aussah, als das eigentlich Sensationelle der sechs erfolgreichen Mondflüge (vgl. MM).

Aber auch das Gelingen des Mondflugs selbst war ein wichtiges Ereignis – das heißt die Überwindung der für menschliche Verhältnisse übergroßen Entfernung zwischen Mond und Erde, neuerdings bereits zwischen Erde und Mars, mithilfe modernster Techniken. So nichtig wie angenommen, ist der Mensch offenbar nicht, wenn er solches vermag. Obwohl nicht Krone der Schöpfung, bleibt er schon allein aufgrund seiner Leistungsfähigkeit für sich ein besonderes Wesen, das sich durch seine Stellung in der Welt nicht vorschreiben lassen möchte, welche Bedeutung es für sich selbst haben soll. Denn ist der Mensch schon nicht Mittelpunkt der Welt, so kann und darf er doch Mittelpunkt der eigenen Interessen sein.

In der *Legitimität der Neuzeit* tritt uns die moderne Naturwissenschaft vor allem als ein Instrument der humanen Selbstbehauptung gegenüber der rücksichtslosen Natur entgegen. Dagegen wird in der *Genesis der kopernikanischen Welt* die moderne Naturwissenschaft primär als ein Mittel zur Enthüllung der unbekümmerten Natur zum Thema. Gott ist inzwischen tot. Dennoch verhilft die moderne Naturwissenschaft dem Planeten Erde, den sie zunächst um seine Vorrangstellung im als Illusion entlarvten überschaubaren, wertbesetzten Weltall bringt, wieder zu einer Sonderstellung, insofern sie ihn als einzigen Ort im unermesslichen, sinnleeren Universum ausweist, an dem sich bewusstes Leben und somit humane Selbstbehauptung ereignen können. In der *Legitimität der Neuzeit* wird das neuzeitliche Auftreten der humanen Selbstbehauptung durch den spätmittelalterlichen theologischen Absolutismus bedingt. In der *Genesis der kopernikanischen Welt* tritt an die Stelle des unzuverlässigen Gottes des Spätmittelalters die wissenschaftlich erschlossene, gleichgültige und übermächtige Natur. Die humane Selbstbehauptung muss sich hier nicht mehr so sehr gegen die Willkür eines absoluten Gottes als vielmehr gegen die Rücksichtslosigkeit einer gottlosen Natur zur Wehr setzen. Dabei erweist sich die Wissenschaft als Komplizin dieser entgöttlichten Natur, insofern sie diese als eine solche erweist, sowie als Komplizin der humanen Selbstbehauptung, insofern sie die von ihr enthüllte übermächtige Natur zugleich wieder domestiziert und auf Distanz bringt. Wissenschaft ist in der Neuzeit gleichursprünglich demütigende Naturerkenntnis und hochmütige Natureroberung.

Grundgedanke

Dass es keinen höheren Sinn gibt, die Welt keine Zeichen für ihre Sinngestalt und die Bedeutsamkeit des Menschen enthält, dafür gibt es selbst wieder Zeichen: absolute Metaphern der Bedeutungslosigkeit, die bildhaft die Sinnverlassenheit der Welt und die Nichtigkeit des Menschen anzeigen. Wie dargelegt, bietet das stumme, unermessliche Weltall ein solches Bild, darüber hinaus aber auch das weite, stürmische Meer, mit dem sich Blumenberg in *Schiffbruch mit Zuschauer* aus dem Jahre 1979 ausführlich befasst.

In seiner »weltgeschichtlichen Betrachtung« *Land und Meer* beschreibt Carl Schmitt den Menschen als »Landwesen, ein[en] Landtreter. Er steht und geht und bewegt sich auf der festgegründeten Erde. Das ist sein Standpunkt und sein Boden; dadurch erhält er seinen Blickpunkt; das bestimmt seine Eindrücke und seine Art, die Welt zu sehen.«[36] Doch gilt Schmitts eigentliche Bewunderung den Menschen als Seefahrern. Bedeutender als die »Landnahme«[37] der europäischen Nationen im Laufe der Neuzeit sei die »britische Seenahme der Weltozeane«[38] gewesen. Wie kein anderes Land zuvor habe England im 18. und 19. Jahrhundert »seine Existenz vom Lande weg in das Element des Meeres verlegt«[39].

Auch Blumenberg lässt seinen Blick vom Land aufs Meer schweifen, jedoch mehr, um sich des festen Bodens unter den eigenen Füßen zu vergewissern. Zum ersten Mal in der abendländischen Geschichte hat der Römer Lukrez in Seenot kämpfende

Schiffe vom sicheren Ufer aus beschrieben; »Schiffbruch mit Zuschauer« nennt Blumenberg das und betont: Das aufregende Schauspiel auf stürmischem Meer fasziniere uns fast alle, solange wir als Zuschauer auf festem Boden stünden. Doch genössen wir für gewöhnlich nicht schadenfroh das qualvolle Unglück der Schiffbrüchigen, sondern freuten uns stattdessen über das eigene Glück, einen festen, sicheren Standort zu haben, der uns jetzt, einen Schiffbruch vor Augen, erst bewusst werde.

In solchen Schilderungen steht das Meer für die unberechenbare, gesetzlose Wirklichkeit, die für den Menschen zu einer ernsten Bedrohung werden kann, wenn er sich zu weit in sie hinauswagt. Da er das aber immer wieder muss, zeichnet er, obwohl auf dem Festland zu Hause, sein Leben gerne in Bildern der Seefahrt. Voller Zweifel, ob es einen Hafen der Ruhe und Sicherheit für das Leben gibt, sticht er in See, fährt aufs weite Meer, verlässt den geordnet-vertrauten Raum: »Der Mensch führt sein Leben und errichtet seine Institutionen auf dem festen Lande. Die Bewegung seines Daseins im ganzen jedoch sucht er bevorzugt unter der Metaphorik der gewagten Seefahrt zu begreifen [...]. Es gibt Küsten und Inseln, Hafen und hohes Meer, Riffe und Stürme.« Hierbei erscheint das Meer »einmal als naturgegebene Grenze des Raumes menschlicher Unternehmungen, [...] zum anderen als Sphäre der Unberechenbarkeit, Gesetzlosigkeit, Orientierungswidrigkeit [...], Erscheinungsort des Bösen [...], Ausdruck für die Willkür der Gewalten« (SZ, 9 ff.). So ist die Seefahrt ein Bild des Lebens, das Meer eine Metapher für die Wirklichkeit, die gestaltlose Sphäre der für den Menschen unverfügbaren Willkür der Gewalten – unbestimmt, grenzenlos, übermächtig und als Dunkelzone des Chaotischen das genaue Gegenteil von einem unverbrüchlichen, festgefügten, allumfassenden Ordnungsgebilde.

Dazu noch hinterlassen die Ereignisse auf dem Meer keinerlei Spuren. Sie sind, als wären sie nie geschehen, denn spurlos enteilen die aufgewühlten Wellen und die gezogenen Bahnen der Schiffe schon im nächsten Augenblick, und was darin untergeht, taucht für gewöhnlich nicht wieder empor. Bereits Seneca beschrieb das Verhältnis zwischen Leben und Welt mit den eindringlichen Worten: »In dieses tiefe und ruhelose Meer geworfen, das im Wechsel von Ebbe und Flut plötzlich aufwallt und nach oben trägt, bald um so schlimmer niederwirft und ständig umherschleudert, finden wir niemals einen festen Halt: Wir schwanken und taumeln, werden gegeneinander gestoßen und gelegentlich erleben wir Schiffbruch, stets haben wir Angst.«[40] Drastischer noch Lord Byron im 19. Jahrhundert: »Wüte weiter, Du tiefer, dunkelblauer Ozean – Wüte! Zehntausende Flotten fegen über dich ohne Hoffnung. Zwar überzieht der Mensch die Erde mit Ruinen – am Strand aber hört seine Kontrolle auf; oben auf der wäßrigen Prärie sind die Wracks deine Taten, nichts bleibt übrig von des Menschen Verwüstung außer seinem eigenen Schatten, wenn, für einen Augenblick, er, einem Regentropfen gleich, sinkt in deine Tiefen mit gurgelndem Stöhnen, ohne Grab, Totenglocke, Sarg, und unbekannt.«[41] In diesem Sinne ist der »weite, durch Stürme empörte Ozean«[42], von dem Kant sagte, sein Anblick sei »gräßlich«[43], für Blumenberg eine Metapher für die gewaltige Wirklichkeit, ein Zeichen für die Bedeutungslosigkeit der Welt und die Ohnmacht des Menschen und die Seefahrt eine Metapher für die humane Selbstbehauptung gegen diese Wirklichkeit.

Diese beiden aufeinander bezogenen Metaphern geben Blumenbergs eigentlichen Grundgedanken wieder, der offenbar zwei Seiten hat: Auf der einen Seite steht die sinnleere Wirklichkeit, die angsterregende, rücksichtslose, unzuverlässige Übermacht der realen Welt, die man mit einem absolutistischen Souverän vergleichen kann. Ihr stehen auf der anderen Seite ganz unterschiedliche Maßnahmen und Anstrengungen des gleichermaßen schwachen und ohnmächtigen wie erfindungsreichen und talentierten Menschen gegenüber. Dieser wird völlig in Anspruch genommen von der schwierigen Aufgabe, sich durch Leistungen der Distanz, für welche die gesamte Kultur steht, von dieser übermächtigen Willkürherrschaft zu entlasten. Da die Wirklichkeit für den Menschen meist schwer zu ertragen ist, sucht er seit jeher Möglichkeiten, ihrer Willkür zu entfliehen oder sie mit allen ihm zur Verfügung stehenden Mitteln in ihre Schranken zu weisen. Blumenberg variiert diesen Grundgedanken in seinen Büchern.

Dabei knüpft er an die Grundidee aus der *Legitimität der Neuzeit* an, die den skizzierten Grundgedanken bereits durchblicken lässt. Wie ausgeführt lautet die Kernthese jenes Buches, dass die humane Selbstbehauptung der Neuzeit die geschichtliche Antwort auf die unverfügbare Allmacht des spätmittelalterlichen Gottes sei. Diese Kernaussage wandelt Blumenberg in der Folge um, indem er daran zwei wesentliche Operationen vornimmt: Er führt sowohl eine sachliche Neutralisierung als auch eine geschichtliche Generalisierung durch. Die sachliche Neutralisierung besteht in der Entdifferenzierung der rücksichtslosen Allmacht des spätmittelalterlichen Willkürgottes zur rücksichtslosen Übermacht der Wirklichkeit schlechthin. Diese sachliche Neutralisierung korrespondiert mit einer raumzeitlichen Generalisierung: Die rücksichtslose Übermacht der Wirklichkeit gilt nun nicht mehr bloß als Herausforderung des Spätmittelalters, sondern als eine der Menschheit insgesamt. Die menschliche Konfrontation mit der namenlosen Wirklichkeit gibt Impulse zu ganz verschiedenartigen Formen der Selbstbehauptung. Entlastung hiervon ist die stets neu gestellte Aufgabe, die, mehr oder weniger unausgesprochen, alle Deutungssysteme der verschiedenen Epochen (mythische Erzählungen, religiöse Lehren, kultische Rituale, metaphysische Summen und Systeme, wissenschaftliche Modelle) zu bewältigen versucht haben und noch heute versuchen. Sie alle lassen sich als Bemühungen auslegen, die unaushaltbare Übermacht der rücksichtslosen Wirklichkeit auf Distanz zu bringen.

Bereits in einem Aufsatz aus dem Jahre 1963 unterscheidet Blumenberg vier Wirklichkeitsbegriffe: Während sich das Seiende in der Antike von sich selbst her zeigte und im Augenblick seiner Anwesenheit für die Wahrnehmung unbestreitbar da war, bedurfte die Erkenntnis der Dinge im Mittelalter eines Gottes als Garanten ihrer Zuverlässigkeit; Gott stand dafür ein, dass sich der Mensch als sein Ebenbild bei der Welterkundung nicht täuschte. In der Neuzeit wiederum gilt die Wirklichkeit als dynamische Struktur, der sich die Forschergemeinschaft schrittweise anzunähern glaubt. Je konsistenter deren Weltmodelle ausfallen, umso gesättigter scheinen sie mit Wirklichkeit zu sein. Jedoch ist der von Blumenberg schon damals bevorzugte Wirklichkeitsbegriff der vierte: Ähnlich wie Wilhelm Dilthey und Nicolai Hartmann definiert er Wirklichkeit »als das dem Subjekt nicht Gefügige, ihm Widerstand Leistende [...], das ganz und gar Unverfügbare« (WR, 14), dem eine »tyrannisierende Mächtigkeit« (WR, 14) und »überwältigende Eigengesetzlichkeit« (WR, 14) zukomme. Bereits in seiner Habilitationsschrift *Die ontologische Distanz* hatte Blumenberg 1950 geschrieben: »Der Charakter der Wirklichkeit ist: das Übermächtige.« (OD, 38). Mit ihm muss der ohnmächtige Mensch irgendwie fertig werden.

Hierbei erweisen sich als die wichtigsten Quellen von Blumenbergs Anthropologie weniger bekannte Werke von Paul Alsberg und Kurt Goldstein, aber auch die Philosophien Arnold Gehlens und Ernst Cassirers, merkwürdigerweise jedoch nicht die Schriften des Anthropologen Helmuth Plessner. Mit Blick auf Herder definierte Gehlen den Menschen als »Mängelwesen«[44], das im Gegensatz zum Tier durch »einen geradezu lebensgefährlichen Mangel an echten Instinkten«[45] ausgezeichnet sei und »die Mängelbedingungen seiner Existenz tätig in Chancen seiner Lebensfristung umarbeiten«[46] müsse. Der Mensch, bedürftig und seiner selbst niemals sicher, stehe sein Leben lang vor der Aufgabe, »den Ausfall der ihm organisch versagten Mittel selbst einzuholen [...]. Er muß die ihm organisch versagten Schutz- und Angriffswaffen ebenso wie seine in keiner Weise natürlich zu Gebote stehende Nahrung sich selbst präparieren, muß zu diesem Zweck Sacherfahrungen machen und Techniken [...] entwerfen.«[47] Die Folge dieses Mangels an Instinkten, organischer Ausstattung und Angepasstheit sei eine bedrohliche »Weltoffenheit«[48], die zwar einerseits ein Wissen um die Welt als solche ermögliche, diese jedoch auch als unbestimmte Sphäre enthülle, welche Angst auslöse, statt Orientierung und Geborgenheit zu bieten. Aber wie der Mensch sein Dasein nur zu meistern vermöge, wenn er seine angeborenen Mängel ausgleiche, so könne er besagte Angst bloß im Zaum halten, indem er die Unbestimmtheit der Welt in Bestimmtheit verwandele. Der Inbegriff der Handlungsweisen, welche die zum Überleben erforderlichen Entlastungen schaffen, heißt nach Gehlen Kultur. Sie ist »die zweite Natur – will sagen: die menschliche, die selbsttätig bearbeitete, innerhalb deren er allein leben kann«[49].

Dass der Mensch vor allem ein Bedeutung und Kultur stiftendes Wesen ist, das ist ebenfalls die These Cassirers, der jedoch anders als Gehlen den Homo sapiens sapiens nicht als Mängelwesen beschreibt. Er beschränkt sich auf die Feststellung, dass der Mensch ein Sinn und Symbole hervorbringendes Lebewesen – ein »animal symbolicum«[50] – sei. Cassirer stellt im Unterschied zu Gehlen den Menschen mehr als ein reiches, schöpferisches, weniger aber als ein armes, dürftiges Wesen dar. Er behauptet, dass jedes Weltverständnis durch eine bedeutunggebende Funktion des menschlichen Geistes bestimmt werde, weshalb auch keine Weltvorstellung genaues Abbild der vorhandenen Wirklichkeit sei. Der Mensch verwandele die chaotischen, passiven Eindrücke der physischen Realität in unterschiedliche Symbolwelten. »Diese Wandlung zur Gestalt vollzieht sich in der Wissenschaft und in der Sprache, in der Kunst und im Mythos in verschiedener Weise und nach verschiedenen Bildungsprinzipien«[51], wobei Cassirer die mathematisch-naturwissenschaftliche Sichtweise den übrigen überordnet. Grundsätzlich steht für ihn fest: »Die physische Realität [tritt] in dem Maße zurück, wie die Symboltätigkeit des Menschen an Raum gewinnt. Statt mit den Dingen hat es der Mensch nun gleichsam mit sich selbst zu tun.«[52] Als »animal symbolicum« lebe dieser nicht bloß in einem physischen, sondern immer auch in einem symbolischen Universum.

Blumenbergs Grundgedanke knüpft sowohl an Gehlens Anthropologie wie an Cassirers *Philosophie der symbolischen Formen* an; er verbindet beide miteinander. Denn auch Blumenberg beschreibt den Menschen als nacktes, bedürftiges Wesen, dessen endliche Existenz voller Sorgen und Nöte sei und das als solches immer wieder zu sich selbst Stellung nehmen müsse, um sein ständig bedrohtes Dasein erhalten und in eine erfüllte Existenz verwandeln zu können. Dabei ist auch bei Blumenberg die Rede von einem »Mangel an vorgegebenen, präparierten Einpassungsstrukturen und Regulationen« (W, 108), davon also, dass es angesichts unserer naturhaften Mängel keineswegs selbstverständlich sei, dass wir existieren können. Auf unserem Dasein lastet eine Schwere, die wir nicht abwerfen können, ohne damit zugleich das ganze Leben wegzuwerfen. Handlungszwang und Orientierungsdruck drängen uns, das eigene Dasein selbst zu sichern, uns allein in der übermächtigen Wirklichkeit zurechtzufinden. Preisgegeben an die Willkürherrschaft der Welt, steht der Einzelne ohne letzte Sicherheiten und zuverlässige Leitlinien immer wieder von Neuem vor der Frage, wie er überhaupt leben kann. »Die Antwort läßt sich auf die Formel bringen: indem er sich nicht unmittelbar mit dieser Wirklichkeit einläßt. Der menschliche Wirklichkeitsbezug ist indirekt, umständlich verzögert, selektiv und vor allem ›metaphorisch‹.« (W, 115) Zu leben gelingt dem Menschen nur, weil er der Wirklichkeit, wie sie ist, aus dem Wege gehen kann. Er verfügt über die Fähigkeit, vom Unheimlichen wegzusehen und hinzublicken auf das, was ihm vertraut erscheint, ja Vertrautes in Unheimliches hineinzudeuten, um so die Wirklichkeit als Ganzes auf Abstand zu bringen. Das macht nach Blumenberg den Menschen zum »animal symbolicum«, als das er aus sich heraus Sinnwelten erzeugt, in denen er Heimat sucht und teilweise findet. Darum darf der Mensch nicht bloß durch das definiert werden, was ihm fehlt, sondern auch durch das, was er schöpferisch vollbringt, also durch beides zugleich. Als winziges, vergängliches Mängelwesen inmitten einer unermesslichen Welt verfügt er über die besondere Gabe, sich von der übermächtigen, stummen Wirklichkeit zu distanzieren und dadurch sein ebenso sorgenvolles wie haltloses Leben zu orientieren und zu stabilisieren.

Blumenbergs zweigeteilter Grundgedanke hat nicht das Gewicht einer aus zwingenden Gründen einsichtigen Erkenntnis, aber auch nicht bloß die Qualität einer persönlichen Stellungnahme. Er ist vielmehr ein sich auf plausible Argumente stützender Deutungsvorschlag, der seine Rechtfertigung aus dem empfängt, was er erschließt und was für möglich zu halten sich nicht verbietet. Ein solches Erschließen und Verstehenlassen möchte überzeugen, beweisen will es nichts. Es untersteht dem »Prinzip des unzureichenden Grundes« (W, 124), das nicht einen Verzicht auf Gründe überhaupt fordert, sondern sich – »diffus und methodisch ungeregelt« (W, 125) – mit Argumenten unterschiedlicher Art begnügt. Jenseits wissenschaftlicher Beweisführung und irrationaler Dezision gibt es als dritte Möglichkeit noch die sorgfältige Überlegung und die abwägende Beratung. Ihr Ergebnis ist der beschriebene Grundgedanke, geprägt von den modernen Naturwissenschaften, beeinflusst vom modernen Historismus. Letzterer macht die großen Weltbilder der Mythen, Religionen und Metaphysiken zwar zugänglich und verstehbar, nimmt dem Einzelnen aber die Fähigkeit, sich »eine dieser Welten noch fraglos und selbstverständlich zueigen werden zu lassen« (WuW, 73). Die fortwährende Beschäftigung mit der Vielzahl der abendländischen Selbst- und Weltdeutungen sowie mit den Bedingungen ihrer Entstehung und den damit einhergehenden Distanzierungen hat mittlerweile sowohl ihre Bindungskraft als auch unseren Geltungsglauben daran zutiefst erschüttert.

Die Wirklichkeit als absolutistischer Souverän

Ein uraltes Mittel, um die beschriebene Übermacht der Wirklichkeit zu brechen, ist der Mythos – eine Kulturform, mit der sich Blumenberg seit seiner Dissertation immer wieder beschäftigte. Zu diesem Thema verfasste er zahlreiche Aufsätze, bevor er 1979 – dem Erscheinungsjahr von *Schiffbruch mit Zuschauer* – das monumentale Werk *Arbeit am Mythos* veröffentlichte.

Blumenberg ist nur ein Gelehrter unter vielen, die sich ernsthaft mit Mythologie auseinandergesetzt haben. Weiter seien erwähnt Claude Lévi-Strauss, Verfasser einer vierbändigen *Mythologica*, Leszek Kolakowski und sein Buch *Die Gegenwärtigkeit des Mythos* sowie Kurt Hübners *Die Wahrheit des Mythos*, um nur einige Namen zu nennen. Ihnen allen ist die Überzeugung gemeinsam, dass Mythen nicht so unvernünftig sind, wie sie dem aufgeklärten Bewusstsein in der Regel erscheinen wollen, wobei diese Autoren unter Vernünftigsein allerdings ganz Unterschiedliches verstehen. Blumenberg gibt seinen Ausführungen über die abendländische Mythologie die Überschrift »Arbeit am Mythos«, da es ihm vorrangig um die abendländische Geschichte der Auseinandersetzung mit den alten Mythen geht – vor allem mit dem Prometheus-Mythos, weniger aber um die Mythen selbst.

Die abendländische Geschichte der Mythologie ist die Geschichte der Bekämpfung und Rettung alter Mythen, die als solche erst seit dem 6./7. Jahrhundert v. Chr. erfahren werden, da seit dieser Zeit zwischen Mythos und Logos unterschieden wird. Hierbei gilt Letzterer als überprüfbar und argumentativ, Ersterer als unüberprüfbar und narrativ. Bereits Platon verurteilte die Mythen Homers und Hesiods als unvernünftig und sittenwidrig, da sie den Göttern ethisch verwerfliche Eigenschaften wie die Bereitschaft zu stehlen, zu lügen und zu betrügen angedichtet hätten. Zulässig seien allein sittlich einwandfreie Mythen, welche die Dinge begreiflich machten, die ohne sie unverstanden blieben.

Immer wieder hat man in der Geschichte der abendländischen Philosophie alte Mythen durch allegorisierende Auslegung an den jeweiligen Stand des Wissens anzupassen und dadurch zu retten versucht. So erkannten die einen in den Göttern und Helden des Altertums die Elemente der Natur wie Wasser, Luft, Feuer, Erde wieder, während andere in den Göttern menschliche Tugenden oder Laster erblickten und wieder andere seelische Eigenschaften. Auch ist gesagt worden, dass mythische Figuren bloß herausragende menschliche Persönlichkeiten darstellten, die der Gesellschaft außerordentliche Dienste erwiesen hätten, weshalb sie als himmlische Wesen verehrt werden sollten. Nach einer Theorie von Euhemeros nennt man solch eine Interpretation auch »Euhemerismus«.

Nun bedeutet die Übersetzung mythischer Gestalten in naturphilosophische oder psychologische Begriffe keineswegs schon eine Rettung der Mythen, sondern genau genommen doch deren Auflösung, denn als allegorische Einkleidung von Wahrheit enthalten sie nichts, das sich nicht auch anders ausdrücken ließe. Erst wenn der Nachweis gelingt, dass Mythen etwas zum Ausdruck bringen, das sich nicht durch philosophische oder wissenschaftliche Begriffe ersetzen lässt und von dem gesagt werden kann, dass es wirklich existiert, dürfen sie als gerettet gelten. Nach Blumenberg erfüllen die überlieferten Mythen nur die erste Bedingung, die zweite dagegen nicht, was schon deshalb nicht verwundert, weil heute fast niemand mehr an die alten Göttergeschichten glaubt.

Dennoch sprechen nach wie vor viele Menschen auch im Zeitalter wissenschaftlicher Rationalität solche Erzählungen an, und selbst mancher Philosoph, überzeugt davon, dass Mythen mit dem Einbruch des theoretischen Denkens keineswegs überwunden sind, vermag sie nicht als bloße Fiktionen abzutun. Gerade zu Beginn unseres von den modernen Naturwissenschaften geprägten Jahrtausends erliegen viele harmoniebedürftige Gemüter ihren Sehnsüchten nach einem mythischen Weltbild, nach umfassenden Einheitsfantasien. Dabei kommt es dann regelmäßig zu Wiederbelebungsversuchen des mythischen Denkens. Diese reichen bis in die eine »Neue Mythologie« beschwörende Romantik zurück, die schon die Entfremdung von Staat und Gesellschaft, die Spaltung von fremdgewordener Öffentlichkeit und bindungsloser Innerlichkeit sowie die Entzauberung der Welt durch die Naturwissenschaften beklagt.

Mit fast trotzigem Gestus machten die Romantiker gegen die Aufklärung geltend: »nicht alles sei Betrug, was nicht durch die Kontrolle der Vernunft gelassen worden sei« (AM, 69). Sie hoben die Wiederverzauberung der Welt in die Schärfe und Dringlichkeit einer fälligen Aufgabe. Dabei wandten sich die einen radikal von der modernen Wissenschaft ab, wohingegen andere eine Versöhnung von Wissenschaft und Poesie, Aufklärung und Mythos, Vernunft und Religion herbeisehnten. Allerdings blieben die ersehnten Mythen aus; die romantische Wiederverzauberung der Welt wollte einfach nicht gelingen. Dieser Zustand wird seit der Romantik immer wieder als Götterferne, Sinnverfinsterung und Götternacht umschrieben. Von Nietzsche bis Martin Heidegger und Ernst Jünger ist auch von Nihilismus die Rede. Letzterer hofft, dass die europäische Menschheit durch die Zerstörungen der beiden Weltkriege hindurch die nihilistische Grundsituation ihrer Zeit überwinden und zu neuer Religiosität finden könne (Vgl MM). Jedenfalls gilt diese Zeit auch als Äon des kommenden Gottes, mag dieser Dionysos, Christus oder sonstwie heißen. Da wir jedoch mittlerweile sogar dieser Zuversicht beraubt wurden, blieb als Ausweg nur noch die Möglichkeit, »an Stelle der alten Namen neue abstrakte bis hochabstrakte Titel zu setzen: das Ich, die Welt, die Geschichte, das Unbewußte, das Sein« (AM, 319). Diese sind nach Blumenberg in dem Sinne »mythisch, daß sie die Lust austreiben, nach mehr zu fragen und weiteres dazu zu erfinden« (AM, 319).

Heute wie damals gilt der Mythos als das Andere der Vernunft, in dem sich die verlorene Einheit und der abgestürzte Sinn der entfremdeten Lebenswelt und des entheiligten Weltalls wiederentdecken lassen. In diesem Sinne nehmen gegenwärtig die einen den Mythos als eine der Wissenschaft ebenbürtige, wenn nicht sogar überlegene Wirklichkeitsdeutung wahr, während andere bloß seine ästhetischen Potenziale zu bewahren suchen. Dritte wiederum begründen die Notwendigkeit der Mythen mit dem mythischen Bewusstsein des Menschen, das auf eine nicht-empirische, nicht-wissenschaftliche Realität bezogen sei. Sie alle glauben an die Möglichkeit mythischen Denkens, ohne allerdings zu sagen, welche Mythen sie noch wirklich für überzeugend halten.

Blumbenbergs Arbeit am Mythos hat mit solchen Bemühungen nichts zu tun. Er macht sich selbst über die »leichtgläubigen wie schnellfertigen Zeitgenossen« lustig, »die sich an der Unterstellung erfreuen, unsereiner wollte die Vernunft auf Metaphern reduzieren und die Götter der Mythen wiederbeleben« (T). Es ist also ein Irrtum zu glauben, Blumenberg sei an einer Erneuerung mythischer Ideen ernsthaft interessiert, wie es ebenso falsch ist zu behaupten, dass er die wissenschaftliche Forschung durch ein Denken in Bildern ersetzen wolle. Im Gegenteil weist er nachdrücklich darauf hin, dass eine mythische Weltordnung voll von Göttern »spürbar anders ist, als wenn eine Radiogalaxie oder ein sonstiges quasistellares Objekt seine Unanschaulichkeit durch Buchstaben und Nummern bekennt« (AM, 53). Deshalb sei mit »dem Gedanken, daß Götter erscheinen können [...], im Horizont des neuzeitlichen Wirklichkeitsbegriffs nicht einmal mehr zu spielen. Wer davon spricht, Hölderlin etwa oder ihn auslegend Heidegger, muß konsequent nicht mehr nur auf ein einschlägiges Ereignis im Kontext unserer Wirklichkeit, sondern auf einen radikalen Wandel dieser Wirklichkeitsstruktur selbst hoffen dürfen.« (WW, 41) Doch ist der Möglichkeit eines solchen Wandels in Neuzeit und Moderne der Boden entzogen. Man muss sogar sagen, dass mit den Wirklichkeiten, in denen wir heute leben, nicht einmal die Idee der Götterferne zu vereinbaren ist, wie noch Hölderlin und Heidegger glaubten, da die Götter mittlerweile nicht nur nicht mehr anwesend sind, sondern noch nicht einmal mehr abwesend.

In diesen Zusammenhang gehört Blumenbergs Unterscheidung zwischen »Weltmodell und Weltbild« (vgl. ST, 128 ff.). Ersteres steht für Vorstellungen der empirischen Realität gemäß naturwissenschaftlichem Forschungsstand; Letzteres für Abschlussdeutungen der Welt im Ganzen. Üblicherweise werden diese nicht Weltbild, sondern Weltanschauung genannt. Solche bestehen aus Wertungen, Auslegungen und Vermutungen über Ursprung, Beschaffenheit, Sinn und Ziel von Mensch und Welt. Sie erfüllen die Funktionen der Informationsvermittlung, Verhaltenssteuerung und stimmungsmäßigen Einschätzung des Ganzen. Wenn naturwissenschaftliche Weltmodelle an die Stelle von Weltbildern oder Weltanschauungen treten, maßen sie sich Blumenberg zufolge eine Kompetenz an, die sie nicht besitzen. Doch werde auch die Philosophie künftig keine neuen zuverlässigen Weltbilder mehr entwerfen können, wie sie Metaphysik, Mythos und Religion einst boten. Nach Blumenberg entmachteten die traditionellen Weltbilder deren unvereinbare Vielheit, ihre Begründungsdefizite und die Ergebnisse der modernen Naturwissenschaften.

Mit dieser Position begibt sich Blumenberg in die Nähe der Mythenkritik der Aufklärung, in der immer wieder die Auffassung vertreten wurde, dass mit den alten Bildern und Geschichten Vorstellungen verknüpft werden, die man einfach nicht mehr ernst nehmen könne. Fontenelle schrieb den »Ursprung der Mythen [...] der Unwissenheit«[53] zu: »Suchen wir daher in den Mythen nichts anderes als die Geschichte der Irrtümer des menschlichen Geistes«[54], für den Übertreibung, Anthropomorphisierung und der Spieltrieb des Fabulierens kennzeichnend seien. Ähnlich bemerkte Vico, dass Mythen, in denen sich »der unwissende Mensch [...] zur Regel des Universums«[55] mache, das Werk einer »starken Unwissenheit«[56] seien.

Wenn es stimmt, dass der Mythos als solcher eine vergangene Phase der Wissensentwicklung darstellt, die mit »der ersten Dämmerung der wissenschaftlichen Einsicht ein für allemal dahin«[57] ist, wie Cassirer meinte, dann wird die Beantwortung der Frage dringlich: Warum Arbeit am Mythos? Nach dem bisher Ausgeführten steht so viel bereits fest: Nicht weil dieser eine Wahrheit enthält, sondern vielmehr weil er uns etwas über uns selbst und unser Verhältnis zur Welt zu verstehen aufgibt, lohnt sich eine Auseinandersetzung mit ihm.

Überspitzt formuliert, fragt Blumenberg nie, ob der Mythos auch die Wahrheit sagt, nicht einmal, ob der Mythos allegorische Einkleidung von Wahrheit ist, sondern bloß, welche Leistungen der Mythos für die Menschen vollbringt. Mythen können Menschen trösten, eine Gesellschaft vereinen, eine Gruppe begeistern, Sachverhalte veranschaulichen, wo Begriffe versagen und Analysen nicht mehr weiterkommen. Doch die für Blumenberg wichtigste Funktion von Mythen liegt in der Eindämmung archaischer Ängste und der Bannung des Schreckens, den die nackten Tatsachen der Welt hervorriefen. Eine Funktion des Mythos sei Daseins- und Weltangstbewältigung. Wie das Kind, das aus dem dunklen Keller etwas heraufholen soll, laut singt, um seine Angst vor der bedrohlichen Finsternis und Stille zu vertreiben, so erzählen Mythen spannende Geschichten, welche die Urängste der Menschheit vor der übermächtigen, ungestalten, schweigsamen Wirklichkeit von ihnen fernzuhalten versuchen. In diesem Zusammenhang greift Blumenberg auf die seit Kierkegaard bis Martin Heidegger und Kurt Goldstein geläufige Unterscheidung zwischen Angst und Furcht zurück: Letztere gilt als objektbezogen; der Einzelne fürchtet sich vor etwas Bestimmtem – dem bissigen Hund oder einer schwierigen Klausur. Angst ist dagegen objektlos, gegenstandslose Grundstimmung, »Intentionalität des Bewußtseins ohne Gegenstand« (AM, 10), wie Blumenberg sagt. Man ängstigt sich vor etwas Unbestimmtem, das einen von allen Seiten umzingeln kann. Angst ruft eine Bedrohung aus einem offenen Horizont hervor, aus dem »es« von überall herankommen kann; ihr Gegenstand ist weder fassbar noch benennbar, lediglich seine angstauslösende Ungeheuerlichkeit steht fest.

Solche Qualität besaß nach Blumenberg die Wirklichkeit für die archaischen Menschen. Mit ihr mussten sie fertig werden, wenn sie überleben wollten. So erfanden sie Mythen, mit denen sie sich die dunklen Mächte des Seins vom Leibe hielten. Zwar bewegten sie sich immer schon diesseits der sinn- und namenlosen, übermächtigen Wirklichkeit; soll aber ein Anfang gedacht werden, so lasse sich dieser nur als Konfrontation des schutzlosen Menschen mit dem sogenannten »Absolutismus der Wirklichkeit« vorstellen. Dieser ist ein vieldeutiges Phänomen. Er bedeutet vor allem, »daß der Mensch die Bedingungen seiner Existenz annähernd nicht in der Hand« (AM, 9) hat. Hierbei entspricht der starken Übermacht der Wirklichkeit eine große

Ohnmacht des Menschen. Allerdings bedeutet jene mehr als die bloße Verlegenheit, sich nicht selbst gemacht zu haben. Dem Menschen stehen weder seine Lebenszeit noch seine Lebensumstände zur Disposition. Gerade am Anfang begegnet ihm die Wirklichkeit als bedrohlich und erbarmungslos, weil er in seinen Ursprüngen ein nacktes, bedürftiges und hilfloses Wesen ist.

Der Mythos ist »Arbeit am Abbau des Absolutismus der Wirklichkeit« (AM, 13), seine Aufgabe »Leistung der Distanz« (AM, 15). Nicht das Staunen, Fragen oder irgendeine religiöse Stimmung überfiel die Urmenschen beim Anblick der überwältigenden Naturerscheinungen, wie man annehmen könnte, sondern das blanke Entsetzen, das sie mithilfe mythischer Erzählungen zu verarbeiten suchten.

Wie aber vollbrachten die Mythen diese Leistung der Distanz? Indem sie das Schweigen der Welt brachen: »Absolute Anfänge machen uns sprachlos im genauen Sinne des Worts. Dies aber ist, was der Mensch am wenigsten erträgt und zu dessen Vermeidung oder Überwindung er die meisten Anstrengungen seiner Geschichte unternommen hat.« (WW, 28) Mythen überwinden das Schweigen der Welt, indem sie Geschichten erzählen, die Welt mit Namen belegen, ihre Gleichgültigkeit und Zufälligkeit dadurch vertreiben, dass sie die furchterregende Natur mit menschengestaltigen Göttern gleichsetzen, wodurch die eine Macht der Welt gebrochen und auf mehrere Gewalten verteilt wird. Mythen sind sonach Versuche, die erschreckende Namenlosigkeit des Ungestalten, die bedrohliche Übermächtigkeit des Unverfügbaren und die angsterregende Unvertrautheit des Fremden zu bannen und aufzuheben. In ihnen geschieht die »Supposition des Vertrauten für das Unvertraute, der Erklärungen für das Unerklärliche, der Benennnungen für das Unnennbare« (AM, 68). Der Mythos ist »die Verarbeitung der Schrecken des Unbekannten und der Übermächtigkeit« (AM, 424); in ihm wird die Welt

»in einem zunächst gar nicht ethischen, eher physiognomischen Sinne freundlicher. Sie nähert sich dem Bedürfnis des dem Mythos zuhörenden Menschen an, in der Welt heimisch zu sein« (AM, 127). Das erreicht der Mythos hauptsächlich durch seine Anthropomorphisierungen, das heißt durch die Projektion menschlicher Bestimmungen in die Natur; allen mythischen Gestalten, ob Göttern, Tieren, Pflanzen oder unbeseelten Gegenständen, werden menschliche Züge zugeschrieben, ihr Denken und Handeln am Menschen orientiert. Darum vollziehen selbst solche Mythen, die von grausamen, dämonischen, widergöttlichen Mächten handeln, eine Loslösung und Absetzung vom Absolutismus der Wirklichkeit. Denn auch sie beschreiben das Feindliche und Dämonische der Welt in anthropomorphen Begriffen und projizieren auf diese Weise uns vertraute Eigenschaften, Spiegelbilder unserer selbst, in die absolute Wirklichkeit hinein. Ebenso lassen sie uns die Namen aller Wesen wissen und arbeiten so die Schrecknisse einer unvertrauten, angstauslösenden Wirklichkeit zu anheimelnden, schlimmstenfalls zu furchterregenden Geschichten auf.

Beeinflusst von Heidegger, stellt Blumenberg in diesem Zusammenhang zwei Begriffspaare einander gegenüber (vgl. WW, 35): »Die Verschränkung von Bedeutsamkeit und Vertrautheit« (AM, 125) sei »die Entsprechung zu Nichtigkeit und Ängstigung« (AM, 125). Die durch Vertrautheit ausgezeichnete, wertbesetzte Welt des Mythos lasse die Angst vor den anonymen Gewalten der übermächtigen Wirklichkeit, mit der es sinnmäßig nichts sei, hinter sich. Dabei erweise sich erwähnte Bedeutsamkeit als »Form, in der der Hintergrund des Nichts als dessen, was ängstet, auf Distanz gebracht worden« (AM, 125) sei. Blumenbergs Ausführungen knüpfen an Erich Rothackers »Satz der Bedeutsamkeit« an, nach dem nur das in meine Welt hineinkommt, »was mich angeht, was mir etwas ist, d.h. bedeutet«[58]. Das Bedeutsame ist nach Rothacker und Dilthey das für uns Wertbesetzte und Wertvolle. Es ist also nichts, was einfach nur eine Bedeutung hat, wie der isolierte Satz »3 x 3 = 9«, sondern etwas, dessen Bedeutung für den Einzelnen oder eine Gesellschaft von Bedeutung oder Relevanz ist, wie für einen Landwirt der Wetterbericht, wenn er morgen ernten möchte.

Nach Blumenberg gilt für Mythen im Allgemeinen, dass sie keine Fragen stellen und keine Antworten auf Fragen bieten: »Mythen antworten nicht auf Fragen, sie machen unbefragbar« (AM, 142), »nehmen sich [...] so aus, als bliebe nichts zu fragen übrig« (AM, 319). Der Mythos »erfindet, bevor die Frage akut wird und damit sie nicht akut wird« (AM, 219). Er wird nicht »erzählt, um Fragen zu beantworten, sondern um Unbehagen und Ungenügen zu vertreiben, aus denen sich allererst Fragen formieren können« (AM, 204). Gerade dadurch ist er die »sich immer wieder selbst antreibende Depotenzierung dessen, was noch hinter dem Mythos als das selbst Unmythische, weil Bildlose und Gesichtslose ebenso wie Wortlose steht: das Unheimliche, Unvertraute – die Wirklichkeit als Absolutismus« (AM, 369). Erst die Philosophie habe »das rastlose Nachfragen in die Welt gebracht und ihre Vernünftigkeit darin proklamiert, vor keiner weiteren Frage und keiner Konsequenz möglicher Antworten zurückzuschrecken« (AM, 286); der Mythos dagegen lasse alles »Nachfragen auf den Wall seiner Bilder und Geschichten auflaufen« (AM, 287), die nicht bis zum Letzten vordringen müssten, da sie »nur unter der einen Anforderung« stehen: Sie »dürfen nicht ausgehen« (AM, 150).

Zweifellos führt die christliche Lehre die Arbeit des Mythos fort: Gott lässt die Menschen wie seinen Namen auch die Namen seiner Geschöpfe wissen. So bannt er die menschliche Angst vor der unbekannten Wirklichkeit. Zugleich jedoch bedeute christlicher Glaube auch das Ende der Mythen. Dieses markiere das Ende von Leichtigkeit und Toleranz – einen Wechsel vom Mythos zum Dogma, von spielerischer Offenheit zu bitterem Ernst. Im Mythos könne jeder glauben, wie er verstehe. Hier existierten viele Wahrheiten. Das christliche Dogma kenne dagegen nur noch die eine Wahrheit – die Orthodoxie und viele Abweichungen: Häresien, Irrlehren, Grenzüberschreitungen. Das hänge damit zusammen, dass es für das Christentum bloß eine wahre Geschichte gebe, das eine Buch der Bücher, in dem bereits alles Lesens- und Wissenswerte stehe.

Blumenbergs Hauptthese, der Mythos sei Leistung der Distanz, Abbau des Absolutismus der Wirklichkeit, Daseins- und Weltangstbewältigung ist so neu nicht, wie sie auf den ersten Blick scheint. Schon Vico und Hume haben Mythen diese Funktion zugeschrieben: Sie erzählten Geschichten und entwürfen Bilderwelten, durch welche die Menschen ihre ursprünglichen Verlorenheitsgefühle in der Welt überwunden und sich gegen ihre Lebensangst abgesichert hätten. Selbst der junge Nietzsche, die griechische Kultur vor Augen, war davon überzeugt, dass die Menschen die olympischen Göttergestalten erschaffen hätten, um sich über die Schrecklichkeiten und Entsetzlichkeiten des Daseins hinwegzutrösten. Nur der Mythos und die Kunst seien in der Lage, »jene Ekelgedanken über das Entsetzliche oder Absurde des Daseins in Vorstellungen umzubiegen, mit denen sich leben läßt«[59]. Gleichfalls war Henri Bergson dieser Meinung, der an den Anfang der Welterfahrung »die Ängste des auf den Erdball geschleuderten Menschen«[60] setzte, der mithilfe seines Fabuliertriebes jene »Bilder und Ideen, welche die niederdrückenden Vorstellungen in Schach halten«[61], entgegengesetzt hätte. Und ähnlich sieht sich nach Sigmund Freud und Oswald Spengler das menschliche Dasein zuerst mit einem »Chaos«[62] konfrontiert und »fremden Mächten, die groß und drohend in sinnliche Erscheinungen verkleidet in die ertagende Welt hineinragen«[63]; es herrscht »Weltangst«[64]. Jedoch sei es ein Grundbestreben der Menschen, das Bedrohliche, Gefahrvolle, Unverfügbare und Unheimliche unter Kontrolle und in den Griff zu bringen, somit Weltangst in Weltvertrauen zu verwandeln. Dieses geschehe, wenn das Fremde und Feindliche »mit Namen belegt«[65] werde. Die Namensgebung durch Mythos und Logos stille die Weltangst, indem sie »das Geheimnisvolle bändigt, es zur faßlichen Wirklichkeit gestalte, es durch die ehernen Regeln einer ihm aufgeprägten intellektuellen Formensprache fesselt«[66].

Schreitet der Mythos narrativ voran, geht der Logos argumentativ vor; ist jener unüberprüfbar, legt dieser Rechenschaft über jede aufgestellte Behauptung ab. Dennoch wäre es nach Blumenberg falsch, beide einander entgegenzusetzen. Der Mythos ist nicht vorlogisch, keine überholte Frühform des menschlichen Geistes, die in der Folge von den präzisen Formen der Philosophie und der Wissenschaft abgelöst wurde, sondern »hochkarätig[e] Arbeit des Logos« (AM, 18). So leugnet Blumenberg, dass sich im Übergang vom Mythos zum Logos jener radikale Bruch vollzogen habe, den die Aufklärer immer wieder in ihm sahen. Sie glaubten, »mit den Mythen wie mit den Dogmen, mit den Begriffssystemen wie mit den Autoritäten, unter dem Oberbegriff der Vorurteile aufgeräumt« (AM, 54) zu haben, und ließen Mythos und Logos zu absoluten Gegenbegriffen werden, wobei Ersterer für anthropomorphe Verblendung stand, Letzterer den Platz der Kritik und Vernunft einnahm. Im Gegenzug dazu bewertet Blumenberg »die Antithese von Mythos und Vernunft« als »eine späte und schlechte Erfindung [...], weil sie darauf verzichtet, die Funktion des Mythos [...] als eine vernünftige« (AM, 56) anzusehen.

In dieser Frage stimmt er mit Autoren wie Claude Lévi-Strauss, Adorno und Horkheimer überein. Nach Lévi-Strauss enthält der Mythos als Werk des menschlichen Intellekts eine Logik, die durchaus mit der wissenschaftlichen Rationalität unserer Zeit und unseres Kulturkreises vergleichbar ist, ja die dieser in struktureller Hinsicht sogar ähnelt: »Vielleicht werden wir eines Tages entdecken, daß im mythischen und im wissenschaftlichen Denken dieselbe Logik am Werke ist, und daß der Mensch alle Zeit gleich gut gedacht hat.«[67] Bei seinem Bemühen, scheinbar willkürliche Geschichten auf eine einheitliche Ordnung zurückzuführen, stößt Lévi-Strauss immer wieder auf die gleichen Strukturen und Motive: Bestandssicherung, Selbsterhaltung, Fortzeugung. Wie die Wissenschaften versuchten auch die Mythen, die Lebens- und Weltprobleme der Menschen zu lösen, und folgten dabei stets der gleichen immanenten Logik.

Darum ging es gleichfalls Adorno und Horkheimer,[68] die allerdings anders als Lévi-Strauss nicht nach der allen Mythen innewohnenden Struktur des menschlichen Geistes fragen, sondern stattdessen die vom Mythos zum Logos voranschreitende abendländische Denkgeschichte als Prozess zunehmender Weltbemächtigung darstellen. Ihnen zufolge steckt hinter allen abendländischen Welterklärungen und Weltdeutungen, selbst der mythischen, die Absicht, menschliche Macht über die uns fremde, übermächtige Wirklichkeit zu gewinnen.

Dagegen lässt Blumenberg hinter allen abendländischen Welterklärungen und Weltdeutungen das Bestreben der Menschen sichtbar werden, Abstand zur fremden, übermächtigen, unverfügbaren, sinnlosen Wirklichkeit zu gewinnen. Ihm geht es weder um die logischen Strukturen der Verwandtschaft aller Mythen miteinander, wie Lévi-Strauss, noch um eine Beschreibung der europäischen Geistesgeschichte als Herrschaftsgeschichte des Menschen über die ihn umgebende Welt, wie Adorno und Horkheimer. Blumenberg geht es allein um den Nachweis, dass der Mythos wie fast alle Wissensformen der menschlichen Lebens- und Weltbewältigung dient. Dabei vermag auch er keinen Bruch im Übergang vom Mythos zum Logos zu erkennen, da einerseits die Funktion des Mythos, die anonyme, absolutistische Natur zu bändigen, selbst schon vernünftig sei, andererseits die Aufgabe der Vernunft, die Wirklichkeit zu erfassen und zu erklären, selbst noch mythisch, insofern diese hierdurch in etwas Bekanntes, Geheures, Geordnetes verwandelt und so jene ursprüngliche Fremdheit von ihr genommen werde. Auch »Vernunft bedeutet [...] mit etwas – im Grenzfall: mit der Welt – fertig zu werden« (AM, 72). Vernunft und Mythos, Aufklärung und Religion sind demnach zwar in theoretischer Hinsicht divergent, in lebenspraktischer Beziehung aber häufig stark konvergent: Sie alle wirken der bedrohlichen Anarchie der anonymen Wirklichkeit entgegen, erzeugen Ordnungen mit dem unausgesprochenen Ziel, den Absolutismus des überwältigenden Ganzen auf Distanz zu bringen. Beim Mythos gründen diese Ordnungen in Geschichten und Erzählungen, beim Logos in Begriffen und Systemen. Beide stehen im Dienste der menschlichen Selbstbehauptung wider eine übermächtige Welt. Allerdings bestehen berechtigte Zweifel, ob Aufklärung und Vernunft die Funktion des Mythos übernehmen können, da sie doch das Bild einer völlig entzauberten Welt zeichnen. Umgekehrt ist es fraglich, ob der Mythos im Zeitalter von Vernunft und Aufklärung überhaupt noch möglich ist, mag auch unsere Zeit ihre Metaphern und Geschichten haben.

Blumenberg lässt keinerlei Zweifel daran aufkommen, dass der Mensch, ausgeliefert an den Absolutismus der Wirklichkeit als offenen Horizont des nichteinschätzbaren Möglichen, der Distanzierungen bedarf. Dazu gehören die Mythen, mit denen der Mensch einst glaubte, den Absolutismus der Wirklichkeit brechen und vergessen zu können. In diesem Sinne liegt der Mythos als menschliche Anstrengung, Vertrautheitsbedingungen zu schaffen, auch heute keineswegs hinter uns. Trotzdem drängt sich die Frage auf, was von dieser Form der Lebens- und Weltdeutung tatsächlich noch lebendig ist. Die Teilnehmer mythischer Erfahrungen kennen keine Distanzierung und Domestizierung der Gleichgültigkeit der übermächtigen Welt. Sie bewegen sich fraglos in einer sinn- und zweckerfüllten Ordnung, die undurchschaut lässt, dass Mythenbildung ihre Wurzeln in Bedürfnissen hat, deren Ziel die Zurückdrängung des Absolutismus der Wirklichkeit ist.

Im Gegensatz dazu entwickelt Blumenberg einen Deutungsrahmen, in dem der Mythos gar nicht anders denn als Täuschung auftreten kann. Denn zu sagen, der Mythos hat die Funktion, die sinn- und übermächtige Wirklichkeit auf Distanz zu bringen, heißt doch streng genommen, den Mythos allenfalls als lebensdienliche Fiktion anzuerkennen, die wie ein Placebo in dem Maße ihre Kraft verliert, wie sie als eine solche durchschaut wird. Daraus folgt: »Der Mythos kann nicht mehr stattfinden.« (AM, 682) Damit sei allen widersprochen, denen zufolge Blumenberg weiterhin an der Möglichkeit mythischen Denkens festhielt. Im Grunde verteidigt er lediglich einige Funktionen des Mythos, die sich durch Wissenschaft weder ersetzen noch verdrängen ließen, etwa das Erzählen von Geschichten, das Aufladen von Dingen mit Bedeutsamkeit, Wertungen und Stimmungen, das Staunen über Phänomene der Natur und Ähnliches mehr. Der Mythos selbst aber sei erledigt, die Götterdämmerung abgeschlossen.

Nun geht es Blumenberg, wie erwähnt, auch gar nicht um eine Wiederbelebung alter und neuer Mythen, sondern hauptsächlich um die Arbeit am Mythos, die seiner Auffassung nach nie enden kann. Denn mag der Mythos zu Ende sein, die Auseinandersetzung damit ist es nicht. Aber was bearbeiten wir, wenn wir Mythen immer wieder neu erzählen, umschreiben, verändern und in Form neuer Erzählungen weitergeben? Hierauf weiß Blumenberg nur eine Antwort: Wir be- und verarbeiten unsere archaischen Ängste vor der übermächtigen Wirklichkeit. Zweifellos ist das nicht wenig. Nur ist es deshalb schon genug?

Zur Selbsterhaltung gezwungen, kann der Mensch mit der Welt und seinem Dasein darin bloß fertigwerden, wenn er über ausreichend Selbstbewusstsein verfügt und ein positives Selbstwertgefühl besitzt. Gerade als Mängelwesen muss er sich gegen die Wirklichkeit behaupten – und eine Form menschlicher Selbstbehauptung ist der Mythos. Deshalb ist es kein Zufall, dass Blumenberg gerade Prometheus, der den Göttern das Feuer stahl, um es den Menschen zu bringen, und der seit Äschylos' Tragödie *Der gefesselte Prometheus* als Licht- und Kulturbringer gilt, ins Zentrum seiner Arbeit am Mythos rückt, verkörpert der Sohn des Iapetos doch wie sonst keine andere mythische Gestalt die menschliche Selbstbehauptung. Blumenberg zeichnet die Rezeption des Prometheus-Mythos von der Antike bis ins 19. Jahrhundert nach, dem auch eine politische Bedeutung zukomme.

Politische Philosophie kommt in Blumenbergs Werken kaum vor. Doch war für *Arbeit am Mythos* ursprünglich ein Kapitel über den nationalsozialistischen Gebrauch von Mythen vorgesehen. Allerdings entfernte er dieses Kapitel aus dem Manuskript. Eigenen Angaben zufolge hätte es ihm »den Geschmack an dem Buch ganz und gar verdorben« (P, 62), in dem er sich lieber über Goethe als über Hitler ausließ. Der Weimarer Klassiker sah in Napoleon, dem er 1808 begegnet war, den neuen Prometheus. Nach Blumenberg gehört es zur Eigenart politischer Mythen, dass sie die Gegenwart nicht nur von einer künftigen Endzeit, einer Utopie oder Eschatologie, sondern auch von einer Vorzeit her legitimieren. Bei religiösen Mythen wird in diesem Falle von »Präfiguration« (P) gesprochen. So soll im *Neuen Testament* zur Erfüllung kommen, was im *Alten Testament* bereits angekündigt oder angedeutet, »vorgeformt«, eben »präfiguriert« wurde: In der Gegenwart werde eine die Vergangenheit überbietende Erfüllung eintreten, durch welche auch politische Vorformen oder Vorbilder zur Vollendung gebracht würden. So wurde Napoleon zuweilen als Nachfolger von Prometheus oder Alexander des Großen verstanden, der deren begonnenen Lebensauftrag wiederholte, fortführte und zu Ende zu bringen versuchte. Solche Analogien geben Blumenberg zufolge herausragenden Akteuren der Geschichte eine mythische Legitimation, indem sie diese in eine präfigurierte Historie einordnen.

Goethe ist nach Blumenberg der Versuchung, Napoleon zu mythisieren, zeitweilig erlegen, von der er sich aber später distanzierte, und er lieferte selbst mit dem Begriff des »Dämonischen«[69] eine Erklärung hierfür. In *Dichtung und Wahrheit* beschreibt Goethe das Dämonische als eine charismatische Macht, durch die besondere Personen eine ungeheure Gewalt über Menschenmassen gewinnen können, die sich von ihnen angezogen fühlen, ohne dass sie sich von gemäßigten sittlichen Kräften aufhalten ließen. Im Grunde könnten solche unwiderstehlichen Gestalten nur durch ihnen ebenbürtige Mächte gestoppt werden. In diesem Zusammenhang taucht dann der berühmte Ausspruch Goethes auf: »nemo contra deum nisi deus ipse – Niemand gegen Gott außer Gott selbst.«[70] Mithilfe des Dämonischen lässt sich Goethes anfängliche Begeisterung für Napoleon erklären, den wie Hitler nur ein gewaltiges Aufgebot an Gegenkräften wie etwa der russische Winter zu besiegen vermochte.

Nun umgibt aber nicht nur charismatische Figuren eine mythische Aura, sondern auch ganze Gemeinwesen und Volksstämme (vgl. RW). So verehre das Judentum Moses positiv-mythisch als seinen Religionsstifter und sehe im Organisator des Genozids Adolf Eichmann den bezwungenen Feind Israels. Dieser habe den Juden ihr Lebens- und Wohnrecht auf der Erde aberkannt. Deshalb musste er als negativ-mythische Figur, die indirekt mithalf, den israelischen Staat zu ermöglichen, in einem

Staatsakt hingerichtet werden. Beide, Moses und Eichmann, zählten zum israelischen Nationalmythos. Indem Sigmund Freud ausgerechnet 1939 den Nachweis zu erbringen suchte, dass Moses ein Ägypter pharaonischen Geblüts war, und Hannah Arendt Adolf Eichmann, die Symbolgestalt des organisierten Massenmords, als erbärmlichen Hanswurst entdämonisierte, entzogen beide dem jüdischen Volk und Staat Israel seine mythische Grundlage, auf dem ihr Geschichtsvertrauen aufbaue. Selbst jüdischer Herkunft, nahm Blumenberg deutlich Anstoß an dieser Entzauberung der positiv- und negativ-mythischen Bezugsfiguren. Ein Staat, ein Volk, eine Gemeinschaft brauche sie legitimierende Geschichten. Keine Politik ohne Mythos!

Aber wie passt das Ende des Mythos mit diesem problematischen Grundsatz zusammen? Auch wenn Freud und Arendt recht hätten, bezweifelt Blumenberg, dass geschichtliche und andere Wahrheiten in jedem Falle ausgesprochen und verbreitet werden sollten. Das Verlangen der Menschen nach Trost, Halt und Orientierung sei höher zu bewerten als ihre Wahrheitssuche. Benötigen wir also doch religiöse und politische Mythen zur Daseinsorientierung und Lebensbewältigung? Aber brachten politische Mythen nicht häufig furchtbares Unglück über die Menschen? Blumenberg verkennt die Gefährlichkeit politischer Mythen keineswegs, vor deren Instrumentalisierung in totalitären Systemen er ausdrücklich warnt. Doch bleiben seine Ausführungen hierüber im Vagen und Ungefähren, und es ist kein Zufall, dass das meiste hierzu dem zu Lebzeiten unveröffentlichten Nachlass entstammt.

Eines aber steht fest: Die *Arbeit am Mythos* soll sich gleichermaßen gegen den politischen Absolutismus, das Totalitäre, wie auch gegen den Absolutismus der Wirklichkeit richten. Damit Mythen nicht zu unverrückbaren Dogmen erstarren, seien sie ständig umzuschreiben und weiterzuerzählen. Nur so lasse sich die Abwehr von allem Neuen und Fremden vereiteln, das andernfalls der zur letzten Wahrheit versteinerten Überlieferung nicht mehr integrierbar sei. Jede Zeit braucht ihre Mythen heißt demnach: Sie braucht Sinn, Halt und Orientierung bietende Geschichten. Allerdings benötigt sie gleich mehrere Geschichten, um so jeden politischen Absolutismus und Totalitarismus erfolgreich abwehren zu können, und sie braucht überhaupt Geschichten, um individuell und kollektiv den Herausforderungen des Absolutismus der Wirklichkeit gewachsen zu sein.

In letzter Beziehung knüpft *Arbeit am Mythos* an den Grundgedanken aus der *Legitimität der Neuzeit* an, nur erweitert und verwandelt sie die Idee des theologischen Absolutismus in den Absolutismus der Wirklichkeit, das heißt in die Vorstellung der rücksichtslosen Übermacht der Welt schlechthin, gegen die sich die Menschen, die sich selbst im Dasein erhalten müssen, mit Mythen und der Arbeit an Mythen behauptet hätten.

Doch ist die Zeit der Göttermythen vorbei und die Arbeit hieran bedeutungslos geworden, nachdem man sie erst einmal als Abbau des Absolutismus der Wirklichkeit durchschaut und sich selbst als flüchtiges Vorkommnis in einem rand- und mittelosen Weltall ohne höheren Sinn erkannt hat. Da stellt sich zum wiederholten Male die Frage: Wie lässt sich der unerträgliche Absolutismus der Wirklichkeit relativieren, die übermächtige Welt in die Schranken weisen? Blumenberg beantwortet sie stets mit dem Begriff der menschlichen Selbstbehauptung, ohne diesen auf eine einzige Bedeutung festzulegen; er gebraucht ihn unterschiedlich, mehrdeutig, offen. So bezieht er ihn einmal auf Wissenschaft und Technik, dann wieder auf die mythische Dimension des Menschen, der – auch nach dem Ende des Mythos – für Symbole, Bilder und Geschichten empfänglich bleibt, um seine archaischen Ängste, Verlorenheits- und Überforderungsgefühle in der befremdlichen Welt überwinden zu können.

Das Buch der Natur

Bereits zu Beginn der 1981 publizierten Schrift *Die Lesbarkeit der Welt* entlässt Blumenberg die einst in orientierende Sinnstrukturen eingebettete Wirklichkeit in die Sinnlosigkeit. Wieder heben seine Untersuchungen mit dem uns mittlerweile geläufigen Gedanken an, dass es mit der Annahme eines höheren Sinns der Welt nicht sonderlich viel auf sich hat: Die Prozesse der Wirklichkeit sind im Ganzen sinnindifferent und verlaufen unter erheblichen Versagungen und Belastungen für uns Menschen. Jeder die Immanenz der Welt überschreitende Sinngebungsversuch zeichnet sich zwar durch seine logische Unwiderlegbarkeit und durch die Würde seines spekulativen Gestus aus, hat aber mittlerweile seine Glaubhaftigkeit und Annehmbarkeit verloren. Sicherlich halten bis heute viele Menschen unter dem Druck der Gewohnheit und angesichts der Gefahr völligen Sinnverlustes an traditionellen und institutionell abgestützten Sinnmustern fest; sie lassen sie sich noch gefallen, verlassen sich aber immer weniger darauf. Unser Zeitalter markiert das vorläufige Ende der ausschweifenden Sinnmodelle, deren Verlust inzwischen zur Epochensignatur avanciert ist.

Selbstredend geht dieser Vorgang nicht spurlos am Menschen vorüber. Gerade in unserer Zeit herrscht ein »Unbehagen in der Kultur« (LW, 9), das von einer großen und bitteren »Enttäuschung« (LW, 9) bestimmt wird. Die hohen Sinnansprüche an die Welt werden von dieser zurückgewiesen. Der Wunsch, sie möge sich anders als stumm, rücksichtslos und unbegründbar zeigen, ist nicht in Erfüllung gegangen: »Die Verhältnisse des Menschen mit der Welt dürfen sich des einstigen Vertrauens [...] auf die universale Zweckmäßigkeit (mit oder ohne Anthropozentrik) nicht mehr erfreuen.« (LW, 9 f.) Angesichts dieser Enttäuschungen werden bestimmte altehrwürdige Probleme gegenstandslos; sie sinken zu Unzeitgemäßem herab. Die berühmten Fragen Kants »Was können wir wissen? Was dürfen wir hoffen?« bezeichnen nach Blumenberg solche alten Problemformeln, die noch sehnsüchtig nach einem übergreifenden Sinnzusammenhang Ausschau halten. Da sich dieser aber nicht mehr ausfindig machen lässt, sind diese altehrwürdigen Fragen selbst fragwürdig geworden. Gegenwärtig sind sie jedenfalls auf Nichterfüllung sowie auf Verlust, also auf Enttäuschung kalkuliert. Wie aber kann sich der Mensch darüber hinweghelfen? Wie viel Enttäuschung kann er verkraften?

Dass uns im Verlauf der abendländischen Denkgeschichte der überschwängliche Sinn verloren gegangen ist, scheint unseren Anspruch auf Sinn zu verletzen. Zwar stellt sich die Frage, ob dieser Anspruch überhaupt gerechtfertigt und unser Bedürfnis danach tatsächlich angeboren ist. Aber selbst wenn es nicht so wäre, sind doch Entzug und Entbehrung unleugbare Tatbestände, mit denen es fertigzuwerden gilt. Deshalb ist es vonnöten, »Schlüsse vom Verlorenen aufs Verlangte einzuleiten und wenigstens im Umriß den Entzug zu beschreiben« (LW, 11). Es ist der Frage nachzugehen: »Welches war die Welt, die man haben zu können glaubte?« (LW, 10) Diese Frage ist vor dem Hintergrund der Enttäuschung formuliert, dass es diese Welt nicht mehr gibt – wenn es sie je gab. Ähnlich sind die beiden »letzten großen Fragen« (LW, 9) Kants: »Was können wir wissen?« und »Was dürfen wir hoffen?« umzuwandeln. Die Enttäuschung darüber, dass sich als gesichertes Wissen und berechtigte Hoffnung ausgegeben hatte, was nun nicht mehr fraglos gilt, provoziert die Frage: »Was war es, was wir wissen wollten?« (LW, 9) und »Was war es, was wir erhoffen durften?« (LW, 9) Diesen Fragen haftet die traurige Ernüchterung an, nicht mehr das wissen und hoffen zu können, was wir ehedem wissen und hoffen durften. Das vormals Wissenswerte und Erhoffbare zu vergegenwärtigen baut zwar die enttäuschte Sinnerwartung noch nicht ab, trägt aber dazu bei, sie zu verstehen. Wenn wir schon hinnehmen müssen, dass wir die Erfüllung unserer großen Sinnansprüche vom Wissen nicht mehr erwarten dürfen, »so wollen wir doch wenigstens wissen, weshalb wir wollten, was zu wissen nun mit Enttäuschung verbunden ist« (SZ, 77). In diesem Zusammenhang schlägt Blumenberg sogar die Gründung einer »Akademie zur Verarbeitung von Enttäuschungen der Vernunft« (VS, 505) vor.

Er selbst verarbeitet den großen Sinnverlust, indem er die geschichtlichen Bedingungen seiner Entstehung aufarbeitet. In immer wieder neuen Anläufen stellt er die verschiedenen Formen der Erfüllung und der Entmächtigung der großen Sinnansprüche sowie die Proteste gegen ihre Nichterfüllung und die Empfindungen über ihren Verlust dar. Auch in der *Lesbarkeit der Welt* sperrt er sich nicht gegen die Zudringlichkeit der früheren Sinnorientierungen. Selbst wenn er sie nicht mehr als brauchbare Wegweiser in Betracht zieht, vermag er sie doch nicht auf sich beruhen zu lassen. So wird die Metapher von einer lesbaren Welt zum Inbegriff des Verlangens nach Sinnorientierung und Sinnbesitz. Sie steht in einer notwendigen Verbindung zum Bild vom Buch der Natur, wonach die Welt einer lesbaren Schrift gleicht. An die *Paradigmen zu einer Metaphorologie* anknüpfend, kennzeichnet Blumenberg in der *Lesbarkeit der Welt* diese Metapher als eine auf Totalität zielende Ausdrucksform. Wie schon im ersten Kapitel ausgeführt, ist es die wesentliche Funktion einer Metapher, das Ganze des Lebens, der Geschichte, Natur oder

Welt zu vergegenwärtigen. Mag auch im Zeitalter von Wissenschaft und Technik eine erhebliche Anfälligkeit für Denkweisen bestehen, die alle Metaphern am liebsten durch Begriffe ersetzen möchten, so stoßen doch solche Bemühungen bei jenen Metaphern an ihre Grenzen, welche die Gesamtheit des Wirklichen repräsentieren und Totalhorizonte eröffnen. Sie bringen zur Darstellung, was sich der Vorstellung entzieht. Hierdurch gelingt der Metapher, was sich dem Begriff versagt: nämlich in einem einzigen Wort einen Eindruck der gesamten Wirklichkeit zu bieten. So enthüllt sich das Ganze in sprachlichen Bildern, die es in der Vergangenheit zumeist als einen geordneten, mit Werten besetzten Kosmos gezeichnet haben.

In der *Lesbarkeit der Welt* wendet sich Blumenberg also vor allem der Metapher von der Welt als lesbarem Buch zu. Er verfolgt ihre Entstehung bis in die Anfänge zurück und zeichnet ihre Entwicklung mit ihren verschiedenen Bedeutungsverschiebungen bis zur Gegenwart nach. Dabei geht es ihm nicht bloß um den Nachweis, dass und wie die Metapher vom Buch der Welt im Laufe der Geschichte verwendet wurde. Ausgehend von der These, dass Metaphern den Sinn der Welt tragen, soll anhand der Geschichte der Weltbuchmetapher die Geschichte der menschlichen Sinnerwartungen nachgezeichnet werden. Darin unterscheidet sich Blumenbergs Auseinandersetzung mit der Weltbuchmetapher von der etwa des Romanisten Ernst Robert Curtius. Anders als Blumenberg bietet jener in seiner Abhandlung *Schrift und Buchmetaphorik in der Weltliteratur*[71] von 1942 primär eine lexikalische Übersicht über den Gebrauch der Weltbuchmetapher, ohne weiter nach ihrer Funktion zu fragen.

Die dem diskursiven Begriff entzogene Totalität der Wirklichkeit zu repräsentieren ist aber nur die eine Seite ihrer Funktion, die bereits in *Paradigmen zu einer Metaphorologie* zur Sprache kam. Deren Kehrseite, die in jener Schrift noch weitgehend außer Acht blieb, darf nicht übersehen werden. Diese kann erst in dem Augenblick sichtbar werden, in dem sich ein Bewusstsein von der Hinfälligkeit der großen Sinnerzählungen eingestellt hat und die Wirklichkeit sich als unbegründbares, stummes, rücksichtsloses Faktum enthüllt. Im Lichte dieser Einsichten erweist sich die Weltbuchmetapher als ein Medium, mittels dessen die Menschen in der abendländischen Geschichte den Absolutismus der Wirklichkeit auf Distanz halten. Demnach erfüllt selbst die Weltbuchmetapher die Funktion einer Entlastung vom unaushaltbaren Absolutismus der Wirklichkeit. Dass Metaphern solche Funktion haben können, hebt Blumenberg bereits in einer Abhandlung aus dem Jahre 1971 hervor: Im metaphorischen Umgang mit der Welt beherrscht das menschliche Dasein »die ihm genuin tödliche Wirklichkeit, indem es sie vertreten läßt; es sieht weg von dem, was ihm unheimlich ist, auf das, was ihm vertraut ist« (W, 116). Offenbar steht hinter jeder religiösen, poetischen und spekulativen Naturdeutung immer noch ein existenzielles Interesse. Denn sich im Schutz der Weltbuchmetapher bewegen heißt, das Bedrohliche und Übermächtige der unbegründbaren anonymen Wirklichkeit durch Abstandnahme bezwungen zu haben. In diesem Sinne wird auch *Die Lesbarkeit der Welt* von Blumenbergs wesentlichem Grundgedanken beherrscht, nach dem auf der einen Seite der Absolutismus der Wirklichkeit steht, von dem sich auf der anderen Seite die Menschen durch die verschiedenen Formen seiner Zurückdrängung und Bändigung zu entlasten suchen. So bildet in diesem Buch die chaotische, namenlose, übermächtige, unbegründbare Wirklichkeit den Hintergrund, von dem sich die verschiedenen Vorstellungen von der Welt als lesbarem Buch und dechiffrierbarem Text abheben. Aufs Ganze gesehen, entspricht die Verwandlung der anonymen, stummen Wirklichkeit in Lesbarkeit ihrer Verwandlung in Vertraulichkeit, Bedeutsamkeit und Sinnhaftigkeit.

Allerdings findet sich die Erfahrung von der Welt als lesbarem Buch nicht gleichmäßig in der Geschichte des Abendlandes. Für die Metapher vom Buch der Natur gibt es zum Beispiel bei den antiken Griechen keinerlei Anhaltspunkt. Mit deren Philosophie ist die Vorstellung von der Natur als lesbarem Buch unvereinbar. So ist etwa »der platonische Kosmos der Ideen alles andere als ein Buch, das gedachte Verhältnis zu ihm wie zur Welt der Erscheinungen alles andere als Einstellung und Leistung von der Art des Lesens. Viel eher wäre hier der Vorgang der Erfassung aller gegenständlichen Verhältnisse mit dem Aufnehmen von Bildern vergleichbar.« (LW, 22) Die antiken Griechen haben die Natur nicht durch Lesen, sondern durch Anschauen vergegenwärtigt. Sie brauchten nicht in der Natur wie in einem Buch zu lesen, weil sich ihnen die Natur in der Betrachtung des Himmels direkt darbot. Die Welt war für die alte Zeit ein betrachtungswürdiger sichtbarer Kosmos, nicht aber ein lesbarer und lesenswerter Text. Daher wäre jede Interpretation des antiken Kosmos mithilfe der Weltbuchmetapher ein »hermeneutisches Mißverständnis« (LW, 38). Ihre Übertragung auf den antiken Kosmos erwiese sich als unsinnig; sie würde einer retrospektiven Verformung gleichkommen.

Es ist sogar festzustellen, dass sich im antiken Griechentum das Buch überhaupt noch keiner besonderen Wertschätzung erfreute, wie es später etwa im Humanismus der Fall war, als es wie ein treuer Lebensgefährte verehrt wurde, mit dem man vertrauliche Zwiesprache pflegen kann.[72] Auch ist auf dem Boden der griechischen Philosophie ein Ausspruch wie der Piccolominis gar nicht denkbar: »Nie wirst du in der Erfahrung so viel erleben, wie du im Lesen lernen wirst.«[73] Im Gegenteil wird vom platonischen Sokrates etwa das Kulturgut Buch grundsätzlich infrage gestellt. Seiner Ansicht nach steht das Reden höher als das Schreiben, weil Bücher doch nur totes Wissen überlieferten, das sich jedem Gespräch entziehe: »Du könntest glauben, sie sprächen, als verstünden sie etwas, fragst du sie aber lernbegierig über das Gesagte, so bezeichnen sie doch nur stets ein und dasselbe.«[74]

Da sich die Weltbuchmetapher nur dort etablieren kann, wo im Bewusstsein einer Kultur das Buch bereits einen hohen Rang einnimmt, sucht man sie im antiken Griechentum vergebens. Hier fehlte noch eine wesentliche Voraussetzung für ihre Entstehung: »Von der Welt Erfahrung zu machen, wie man sie einem Buch oder einem Brief verdanken kann, setzt nicht nur Alphabetismus, nicht nur die Vorprägung der Wünsche auf Sinnzugang durch Schrift und Buch voraus, sondern auch die kulturelle Idee des Buches selbst, insofern es nicht mehr bloßes Instrument des Zugangs zu anderem ist.« (LW, 11) Diese letzte Bedingung wird, überspitzt formuliert, erst durch das Christentum erfüllt. Es führt den »Kollektivsingular des heiligen Buches« (LW, 23) ein, der »sprachliche Voraussetzung für alles Spätere, für das Buch als Metapher einer Totalität, sei es die der Natur oder die der Geschichte« (LW, 23), ist. Ein Befund der Begriffsgeschichte besagt, »daß für die Ausbildung der Buchmetaphorik die spezifische Singularität des Buches ausschlaggebend war und in der Anwendung auf die Singularität der Natur nur dieser Provenienz sein konnte« (LW, 35).

Trotzdem hat aber das eine heilige Buch – die Bibel – zunächst den metaphysischen Gebrauch des Buches in Bezug auf die Welt auf mehrfache Weise verhindert. Erstens wurde das »Buch der Bücher« zum einzigen Buch erklärt und erhöht, weil es die Offenbarung der Heilswahrheit enthalte. Es entstand ein den Absolutismus der Wirklichkeit ebenso überwindender wie ablösender »Absolutismus des Buches« (LW, 34). Was sich zu wissen lohne und wie es sich mit dem Menschen und der Welt verhalte, sei einzig und allein diesem heiligen Buch zu entnehmen. Dass es darüber hinaus in der Natur etwas zu lesen gibt und dieses ebenfalls lesenswert ist, wurde durch den Absolutismus der Heiligen Schrift ausgeschlossen. Zweitens bestand danach für die Annahme der Natur als eines lesbaren Buches kein Anlass, weil schon alles in den Büchern des Himmels notiert sei. Drittens ließ die Sorge um das je eigene Heil und das eschatologische Bewusstsein vom nah bevorstehenden Weltende keinerlei Raum für eine metaphorische Interpretation der Natur als Buch. Die Heilssorge und die Weltenderwartung ließen die Natur insgesamt aus dem Lichtkegel der menschlichen Aufmerksamkeit herausfallen. Eindringlich und aufdringlich brachte sich das vom Himmel geführte »Buch des Lebens« (LW, 26) zur Geltung, in das geschrieben zu sein den Heilsentscheid bedeutete und in das geschrieben zu werden die Heilssorge anstrebte: »Wer nicht drinsteht, wird wie nicht gewesen sein [...], nur wer registriert ist, lebt oder hat gelebt.« (LW, 23)

Aus dem Gesagten erhellt: Sosehr die Festlegung des einen heiligen Buches erst die Heraufkunft der Weltbuchmetapher ermöglichte, sosehr wurde durch die Erklärung des einen heiligen Buches zum einzigen Buch die Entstehung der Weltbuchmetapher wieder vereitelt. Dennoch etablierte sie sich in der Folge als Weltmetapher. Wie war dies möglich? Ein weiteres Mal bemüht Blumenberg die Gnosis, um das Auftreten einer bestimmten Weltdeutung zu erklären. In der Gnosis wird streng zwischen einer diesseitigen, dunklen Welt und einer jenseitigen, lichtvollen unterschieden. Die Erstere schuf ein böser Schöpfergott; deshalb ist ihr das Schlechtsein wie eine Qualität eigen. Die helle Gegenwelt trägt hingegen das Prägemal des Guten; deren Gott hat mit der Erschaffung der diesseitigen Welt nichts zu tun. Sein Handeln im Reich der Dunkelheit beschränkt sich nach gnostischer Lehre darauf, den in die Finsternis gefallenen Menschen zu erlösen und in sein Reich des Lichtes zu führen.

Für das Christentum ist eine solche Weltdeutung unannehmbar. Es übernahm die »Abwehr der Gnosis« (LW, 34), indem es die gnostische Trennung von Schöpfer- und Erlösergott für hinfällig erklärte, weil Schöpfung und Erlösung das Werk nur eines Gottes seien. Verdankt sich die diesseitige Welt aber demselben Gott, der uns von ihr auch erlöst, so kann die gnostische Abwertung der Welt nicht mehr länger geglaubt werden. Die christliche Abwehr der Gnosis war somit verbunden mit einer »Aufwertung der Natur« (LW, 34), für die der Vorwurf ihrer Schweigsamkeit und Schlechtigkeit nicht länger zutreffen kann. Der Gott, der sich einmalig in der historischen Offenbarung als Christus zu erkennen gab, offenbart sich demnach auch in allen Werken der Natur. »Dies führt zwar noch nicht dazu, die Natur als Buch sehen zu lassen« (LW, 34), begünstigt aber eine solche Sichtweise.

Nach christlicher Auffassung und der christlich inspirierten Philosophie des Mittelalters war die Welt nicht durch Anschauung, sondern durch Denken und Sprechen entstanden. So heißt es etwa: »Gott sprach, es werde Licht, und es wurde Licht!« Anders als der antik-platonische Demiurg, der die Welt erschuf, indem er die Urmaterie ohne Worte zum sichtbaren Kosmos formte, gebrauchte der christliche Gott bei Erschaffung der Welt viele Worte. Sprechend befahl er das Universum aus dem Nichts herauf, und sprechend befand er das auf diese Weise Geschaffene für gut.

Was aber durch Denken und Sprechen entsteht, kann gelesen werden und ist damit frei für die Metaphorik des Buches. Die zur Welt gewordenen Schöpfungsworte bleiben darin als lesbare Zeichen erhalten und ergeben zusammen ein Buch, das auf seinen göttlichen Autor verweist.

Seitdem galt die ganze Erscheinungswelt als »Buch, vom Finger Gottes geschrieben« (LW, 52), und die einzelnen Gebilde waren »wie Zeichen oder Wörter in diesem Buch, die nicht nach menschlichem Belieben erfunden, sondern durch göttlichen Entscheid festgelegt, zur Kundgabe des Unsichtbaren der göttlichen Weisheit« (LW, 52) bestimmt wurden. Die zum Buch verbildlichte Natur bekam die Qualität eines »Ganzen aus einem Wurf« (LW, 18), denn für das Buch ist wesentlich, das Disparate und Auseinanderliegende als Einheit zu begreifen. Die Welt ist als Buch ein lesbarer Ordnungszusammenhang, der einen »doppelten Aspekt« bietet: »den des Inhalts und den der Rückverweise auf den Autor. Die mittelalterliche Verwendung der Metapher steht im Dienst der Verweisung auf den Autor, seine Größe und Unerreichbarkeit, und auf den Sachverhalt, daß er selbst [...] mit eigener Hand dieses Buch geschrieben habe.« (LW, 60) Die lesbar gewordene Welt galt als ein die Handschrift Gottes tragendes Buch. Entsprechend konnte der Mensch aus den äußeren Werken der Natur die Weisheit ihres Schöpfers herausbuchstabieren.

Nun war aber im christlichen Mittelalter die Weltbuchmetapher tendenziell mit einem Vorbehalt versehen. In pointierter Zuspitzung formuliert: Dass die Natur ein lesbares Buch ist, wurde nicht aus der Natur selbst herausgelesen, sondern seinerseits wieder in Büchern nachgelesen.[75] Daher war durch die mittelalterliche Etablierung der Weltbuchmetapher nicht bereits der Konflikt zwischen Buch- und Wirklichkeitserfahrung beseitigt, zu dem es in der Folge tatsächlich kam.

Mit der Entstehung der neuzeitlichen Naturwissenschaft trat die Welterfahrung in Rivalität zur Bucherfahrung. Es entstand eine Feindschaft zwischen den Büchern und der Wirklichkeit. Dieser Feindschaft liegt näherhin der Gegensatz zwischen den Büchern traditioneller Autoritäten wie Aristoteles oder Galenos und den Experimenten der modernen Naturwissenschaften zugrunde: »Das Pathos des Experiments ist gegen den Hort der Bibliotheken gerichtet, insistiert auf der Frische der Erfahrung im

Blick durch Fernrohr und Mikroskop, auf Thermometer und Barometer.« (LW, 18) Papierene Welterfahrung und experimentierende Welterkenntnis traten in Konkurrenz zueinander; Buch und Natur kamen für gewisse Zeit gleichsam Rücken an Rücken zu stehen. Dabei schien zunächst die Natur über das Buch zu triumphieren. Jedoch zog von Anbeginn die wissenschaftlich zu erforschende Natur ihrerseits das Moment der Lesbarkeit auf sich und öffnete sich hierdurch selbst für die Anwendung der Weltbuchmetapher. Unter dem Gesichtspunkt der Kontinuität betrachtet, scheint selbst die moderne Wissenschaft einen Raum für die Möglichkeit der Fortschreibung der Weltbuchmetapher freizugeben. Doch was sich als Übernahme deuten lässt, kann zugleich als Umbruch verstanden werden. Denn die Einsicht, dass die Natur ein lesbares Buch ist, wird fortan nicht mehr aus Büchern gewonnen, sondern der Natur selbst abgerungen. Dabei erweist sich das neu entdeckte Buch der Natur als schwer lesbar: »Nur wenige sind geeignet, im aufgeschlagenen Buch der Natur zu lesen und seine Sprache zu verstehen.« (LW, 77) Nicht alle Buchstaben dieses Buches liegen offen zutage, denn die Natur gleicht weithin einem verborgenen, erst noch zu entziffernden Text, der nur von Experten entschlüsselt werden kann, da er nicht anschaulich gegeben ist. Im Gegenteil widersetzt sich der Text der Natur dem Augenschein aufs Äußerste, insofern er in mathematischer Sprache geschrieben ist. Seit Platon über Boethius bis Leibniz wird von einem zahlenhaften Aufbau der Welt ausgegangen. In diesem Sinne bemerkt Blumenberg im Anschluss an Galilei, dass das große Buch des Weltalls »in der Sprache der Mathematik« (LW, 74) verfasst sei und seine Zeichen »Dreiecke, Kreise und andere geometrische Figuren« bildeten, »ohne deren Kenntnis es nicht menschenmöglich sei, ein einziges Wort davon zu verstehen. Ohne diese Kenntnis irre man in einem dunklen Labyrinth umher.« (LW, 74)

Bemerkenswert ist in diesem Zusammenhang, dass das wissenschaftlich ausbuchstabierbare Naturbuch zunächst nicht in Gegensatz zum Gottesglauben gebracht wurde. Seit Galilei war man immer wieder darum bemüht, das überlieferte Buch der Offenbarung mit dem wissenschaftlichen Buch der Natur zu harmonisieren. So hat etwa Galilei zufolge das in mathematischer Sprache verfasste Naturbuch durchaus noch den Charakter einer Bekanntmachung von Gottes Weisheit, und nach Bacon enthüllt es Gottes Macht: »Galilei hatte noch angenommen, die mathematische Verschlüsselung des Textes der Natur sei die Sprache, in der Gott seine Wahrheit über die Natur den Fachleuten vorbehalten wissen wolle.« (LW, 402) Hatte die Scholastik den Nachweis der Vereinbarkeit von Theologie und Philosophie, Heiliger Schrift und aristotelischer Metaphysik erbracht, so beruhigte sich die Frühe Neuzeit mit der Feststellung der Vereinbarkeit von Theologie und Wissenschaft, übernatürlicher Offenbarung und experimentierender Teleskopie und Anatomie.

Aber sosehr auch die Wissenschaft seit Beginn der Neuzeit der Weltbuchmetapher einen Platz im Netz ihrer Hypothesen und Formeln zuweist, sosehr verhindert sie andererseits die Besetzung dieses Platzes durch die Weltbuchmetapher, denn es gibt noch eine entgegengesetzte Sichtweise derselben Sachlage: die Verhinderung der Lesbarkeit der Welt durch die Vorherrschaft wissenschaftlicher Hypothesen und Formeln. Demnach brachte das wissenschaftlich-technische Naturverständnis es mit sich, dass nachgerade der göttliche Autor des Weltbuchs in den Hintergrund geriet. Denn die Verwissenschaftlichung der Natur entzauberte die Welt immer weiter und verlor dabei die Frage nach ihrem Urheber zunehmend aus dem Auge. Mit dieser Entwicklung ging ein Stimmungswandel einher, bei dem vormaliges Weltbehagen und Weltvertrauen in Weltunbehagen und Weltentsetzen umschlugen. Weltangst brach über die Menschen herein:

Galt eben noch die mathematisch erfassbare Welt als ein Buch, das von der Macht seines Schöpfers kündet, so wurde sie nun als sinnleere Kälte und lieblose Öde erfahren. Das in mathematischer Sprache verfasste Weltbuch war nun praktisch so viel wie ein sprachloses Buch. Die Welt war stumm geworden; fortan blieben ihre Botschaften auch nach ihrer Entschlüsselung ohne Sprache und konnten nicht mehr als Inbegriff für menschliches Weltbehagen gelten.

Gegen diese wissenschaftliche Entzauberung und Entsprachlichung der Natur erhoben vor allem die Romantiker massiven Einspruch. Sie denunzierten die neuzeitliche Naturwissenschaft als destruktive Gewalt, begangen an der Natur. Ihrer Auffassung nach bedeutete im großen Buch der Natur zu lesen etwas anderes als wissenschaftliche Experimente durchzuführen. Der Schlüssel zur Lesbarmachung der Natur sei weniger Wissenschaft als vielmehr Poesie, die sich dem wissenschaftlich-technischen Naturverhältnis widersetze. Nirgendwo ist so deutlich wie bei Novalis ausgesprochen, »daß die Metaphorik von der Lesbarkeit der Natur eine Gegenprägung« (LW, 247) zu ihrer Verwissenschaftlichung darstellt. Das stumm gewordene Weltall wurde aufs Neue beredt: »Alles spricht von sich aus, wenn ihm nur das Gehör nicht verweigert wird.« (LW, 234) Jede Naturerscheinung war für die Romantiker ein Wort, Zeichen einer Mitteilung. Wie viele andere verwandelte Novalis alles in Poesie, die ein alle Dinge belebender Geist sei. Die Natur brächten all jene zum Sprechen, die ihre verhüllte Innerlichkeit laut auszusprechen vermögen. Dazu sei es vonnöten, »in den Dingen nicht etwas von uns ganz und gar Verschiedenes zu sehen, sondern das, was in emphatischer Sprache ein uns verwandtes Du« (LW, 274) sei. Die Romantiker hielten hartnäckig an der Zulässigkeit von Anthropomorphismen fest. Sie waren bestrebt, alles menschlich zu veredeln und in die Kreise schöner Gestalten zu erheben.

In romantischer Optik war die Lesbarkeit der Welt Inbegriff ihrer Geborgenheit gebenden Sinnhaftigkeit.

In immer wieder neuen Anläufen bemühen sich die Romantiker um Weltverklärung, die Anlass zu Weltvertrauen geben soll. Darin stimmen die poetischen Naturschilderungen von Ludwig Tieck, Novalis bis Adalbert Stifter mit den spekulativen Naturphilosophien von Herder, Schelling bis Teilhard de Chardin überein. Sie alle versuchen ein in allen Dingen schlafendes Zauberwort zu wecken, dieses zum Reden zu bringen, wie auf Eichendorff anspielend gesagt werden könnte. Hierbei setzen sie das Weltall nicht nur einem lesbaren Buch, sondern auch einem vollkommenen Kunstwerk, einer wohlgebildeten Symphonie oder einem tausendstimmigen Gespräch gleich. Jedoch drückt solch romantische Weltverklärung nur ein gebrochenes Weltvertrauen aus. Sie ist dem beunruhigenden Verdacht abgerungen, daß die Welt doch eine sinnlose, öde und kalte Maschine sei. Die romantische Weltverkärung treibt bereits die Ahnung um, dass die Seiten des lesbaren Buchs der Natur leer sein könnten. Dies macht Blumenberg daran fest, dass den Romantikern der Sinn der Welt nicht offen zutage lag, sondern von ihnen immer erst gesucht werden musste. Wenn Novalis schreibt, dass die Welt zu romantisieren sei, dann gebe er dadurch bereits zu erkennen, dass ihm der Sinn der Welt brüchig geworden sei. Allerdings habe man dies noch nicht wahrhaben wollen und war daher bemüht, die Weltöde durch die schöpferische Kraft des poetischen Subjekts buchstäblich wegzudichten. Das romantische Weltvertrauen war aber bereits gebrochen, weil es von Reflexion, Unruhe, Sehnsucht und Zweifel durchsetzt war.

Nun fiel es in der Folge immer schwerer, in den schweigenden Räumen des unermesslichen Alls weiter bedeutungsvolle Zeichen, gar einen göttlichen Text zu entsiegeln. Die Entzauberung der Welt ließ sich zwar aufschieben, aber aufhalten ließ sie sich nicht. Was in der Romantik noch hintergründige Ahnung blieb, wurde nach und nach zu einer nahezu fraglosen Tatsache: Die Seiten des lesbaren Buchs der Natur sind weiße Blätter! Dieser Befund erhält bei Blumenberg im Begriff des leeren Weltbuchs seine terminologische Prägnanz. Im leeren Weltbuch seien die Blätter so unbeschrieben wie im unermesslichen Weltall die Räume stumm. Diese schmerzliche Erfahrung komme spätneuzeitlich zum Tragen. Blumenberg verdeutlicht sie am Beispiel von Werken Flauberts, Mallarmés und Valérys. Er interpretiert das »leere Weltbuch« (LW, 300) als einen sich von der Weltbuchmetapher abhebenden Kontrastbegriff, in dem die Metaphorik von der Lesbarkeit der Welt in negierter Weise fortlebt: »Nur durch die Herrschaft über die Negation bestand die Lesbarkeit der Welt fort.« (LW, 304) Dabei zeige das leere Weltbuch an, dass die Natur eines göttlichen Urhebers ermangele: »Da wird der Anschluß erkennbar an die Metaphorik der Welt als Buch: War die Welt eine Mitteilung des Schöpfers an seine Kreaturen gewesen, mußte der Verlust dieser Funktion die entleerte Gebärde der Bedeutung hinterlassen, die Welt als Buch über nichts.« (LW, 304) Damit ist die Weltbuchmetapher in ihr Endstadium getreten, in dem von der Lesbarkeit der Natur kaum mehr etwas übrig bleibt. Denn wird erst einmal erkannt, dass das alte Buch der Natur aus vergilbten, leeren Blättern besteht, wird der weitere Gebrauch der Weltbuchmetapher hinfällig, zumindest problematisch.

Gleichwohl kommt nach dem Ende der Natur als eines lesbaren Buches die Metapher der Lesbarkeit weiterhin zur Anwendung, auch wenn sie dabei aus ihren metaphysischen Verschalungen herausgelöst wird. Die vormals metaphysisch interpretierte Lesbarkeit der Natur verwandelt sich – psychoanalytisch – in die Lesbarkeit der Träume und – molekularbiologisch – in die Lesbarkeit des genetischen Codes. Die »Lesbarmachung der

Träume« (LW, 337) ist ein vordringliches Anliegen der Psychoanalyse Freuds, nach der Träume lesbar machen heißt, den im manifesten Trauminhalt verdeckten und entstellten latenten Traumgedanken ans Tageslicht zu ziehen.

Die Lesbarmachung des genetischen Codes ist dagegen ein vordringliches Anliegen der molekularen Biologie (vgl. LW, 372 ff.). Mittlerweile ist die Entschlüsselung des menschlichen Erbguts, die Sequenzierung und Kartierung des Genoms, abgeschlossen. Allerdings ist damit bisher lediglich die Grammatik des menschlichen Genoms aufgezeichnet, noch nicht aber die Semantik und Funktion unserer rund 30 000 Gene bestimmt. Bildhaft formuliert, hat das von den USA, Japan und der EU ins Leben gerufene Human Genome Project zunächst bloß ein Buch mit mehreren Milliarden aneinandergereihter Buchstaben hervorgebracht, das achthundertmal umfangreicher als die Bibel ist. Das Alphabet, aus dem die Worte und Sätze dieses Buches bestehen, kennt nur vier Buchstaben: A G C T – die Abkürzungen für die Nukleinbasen Adenin, Guanin, Cytosin und Thymin. Da die entdeckte Buchstabenfolge für sich betrachtet noch keinen lesbaren Sinn ergibt, kommt es darauf an, schrittweise sinnvolle Worte und Sätze daraus zu lesen – sie zu isolieren und zu decodieren. Erst dann ist ein Gen identifiziert, dessen Bauplan entdeckt und seine Funktion bestimmt, wobei schon heute feststeht, dass mehr als die Hälfte des gesamten Textes überhaupt keinen Sinn enthält, das heißt, keine funktionsfähigen Gene darstellt.

Sowohl Psychoanalyse als auch Genforschung entschlüsseln Verschüttetes und entziffern Verborgenes. Doch wird beim Lesen nichts mehr gefunden, was unser Sinnverlangen erfüllen könnte. Wie voll die Seiten des Lebens- und Naturbuchs beschrieben sein mögen, für unser Sinnverlangen sind sie unbeschriebene, weiße Blätter. Der Wunsch, die Welt möge uns wie ein Buch nicht nur wissen lassen, was ist, sondern auch, dass sinnvoll ist, was ist, wird durch unsere Einblicke in das Verfahren der Natur zurückgewiesen. Dieser der Wissenschaft eigentümliche Verzicht auf Ergründung der Absicht und des Ursprungs des Ganzen ist in den mittlerweile beinahe zur Gewissheit verdichteten Verdacht umgeschlagen, dass es Absicht und Ursprung des Ganzen überhaupt nicht gibt.

Aber das Verlangen nach Sinn bleibt. Es wird angetrieben von dem Wunsch, »daß nicht Vergeblichkeit das letzte Wort sein kann« (LW, 121). Was auch immer dem menschlichen Dasein an Lust- und Erfüllungsprämie ausgezahlt wird, es »genügt dem Leben nicht, seinen vergeblichen Aufwand zu honorieren und für die Vielfalt seines Mißlingens zu entschädigen« (LW, 403). Alles Sinnverlangen setzt sich über jede von Lust gewährte Sinnerfüllung hinweg. Wenn es tatsächlich zutrifft, dass sich einerseits die Welt nicht mehr sinnspendend erschließt und sich andererseits das Sinnverlangen nicht aus der Welt bringen lässt, können wir der beunruhigenden Frage nicht ausweichen, wie in einem Weltall ohne Sinn doch noch Sinn möglich sein kann. Der gesuchte Sinn muss weniger sein als ein letzter metaphysischer Zweck des Ganzen, er darf aber mehr sein als bloßer Inhalt phänomenologisch-hermeneutischen Verstehens. Die Frage nach Sinn in einem Weltall ohne Sinn zielt auf ein vor dem Absolutismus der Wirklichkeit bewahrtes Lebens- und Weltbehagen. Wie schon in *Arbeit am Mythos* bleibt auch in der *Lesbarkeit der Welt* diese Frage ungeklärt.

Leiden an der Zeit

In der 1986 erschienenen Schrift *Lebenszeit und Weltzeit* erlangt Blumenbergs Grundgedanke seine bislang radikalste Ausprägung. Mit scharfen, eindringlichen Worten bringt Blumenberg hier in Form einer kritischen Auseinandersetzung mit Husserls genetischer Phänomenologie den eigenen Standpunkt zur Darstellung. Nirgendwo sonst hat er ihn vorher so deutlich und unumwunden artikuliert. Desillusioniert und schonungslos, aber nicht verbittert, richtet sich sein Blick auf die harten Wirklichkeiten des Lebens und der Welt. Dabei beginnen seine überaus schwierigen Untersuchungen im Gegensatz zu *Arbeit am Mythos*, wo am Anfang der »Absolutismus der Wirklichkeit« stand, mit dessen genauem Gegenbegriff: der »Lebenswelt«. Sie steht für ein Dasein ohne quälende Sorgen, unbestimmte Ängste und schwere Enttäuschungen. Inhaltlich geht Blumenberg damit weit über Husserls Verständnis der »Lebenswelt« hinaus.

Husserl hat in seinen Werken verschiedene Grundeinstellungen des Menschen zur Welt herausgearbeitet. Blumenbergs Untersuchungen setzen bei der sogenannten lebensweltlichen und phänomenologischen Einstellung an. Die Lebenswelt ist nach Husserl eine Sphäre fragloser Selbstverständlichkeiten, in denen der Mensch völlig aufgeht. Ganz anders verhält es sich mit der phänomenologischen Einstellung. Sie tritt aus den Selbstverständlichkeiten der Lebenswelt heraus und bezieht diesen gegenüber einen völlig entgegengesetzten Standpunkt. Sie verlangt, alles Selbstverständliche infrage zu stellen und durch tief eindringende Analysen in Verständlichkeit zu verwandeln. Doch so unterschiedlich beide Einstellungen sind, in einem Punkt stimmen sie grundsätzlich überein: Hier wie dort fühlt sich der Betrachter den »Sachen selbst« nahe, in Wahrheit jedoch bleibt er ihnen fern. Blumenberg führt Husserl als einen Philosophen vor, der zwar zu den »Sachen selbst« vorgedrungen zu sein glaubt, sie aber tatsächlich vernachlässigt und zurückschiebt.

Lebenszeit und Weltzeit bildet nicht den Beginn der Auseinandersetzung Blumenbergs mit Husserl. Bereits die Habilitationsschrift *Die ontologische Distanz* versteht sich als Untersuchung zu Husserls Philosophie. Ihr folgen später eine Reihe weiterer Beiträge. Herausragend ist der Aufsatz *Lebenswelt und Technisierung unter Aspekten der Phänomenologie* (W, 7-54) aus dem Jahre 1963. Schon hier stellt Blumenberg als das wesentliche Kennzeichen der Lebenswelt ihre Selbstverständlichkeit heraus. Auf Husserl anspielend, definiert er »Lebenswelt« als »Universum vorgegebener Selbstverständlichkeiten« (W, 23). Entsprechend heißt es in *Lebenszeit und Weltzeit* über die Lebenswelt, dass »deren einziges definitorisches Merkmal [...] ihre Selbstverständlichkeit« (LZ, 350) sei; die Lebenswelt sei das, was »sich von selbst versteht« (LZ, 22). Im Unterschied zu Blumenberg kennzeichnet Husserl jedoch Selbstverständlichkeit nicht als positive Qualität. Er ist im Gegenteil darum bemüht, das fraglos Selbstverständliche in seiner phänomenologischen Philosophie ins reflektiert Verständliche zu heben. Diesen Unterschied hebt Blumenberg zwar nachdrücklich hervor, lässt aber weitgehend unerwähnt, dass er aufs Ganze gesehen unter Lebenswelt ohnehin etwas anderes als Husserl versteht. Auch wenn dieser zuweilen die Lebenswelt als Universum vorgegebener Selbstverständlichkeiten definiert, so darf doch diese Bedeutung nicht als die primäre gelten.

Allgemein unterscheidet Husserl zwischen »konkreter Lebenswelt«[76] und »ursprünglicher Lebenswelt«[77]. Erstere setzt er tatsächlich mit den Selbstverständlichkeiten des Alltags und der jeweiligen kulturellen Umgebung gleich. Das Gewicht seiner Ausführungen liegt jedoch auf der ursprünglichen Lebenswelt. Diese hat die Bedeutung einer in der transzendentalen Subjektivität konstituierten Anschauungswelt naturhaft-materieller Dinge und trägt die invariable Struktur eines raum-zeitlichen Kausalzusammenhangs. Wenn Blumenberg von Lebenswelt spricht, deckt sich deren Inhalt zumeist nicht mit dem, was Husserl vornehmlich mit diesem Begriff bezeichnet. Auch wenn auf Einzelheiten hier verzichtet sei; wichtig ist, dass Husserl im Unterschied zu Blumenberg dem Begriff Selbstverständlichkeit weder einen positiven Wert beilegt noch ihn mit Bezug auf die Lebenswelt gebraucht.

Blumenbergs Verständnis des Begriffs Lebenswelt stimmt vor allem mit dem von Alfred Schütz überein.[78] Dieser hat Husserls Deutung zwar zustimmend aufgenommen, inhaltlich aber abgewandelt und schließlich erfolgreich in die verstehende Soziologie eingeführt. Seither erfreut sich dieser Begriff innerhalb der Sozialwissenschaften und Philosophie größter Beliebtheit. Bis zur Stunde besitzt er durchgreifende Aktualität[79] – ob bei Jürgen Habermas[80], Hermann Lübbe[81] oder anderen. Im Unterschied zu Husserl gebraucht Schütz den Ausdruck Lebenswelt im Sinne der vertrauten Alltagswelt, Husserls konkreter Lebenswelt. Hierzu gehören ebenso orientierende Deutungsmuster wie typische Verhaltensweisen, Fertigkeiten und Routinen. Schütz weist darauf hin, dass die Lebenswelt die »Konturen des Selbstverständlichen«[82] trägt. Sie lege fest, »was in der aktuellen Situation als selbstverständlich und routinemäßig [...] erfahren«[83] werde. Die sich keinem kritischen Bedenken mehr anbietende Selbstverständlichkeit ist auch die prägnanteste Formulierung Blumenbergs für die Lebenswelt. Dabei nimmt er Selbstverständlichkeit als »Ausdruck von Geborgenheit des Daseins im Festen und Unfragwürdigen« (W, 23). Dieses habe den Charakter eines geschlossenen Gehäuses von überschaubarer Größe. Die Lebenswelt wäre sonach eine unserem alltäglichen Dahinleben vertraute Umwelt, denn die größte Bekanntheit hat immer noch die Welt unserer unmittelbaren Nähe.

Neben Vertrautheit, Bekanntheit und Übersichtlichkeit sind für die Lebenswelt eine gewisse Unauffälligkeit und Fraglosigkeit charakteristisch: Sie ist eine »Welt, die schlechthin für keine Gedanken und keine Handlung zur Disposition steht« (LZ, 14). In einer intakten Lebenswelt zu existieren heißt, keiner Theorie der Lebenswelt zu bedürfen, sich ihrer nicht bewusst zu sein. Theorien der Lebenswelt, wie sie von Schütz bis Habermas entwickelt wurden, enthalten »Deskriptionen der Alltäglichkeit« (LZ, 63), die »nur interessant, anregend, aber theoretisch funktionslos« (LZ, 63) sind, denn zur Lebenswelt gehört ein »konstitutiver Mangel an Ausdrücklichkeit, an Prädikativität« (LZ, 67). Wer sich in einer Lebenswelt bewegt, weiß nichts von ihr als einer solchen. Zumeist besteht sie aus einem Netzwerk typischer und vertrauter Situationen sowie fragloser Regelungen und Orientierungen, die im Normalfall keiner vergegenständlichenden Reflexion und im Grenzfall keiner weiteren Organisation bedürfen. Daher wird lebensweltlich und alltäglich »alles so behandelt, als müsse es sein, wie es ist« (LZ, 46). Sich im Schutz einer Lebenswelt aufzuhalten bedeutet, von einem Ensemble Halt und Entlastung gewährender, beinahe naturwüchsiger Gewohnheiten getragen zu sein. Zuverlässigkeit, Vertrautheit, Bekanntheit, Unauffälligkeit, Fraglosigkeit und Überschaubarkeit lassen die Lebenswelt zu einer Stätte der Geborgenheit, einer Heimwelt, einem Ort der Behaglichkeit mit sinnhaftem Gepräge werden.

Allerdings wissen wir nicht, »was Sinn ist, aber wir können angeben, weshalb die Frage nach dem Sinn in der Lebenswelt nicht gestellt wird: Sinn erscheint als die unauffällige Konstante in jeder Beschreibung der Lebenswelt« (LZ, 86). Es gibt ihn allein »in der Unmerklichkeit des sich von selbst Verstehenden« (LZ, 86). »In der Lebenswelt wird nicht nach ihm gefragt. Nach ihm zu fragen, ist schon Phänomen einer Defizienz, deren Therapien nie den ursprünglichen Zustand wiederherstellen.« (LZ, 85) Aus dem Gesagten erhellt, dass die Lebenswelt nicht so sehr über die Dinge, die sich in ihr befinden, als vielmehr über die Art und Weise, wie sie sich in ihr befinden, definiert wird – nämlich als vertraut, überschaubar, unauffällig, als fraglos bekannt, zuverlässig, kurz selbstverständlich und gerade nicht als fremd, unbekannt, unübersichtlich, fragwürdig, stumm und rücksichtslos: »Es ist also fast gleichgültig, welche Dinge in einer Lebenswelt vorkommen, da es vielmehr allein darauf ankommt, in welcher Modalität sie es tun.« (LZ, 65)

Die so beschriebene Lebenswelt gleicht fast einem Paradies, in dem absolute Sorglosigkeit herrscht – das Ende aller menschlichen Mühsal und Plagen. Sie ist, wie Blumenberg schreibt, eine Art »Erlebnispark« (LZ, 48) mit »Spaziergangsgröße« (LZ, 35), in dem die Welt hält, was sie verspricht. Das Fremde und Angsterregende kennt sie nicht.

Doch bleibt das wichtigste Merkmal der Lebenswelt, dass in ihr keine Enttäuschungen vorkommen. In einer Lebenswelt sein Dasein zu verbringen bedeutet, in einer enttäuschungsfreien Zone zu existieren, wobei Enttäuschung so viel wie unerfüllte Erwartung meint. Stets hängt das Maß einer Enttäuschung von der Größe der ihr zugrunde gelegten Erwartung ab. In der Lebenswelt besteht absolute Übereinstimmung zwischen Bedürfnis und Befriedigung, weil man sich in ihr mit dem Gegebenen begnügt. Erst so kann jede Art von Enttäuschung ausbleiben.

Wo sie nicht mehr auftritt, gibt es aber auch keine Überraschung mehr, da aufgrund der absoluten Passung von Bedürfnis und Erfüllung nichts Unerwartetes mehr eintreffen kann.

Selbstverständlich ist die so verstandene Lebenswelt ein Grenzbegriff, mehr ein theoretisches Konstrukt, womöglich eine Fiktion, auf alle Fälle ein Kunstgriff, dessen sich Blumenberg bedient, um etwas aufzuzeigen, das sonst verborgen bliebe. Zwar schließt er nicht aus, dass es ein enttäuschungs- und überraschungsfreies Leben vor Jahrtausenden schon einmal gegeben habe, zugleich betont er aber, dass – so weit man sich an prähistorische Zeugnisse halte – jede handgreiflichen Hinweise und Spuren hierfür fehlten. Im Grunde bezeichnet die skizzierte Lebenswelt ein Goldenes Zeitalter, einen vollkommenen Ur- oder Naturzustand, aus dem die Menschen immer schon herausgetreten sind. Während nach Husserl der Philosoph die Lebenswelt geflissentlich verlässt, um bisherige Selbstverständlichkeiten verständlich zu machen, ist Blumenbergs fingierter Urmensch aus der Lebenswelt wie Adam und Eva aus dem Paradies vertrieben worden. Allerdings ist diese ursprüngliche Lebenswelt weniger eine religiöse oder historische Größe als vielmehr eine methodische Konstruktion.

Obwohl Blumenberg in seinem spekulativen Entwurf den Austritt des Menschen aus der Lebenswelt in die Naturgeschichte verlegt, möchte er damit seinen Lesern lediglich vor Augen führen, dass Menschsein so viel heißt, wie aus Geborgenheit stiftenden Sinnzusammenhängen herausgefallen zu sein. Die Lebenswelt als Reich enttäuschungsfreier Genügsamkeit mit dem selbstverständlich Gegebenen enthält zwar den in der *Lesbarkeit der Welt* gesuchten Sinn, der mehr sein sollte als Inhalt hermeneutischen Verstehens und weniger als ein metaphysischer Zweck des Ganzen. Nur sei selbst dieser uns schon längst abhandengekommen.

Dafür steht bei Blumenberg der gleichfalls Husserl entlehnte Begriff der »Intentionalität«: Er bezeichnet den bewussten menschlichen Selbst- und Weltbezug, der bereits die Selbstverständlichkeit reflexionsloser Abläufe störe, wenn nicht zerstöre. Mit dem intentionalen Bewusstsein verfüge der Mensch im Gegensatz zum Tier, dessen Verhalten nach dem Reiz-Reaktions-Schema ablaufe, über die Freiheit, nicht immer das Nächste und Anwesende, sondern auch das Fernste und Abwesende als das Dringlichste anzusehen. Dadurch sei der Mensch nicht an die Welt der Wahrnehmung im Hier und Jetzt gebunden, sondern könne jederzeit darüber hinausgehen. Schrittweise vermöge er der unermesslichen Größe der Welt innezuwerden, wodurch diese ihre selbstverständliche Vertrautheit verliere und für ihn zur rätselhaften Fremde werde.

Außerdem entwickele er gerade als intentionales Lebewesen viele Wünsche und Erwartungen, die sich überhaupt nicht erfüllen ließen. Hierbei erlebe er nicht bloß bittere Enttäuschungen und böse Überraschungen, sondern damit verbunden auch die Übermacht der Wirklichkeit, die sich seinen Bedürfnissen häufig verweigert und seinen Hoffnungen widersetzt. So komme es schnell zum Bewusstsein der Rücksichtslosigkeit und Gleichgültigkeit der Welt unseren Interessen gegenüber.

Inbegriff beider intentionaler Aspekte ist der Absolutismus der Wirklichkeit, der dem Menschen »seine lebensweltlich unmerklichen Grenzen mit zunehmender Härte [...] fühlbar« (LZ, 67) macht. Dabei rückt Blumenberg in den Mittelpunkt der folgenden Betrachtungen die Zeit, die vom Menschen unabhängige Weltzeit, der er die begrenzte Lebenszeit gegenüberstellt: »Aus der Lebenswelt herauszutreten bedeutet, daß Lebenszeit und Weltzeit in Divergenz geraten.« (LZ, 99)

Dieses »Wissen von der Differenz zwischen Weltzeit und Lebenszeit« (LZ, 75) lässt uns seiner Meinung nach eine Wirklichkeit erfahren, die in der Lebenswelt bislang verborgen blieb. Während in der *Genesis der kopernikanischen Welt* die Bedeutungslosigkeit des Menschen im unermesslichen Weltraum ausführlich erörtert wurde, kommt in *Lebenszeit und Weltzeit* die Unerheblichkeit des Menschen in der unermesslichen Weltzeit zur Darstellung. Wie das nachkopernikanische Anschwellen des Weltraums die Punktualität der Erde und die Nichtigkeit des Menschen sichtbar macht, so verwandelt das mit der Entwicklung der Wissenschaften einhergehende Anwachsen der Weltzeit die Erde in eine vergängliche Episode und den Menschen in ein flüchtiges Nichts. Der Einzelne, dem zugetragen werden muss, dass er geboren wurde, weil er nicht bewusst dabei war, und dem schonend beigebracht werden muss, dass er sterben wird, weil er das Aufhören seines Bewusstseins nicht denken kann, hat sich in der Moderne nicht nur mit seiner Verlorenheit im Raum, sondern auch mit seiner »Verlorenheit [...] in der Zeit« (LZ, 183) abzufinden. Hierbei erfasst er sich als ephemere »Episode zwischen Natalität und Mortalität« (LZ, 73).

Das Bewusstsein der Episodenhaftigkeit des aus der natürlichen Evolution hervorgegangenen Homo sapiens hat sich in den letzten Jahrzehnten durch die rasche Steigerung des Wissens um die Disproportion zwischen dem Zeitquantum der Weltzeit und der Lebenszeit verschärft. Das Universum ist nicht erst 6000 Jahre alt, es entwickelt sich seit rund 14 Milliarden Jahren, während wir im Durchschnitt kaum mehr als siebzig bis achtzig Jahre alt werden. Diese Disproportion hält Blumenberg für ein bedrückendes Ärgernis, weil sie offenlegt, dass wir keinen privilegierten Platz in der Welt und in der Zeit haben. Tatsächlich ist es eine »ebenso schlichte wie unselbstverständliche Wahrnehmung, daß die Welt so wenig mit dem eigenen Leben endet, wie sie mit ihm begonnen hat« (LZ, 73). Für jeden von uns kommt früher oder später der Tag, an dem er die Welt verlassen und Abschied von sich selbst nehmen muss.

Das Bedrückende am eigenen endgültigen Abschiednehmen von Leben und Welt liegt primär in der Tatsache, vom weiteren Weltgeschehen ausgeschlossen zu werden. Blumenberg nimmt Anstoß daran, »daß die Welt über die Grenzen seiner Lebenszeit hinweg unberührt fortbesteht und sich noch anderer Freuden zu erfreuen anschickt, als ihm selbst vergönnt sein mögen. Jede Divergenz von Lebenszeit und Weltzeit enthält dieses Ärgernis.« (LZ, 78) Je weiter die Weltzeit reiche, um so kürzer erscheine die eigene Lebenszeit, die der herannahende Tod unbarmherzig begrenze. Dieser werde als unerträglich empfunden, weil noch so viele Wünsche offenstünden. Für Blumenberg ist es geradezu verhängnisvoll, »daß ein Wesen mit endlicher Lebenszeit unendliche Wünsche hat. Es lebt in einer Welt, die keine Grenzen des ihm Möglichen vorzuzeichnen scheint, ausgenommen die eine, daß es sterben muß.« (LZ, 71 f.) Aber menschliches Leben ist nun einmal nur dadurch möglich, »daß es die Bedingungen seiner Möglichkeit aufzehrt. [...] Mit jedem Atemzug verschlechtert das Leben seine Aussichten zu bleiben, was und wie es ist.« (VS, 94) Für solch ein Wesen ist es eine »unvermeidliche Kränkung, alles übrige ohne Rücksicht auf das Faktum des eigenen Ausscheidens aus der Welt unbetroffen und ungerührt fortbestehen zu wissen« (LZ, 79).

Nun deckt die Divergenz von Lebenszeit und Weltzeit aber nicht bloß unsere Verlorenheit und Endlichkeit in der Zeit auf, sondern legt zudem die Rücksichtslosigkeit und Gleichgültigkeit der Welt gegenüber unseren Interessen, Hoffnungen und Ängsten frei. Mit großem Schwung und in bewundernswerter Klarheit hebt Blumenberg wiederholt hervor: »Fragt man nach dem vordringlichen, schlechthin unübergehbaren Kennzeichen jenes Eigensinns der Welt gegenüber jedermann, so bietet sich nur eines unzweifelhaft an: daß sie sich über die zeitliche Reichweite des Menschen hinwegsetzt, ihm seine lebensweltlich unmerklichen Grenzen mit zunehmender Härte setzt, fühlbar macht, ihn gegen sie anrennen läßt.« (LZ, 67) Hieran zeige sich nicht nur die ohnmächtige Endlichkeit von jedermann, sondern auch die »Rücksichtslosigkeit der Welt gegenüber jedermann« (LZ, 67). In der Tat wäre »die Welt dieselbe, wenn es uns selbst nie gegeben hätte, und alsbald wird sie dieselbe sein, als ob es uns niemals gegeben hätte« (LZ, 76). Blumenberg kennzeichnet diese Einsicht als die »bitterste aller Entdeckungen, die empörendste Zumutung der Welt an das Leben« (LZ, 76). Was der Mensch hier erfahre, sei die »Gleichgültigkeit der Welt gegen ihn« (LZ, 75), Unbekümmertheit um den Menschen sei »ihr wie eine Qualität eigen« (LZ, 75).

Die Divergenz von Lebenszeit und Weltzeit lässt das unermessliche Weltall als »Sphäre der Gleichgültigkeit gegen alle« (LZ, 306) hervortreten, und diese ist es wiederum, die das Weltall für uns zur sinnverlassenen Fremde macht. So bewegt sich Blumenberg in mehreren Stufen von der aufbrechenden Divergenz der Lebenszeit und Weltzeit über die Erkenntnis der flüchtigen Episodenhaftigkeit des Menschen im Ganzen des Weltablaufs zur Erfahrung der Gleichgültigkeit der Welt hin, die schließlich im Bewusstsein des Absolutismus der Wirklichkeit gipfelt. Erbarmungslos und unverstellt tritt er an der Flüchtigkeit und Beiläufigkeit des Menschen im Ganzen des zeitlich ausgedehnten Weltgeschehens sowie durch seine Unbekümmertheit und Rücksichtslosigkeit gegenüber dem Schicksal des Menschen zutage. Die Weltzeit ist ein Statthalter des Absolutismus der Wirklichkeit geworden.

Es gibt allerdings vielfältige Strategien, die unsere Fassungskraft übersteigende Weltzeit auf Distanz zu bringen und die Menschen gegen sie abzuschirmen:

1) Da ist der Versuch, das »Auseinanderklaffen von Weltzeit und Lebenszeit« (LZ 73) zu verhindern, indem man die Schere zwischen beiden erst gar nicht öffnet, das heißt, beide synchronisiert. Von solcher Koinzidenz gehen apokalyptische und eschatologische Naherwartungen aus, wie sie etwa für das Urchristentum charakteristisch sind. Diese vollziehen sich im Vertrauen auf das Versprechen, »die gerade Lebenden werden noch erleben, was überhaupt zu erleben sei« (LZ, 78), und »nicht von einer gleichgültigen Welt überlebt« (LZ, 78). Herrscht diese Erwartung vor, geschieht eine »gewaltsame Reduktion der Weltzeit auf die Lebenszeit« (LZ, 80), hinter der Blumenberg einen »absoluten Narzißmus« (LZ, 80) entlarvt: »Ein einziges Leben definiert sich seinen Sinn gerade dadurch, daß es zu sein beansprucht, wonach nichts mehr kommen darf.« (LZ, 80) Für diesen Wunsch zeigt Blumenberg durchaus Verständnis: »Solange die Menschen nur ein Leben zu leben haben, werden sie zu dem Glauben geneigt sein, genau in dieser Spanne müsse sich das Bedeutende und Weltwendende ereignen.« (M, 214) Hinzu komme der Wunsch, »bei eigener Hinfälligkeit und Endlichkeit solle gefälligst auch alles andere hinfällig und endlich sein – abstrakter ausgedrückt: Lebenszeit und Weltzeit sollten koinzidieren« (LZ, 79). Noch im Mittelalter besaß der Gedanke der »Konvergenz von Lebenszeit und Weltzeit« (LZ, 115) eine gewisse Plausibilität: »Prinzipiell konnte die letzte Frist der Welt mit der des eigenen Lebens zusammenfallen.« (LZ, 115) Die Frist bis zur Wiederkehr des Heilsbringers konnte jeden Tag abgelaufen sein. Daher waren Langzeitprogramme äußerst häresieverdächtig.

Mittlerweile hat die Annahme der Kongruenz von Weltzeit und Lebenszeit ihre Plausibilität verloren; sie hat sich als »Wahn« (LZ, 80) herausgestellt. Alle Selbst- und Welterfahrung »vollzieht sich in der schon weit geöffneten und sich immer noch weiter öffnenden Schere von Lebenszeit und Weltzeit« (LZ, 76). Die zeitliche Reichweite der Welt übertrifft bei Weitem alle bisherigen Vermutungen und vermeintlichen Gewissheiten. Sie zieht weit mehr als nur eine »Provinzialisierung der biblischen Chronologie« (LZ, 224) nach sich, der zufolge erst wenige Tausend Jahre seit Erschaffung der Welt vergangen sein sollen.

2) Da ist – einst mächtig, gegenwärtig aber weithin vergangen – die Geschichtsphilosophie mit ihrer Überzeugung von einem Ganzen der Geschichte. Sie erliegt der Versuchung, das »Universum über der Universalgeschichte zu vergessen« (LZ, 229). Aber die »vermeintliche Weltgeschichte ist, gemessen an der Zahl der vorausgegangenen Jahrhunderte, etwas allzu Jüngstvergangenes« (LZ, 238). Sie ist ähnlich wie die Lebenszeit in die Weltzeit eingelassen. Gegenwärtig ist die weltzeitvergessene Geschichtsphilosophie keine wirksame Macht mehr. Wir haben uns nachgerade daran gewöhnt, ohne »ein hypostasiertes Subjekt der Geschichte, einen objektiven Geist, eine Weltvernunft« (LZ, 372) auszukommen. Zwar fehlt es durchaus nicht an Erneuerungsbemühungen der Geschichtsphilosophie, allerdings sind diese ebenso lächerlich wie alle Versuche der Forterhaltung des Anspruchs »auf Unvergeblichkeit der menschlichen Geschichte in einem Augenblick, da man sich damit abzufinden gelernt hat, daß der Mensch zwischen Evolution und Wärmetod nur eine Weltepisode ist« (LZ, 360). Dennoch mangelt es in unserem Jahrhundert kaum an solchen aussichtslosen Wiederbelebungsversuchen; selbst die Spätphilosophie Husserls bildet keine Ausnahme hiervon.

3) Da ist – zwar wenig überzeugend, aber wirkungsvoll – die »Abkoppelung der Lebenszeit von der Weltzeit. Vermeidung des Ärgernisses ihrer Unverhältnismäßigkeit eröffnet sich durch deskriptive Behauptung ihrer Unvergleichlichkeit.« (LZ, 87) So wird von der Weltzeit gesagt, dass sie sich aufgrund ihrer An-

dersartigkeit nicht mehr auf das zeitliche Bewusstseinsleben des Menschen beziehen lasse. Objektive Weltzeit und subjektive Lebenszeit werden indifferent gegeneinander, wodurch der Weltzeit gewissermaßen »ihr lebensweltwidriger Schrecken« (LZ, 87) genommen wird. Jedoch kann auf Dauer die These der Unvergleichlichkeit von Weltzeit und Lebenszeit nicht unwidersprochen bleiben, denn der Mensch gehört nun einmal zur Natur. Als Naturstück unter anderen produziert er nicht nur Zeit in seinem Bewusstsein, wie neben Husserl andere moderne Subjektphilosophen in tief eindringenden Analysen dargelegt haben, sondern er findet »sich auch in der Zeit vor, die ihm als objektive Zeit die Bestimmtheit seines Lebens bis hin zur Datierbarkeit zwischen Natalität und Mortalität vorgibt« (LZ, 295). Es gibt keine Lebenszeit, die nicht in die Weltzeit eingebettet wäre.

4) Da ist – zwar überzeugend, aber kaum mehr erreichbar – die »Unwissenheit« (LZ, 54). Ähnlich wie in der *Legitimität der Neuzeit* schreibt Blumenberg in *Lebenszeit und Weltzeit:* »Es gibt ein Glück in und durch Unwissenheit.« (LZ, 195) Wir sind heute nicht mehr sicher, ob Wissen das Glück des Lebens bedeutet, und blicken mit Neid auf jene, die sich, abgeschirmt gegen zu viel Wissen und völlig hingegeben an ihr Tagesgeschäft, den Luxus der angenehmen Unwissenheit gestatten. Denn Wissen scheint kaum mehr in der Lage zu sein, »ein Bewußtsein von Sicherheit und Weltbehagen zu erzeugen« (LZ, 55). Dagegen heißt in der Unwissenheit sich aufzuhalten, nichts von dem ärgerlichen Missverhältnis von unfasslich langer Weltzeit und verschwindend kurzer Lebenszeit zu wissen. Hier bleibt die kränkende Rücksichtslosigkeit der Weltzeit gegenüber unserem unersättlichen Weltverlangen tendenziell verdeckt. Das Problem ist nur, dass es heute schwer möglich ist, keine Notiz von diesem Missverhältnis zu nehmen; wir wissen mittlerweile darüber einfach zu viel, als dass wir es nicht mehr wissen könnten.

5) Weiter besteht die Möglichkeit, die soeben Vergangenheit gewordene Gegenwart des eigenen Lebens als zeitlos vorzustellen, da der vorübergegangene Augenblick doch für immer und ewig gewesen sein wird (vgl. LZ, 96). Der Haken bei solcher Vorwegnahme des eigenen Lebens als einer Geschichte, die für alle Zeit gewesen sein wird, besteht allerdings darin, nur um den Preis ewig fortbestehen zu können, dass man nicht mehr ist.

6) Ähnlich verhält es sich mit der Erinnerung im Gedächtnis der Nachkommen. Blumenberg spricht in diesem Zusammenhang von der noblen Pflicht des Theoretikers, alles Menschliche präsent zu halten, weil jeder einen Anspruch auf Erinnerung habe. Aber abgesehen davon, dass dieser vermeintliche Anspruch unerfüllt bleiben muss, weil er die noch Lebenden überfordert, und ungeachtet dessen, dass es irgendwann sowieso keine Menschen mehr geben wird, die noch etwas erinnern könnten, ist auch hier der Preis für die Zeitüberwindung der Verlust des eigenen Lebens. Damit ist selbst dieser Versuch gescheitert, die Weltzeit auf Abstand zu bringen.

7) Aussichtsreicher sind dagegen die Chancen der Hirten – nach Blumenberg »die Erfinder der Muße« (LZ, 194). Ihre Herden hütend, scheinen sie gleichermaßen Lebens- und Weltzeit vergessen zu können, indem sie ganz im erfüllten Augenblick aufgehen, der keinerlei Ungenügen kennt. Aber wo gibt es solche Hirten noch, die flüchtige Momente durch gelassene Ruhe verstetigen können, weil sie nichts zu versäumen fürchten?

8) Ihnen nahe stehen die Philosophen als »Hirten des Seins«, deren Nachdenklichkeit sie gleichfalls der Lebens- und Weltzeit zu entrücken vermag. Blumenberg denkt hierbei in erster Linie an die »Theoretiker vom Typus des Phänomenologen« (LZ, 360), denen die geöffnete Zeitschere scheinbar nichts anhaben kann, weil sie in der sogenannten phänomenologischen Reduktion eingeklammert wird. Solche Einklammerung sieht von der

Existenz der Einzeldinge ab. Ihre Fragen setzen beim Allgemeinen an. Dabei streichen sie die Welt durch zugunsten eines Blicks auf das Wesenhafte. So entlässt der Philosoph in der phänomenologischen Einstellung die Existenz der Welt aus seiner Aufmerksamkeit, um die Essenz der Welt in den Blick zu bekommen. Phänomenologisch gesehen bedeutet Preisgabe der Existenz so viel wie Freigabe der Essenz.

Wie Husserl diesen Ansatz im Einzelnen durchführt, kann hier nicht nachgezeichnet werden. Nur so viel sei gesagt: Die phänomenologische Grundeinstellung tritt eine Erblast der platonischen Metaphysik an; sie ist selbst ein eigentümlicher Platonismus. Zu dessen besserem Verständnis seien einige Zusammenhänge der traditionellen Metaphysik dargelegt. Diese unterscheidet bei einem Seienden zwischen dem, was es ist (ti esti, eidos, ousia, quid sit, essentia, Wesen), und der Tatsache, dass es ist (hoti esti, quod sit, existentia, Existenz). Auffällig ist, dass in der antiken griechischen Tradition aufs Ganze gesehen die Existenz des Seienden vernachlässigt und zurückgeschoben wurde. Der Wesensbegriff hatte gegenüber dem Existenzbegriff die Priorität; die Frage nach der Existenz war nicht vordringlich. Die wesenhafte Beschaffenheit, das Eidos oder sachhaltige Was, hatte Vorrang vor dem Dass oder der Existenz der konkreten Dinge. So blieb deren Existenz weithin unbesehen und verschüttet.

Diesen Gedanken hat Blumenberg erstmals in seiner Dissertation über die Ursprünglichkeit der mittelalterlich-scholastischen Ontologie formuliert. (vgl. UO, 49 ff.)[84] Seiner Auffassung nach schreibt sich diese alte Tradition in der phänomenologischen Einstellung Husserls fort. Denn auch dieser verlege das Schwergewicht des philosophischen Fragens von der vollen Konkretion des welthaft Existierenden auf die allgemeinen Wesensstrukturen der anschaulichen Welt. Der phänomenologische Blick sei blind für alles, was außerhalb des wesenhaft Allgemeinen liege. In eindringlicher Klarheit hat Blumenberg dies nicht erst in *Lebenszeit und Weltzeit*, sondern bereits in seiner Habilitationsschrift *Die ontologische Distanz* herausgearbeitet, wo es heißt, dass in der phänomenologischen Einstellung »über das Faktische [...] immer schon hinweggesehen ist« (OD, 146). Die phänomenologische Reduktion unterwerfe sich gleichsam der »Ordensregel, die Welt so zu behandeln, als gäbe es sie nicht. Das war es, was Wittgenstein durch den ersten Satz des ›Tractatus‹ hatte ausschließen wollen, der die Welt eben dadurch definierte, daß sie alles sei, was der Fall ist, und dadurch das Ärgernis vermied, daß sie auch gedacht werden kann als das, was nicht der Fall sein könnte: als Wesensform der Welt.« (LZ, 365 f.) Wo dies aber – wie bei Husserl – geschehe, dort könne die Existenz alles Seienden zu keinem philosophischen Problem aufsteigen.

Jedoch bleibt Blumenberg bei dieser Beobachtung nicht stehen, sondern erblickt in der Verstellung und Verschüttung des Existenzproblems einen Grundzug der phänomenologischen Philosophie überhaupt. Die phänomenologische Einstellung, die vordergründig die Existenz der Welt nur außer Acht lasse, um zur Essenz der Dinge vorzudringen, entlasse Erstere aus dem Blick, um dem Andrängen des Absolutismus der Wirklichkeit in Gestalt der Weltzeit zu entkommen. Dies gelinge ihr dadurch, dass sie allein die Wesenheiten der um uns gelegenen Gegenstände in den Blick hebe und diese zu einem sinnvollen Ordnungsgefüge verknüpfe. So sei der phänomenologische Verzicht auf die Welt »durch Reduktion ihrer Existenz« (LZ, 308) zugleich eine »Auseinandersetzung mit der Gleichgültigkeit der Welt« (LZ, 308), eine »Geltungsoperation gegen den Naturalismus« (LZ, 29) und als solche eine Abweisung der »Kontingenz der Welt« (LZ, 29). Blumenberg versucht also selbst die phänomenologische Einstellung aus dem Grundantrieb zu erklären, den Absolutismus der Wirklichkeit auf Distanz zu bringen. Phänomenologie sei

Philosophie wider den Absolutismus der Wirklichkeit. Diese These geht von der Hintergrundannahme der Sinnindifferenz der Existenz der Dinge und der Sinnhaftigkeit ihrer Essenz aus. Hier gilt als ausgemacht, dass die noch nicht phänomenologisch distanzierte Weltexistenz in Wahrheit ohne Sinn, d.h. ohne Grund, Wert, Zweck und Vernunft sei.

Gegen Husserl hinterfragt Blumenberg jedoch die Einklammerbarkeit der sinnindifferenten Weltexistenz, denn nicht immer sei das »Wesentliche« auch das Entscheidende. Er hält die Existenz der Welt und alles Innerweltlichen für reduktionsresistent: »Die phänomenologische Reduktion ist ein Gewaltakt, dem das ganze Gewicht einer existierenden Welt entgegenzustehen scheint.« (LZ, 357) Die Zumutung der phänomenologischen Reduktion, die Welt als inexistent zu denken, ist tatsächlich so ungeheuerlich, dass wir sie kaum noch überzeugend nachzuvollziehen vermögen. Die Welt aber unter den Bedingungen des gegenwärtigen Wissens umgekehrt als existent zu denken heißt, sie als sinnindifferent vergegenwärtigen zu müssen. Was jedoch bewegt Blumenberg speziell in *Lebenszeit und Weltzeit* zu der Verbindung der reduktionsresistenten Existenz mit dem Begriff der Sinnindifferenz? Diese Frage wird umso dringlicher, je deutlicher man sich vor Augen führt, dass das nachgriechische Aufbrechen des Existenzproblems im christlichen Mittelalter zur Annahme eines personalen Seinsgrundes als des Urhebers aller Dinge führte. Im Griechentum ist das Überhaupt-Existieren des Seienden tendenziell selbstverständlich, und es findet vor allem das Was des Seienden seine Auslegung. Erst für das Christentum ist das Überhaupt-Existieren das gänzlich Unselbstverständliche, das durch die Annahme eines göttlichen Urhebers aufgefangen wird. Diese Einsicht hat Blumenberg erstmals in seiner Dissertation ausgearbeitet (vgl. UO, 21 ff., 49 ff.).[85] Im christlichen Horizont ist eine Sinnindifferenz der reduktionsresistenten Weltexistenz undenkbar; Gott ist der Sinnträger alles Seienden. Somit steht fest, dass die reduktionsresistente Existenz keineswegs als sinnindifferent gedacht werden muss. Schon deshalb kommt der Frage besonderes Gewicht zu, was Blumenberg speziell in *Lebenszeit und Weltzeit* zur Gleichsetzung der reduktionsresistenten Existenz mit sinnindifferenter Existenz bewogen haben mag. Die einfache Antwort lautet: die unermessliche Weltzeit, welche die Existenz aller Dinge, die Menschheit eingeschlossen, um ihre metaphysische Bedeutung bringt.

Aus dem Dargelegten wird deutlich: Alle Bemühungen, von der Weltzeit abzusehen und sie unter Verschluss zu halten, sind letzten Endes ins Leere geschrieben. Wäre es gelungen, die Weltzeit in Vergessenheit zu bringen, hätte man damit sogar den Absolutismus der Wirklichkeit – zumindest teilweise – gebrochen und sich der Lebenswelt ein wenig angenähert, aus deren Geborgenheit die Menschen einst herausfielen. Allgemein zielt der Kampf gegen die Weltzeit auf Wiederherstellung der Lebenswelt, welche jedoch die Menschheit ein für allemal hinter sich gelassen hat. Trotzdem bleibt die Sehnsucht nach dem, woher sie einst kam, bestehen.

Nun steht der Mensch dem durch die Weltzeit repräsentierten Absolutismus der Wirklichkeit keineswegs hilflos gegenüber. Den Verlust der Lebenswelt vermag er durch »lebensweltähnliche Sachverhalte« zu kompensieren. Hierzu zählen die Wissenschaften, deren Vorhersagen uns oftmals vor bösen Überraschungen schützen und deren Gesetze uns die Welt teilweise erklären, Techniken, die uns das Leben erleichtern, Routinen, die Vertrautheit schaffen, Feiertagswelten, die uns vom Druck des Daseinskampfs entlasten, kurz, unreflektierte Alltäglichkeit sowie die durch den Austritt aus der ursprünglichen Lebenswelt aktivierte Selbstbehauptung gegen die rücksichtslose Wirklichkeit. Doch die verlorene Naivität eines Ruderers auf einem tiefen Meer können uns all diese Kompensationen nicht mehr geben. Denn jener war nicht nur unfähig zu schwimmen, er war auch fest davon überzeugt, nicht schwimmen können zu müssen, da er doch in einem Boot saß. Wir dagegen sehen die Risiken jenseits des Randes alltaglicher Sicherheit und Vertrautheit: Boote können kippen! (Vgl. F, 81)

Dennoch sind wir alle in, wenn auch bescheidenen, Resten der Lebenswelt zu Hause, die jeden von uns dazu verurteilen, sein Leben zu improvisieren, und uns dazu mahnen, schonend mit diesen Resten umzugehen. Denn der Mensch ist »ein so kurzlebiges Wesen, das sich Mißtrauen nur so weit sollte leisten können, wie es zum Überleben nötig ist. Zweifel durchaus, als das, was uns begreifen, nicht als das, was uns ständig von vorn anfangen läßt.« (VP, 137)

Wollen wir nicht dauernd von der Wirklichkeit enttäuscht werden, ist zusätzlich eine kritische Hinterfragung unserer Erwartungen notwendig. Da nämlich alle Enttäuschung unerfüllte Erwartung ist, bleibt gegen Enttäuschung noch am ehesten immun, wer seine Erwartungen niedrig zu halten vermag. Die Welt hält jedenfalls, »was sie verspricht, was auch immer es sein mag; was sie nicht halten kann, verspricht sie nicht« (LZ, 49). Solange Blumenberg es als unerträglich empfand, »daß die Welt gleichgültig gegen dieses eine Leben zuvor bestanden hatte und danach fortbestehen könnte« (LZ, 84), musste er sich die von ihm aufgeworfene Frage schließlich selbst gefallen lassen: »Ist die Welt nicht so, wie sie sein soll, oder stehe ich schief zu ihr? Habe ich mich so verändert, daß ich an der Welt leiden muß, oder hat sich die Welt von mir so entfernt, daß meine Hoffnungen keine Beziehung mehr zu ihr haben können?« (LZ 50) Da wir kein Anrecht auf einen privilegierten Platz im Universum haben, wird niemandes Recht verletzt, wenn es uns einen solchen vorenthält; weil uns die Welt nichts schuldet, braucht sie uns auch keine Möglichkeit zur Anteilnahme am Weltgeschehen zu geben. Wohl dem, der seine Erwartungen sogar an unbequeme Tatsachen anzupassen vermag!

Zwischen Himmel und Höhle

1989 war das Erscheinungsjahr einer weiteren, äußerst umfangreichen Abhandlung Blumenbergs: *Höhlenausgänge*. In dieser Schrift setzt Blumenberg seine Arbeit am flüchtigen Begriff des Metaphorischen fort. Im Mittelpunkt steht die »Metapher der Höhle« (H, 18), deren Entwicklung innerhalb der Geschichte des abendländischen Denkens nachgezeichnet wird. Dabei strebt auch dieser Durchgang keine lexikalische Übersicht über die verschiedenen Verwendungsweisen der Höhlenmetapher an. Weiterhin bleibt der Gedanke leitend, dass absolute Metaphern, die sich nicht in rationale Begriffe auflösen lassen, von einem Ganzen der Erfahrbarkeit handeln, in das geschichtlich sich wandelnde Sehnsüchte und Hoffnungen, Ansprüche und Erwartungen, Befürchtungen und Enttäuschungen eingelassen sind. Die Höhle stelle eine solche Metapher dar.

Der Philosophie gleich vermittele die Metapher nicht einfach spezifische Erfahrungen, die sich ohne Weiteres auf anderem Wege machen ließen, sondern strebe zu einem sonst eher Unerfahrbaren: »Philosophie ist der Inbegriff von unbeweisbaren und unwiderlegbaren Behauptungen, die unter dem Gesichtspunkt ihrer Leistungsfähigkeit ausgewählt worden sind. Sie sind dann auch nichts anderes als Hypothesen, mit dem Unterschied, daß sie keine Anweisungen für mögliche Experimente oder Observationen enthalten, sondern ausschließlich etwas verstehen lassen, was uns sonst als ganz und gar Unbekanntes und Unheimliches gegenüberstehen müßte.« (H, 22) Jedoch kann die Sachwalterin des Unerledigten, die Philosophie, dieser Aufgabe nur mit viel Mut zur Vermutung gerecht werden.

Wie sonst kaum eine andere Metapher veranschaulicht die Höhle das Bedürfnis der Menschen nach Gewissheit im Ungewissen, nach Geborgenheit in der Weltfremde und nach Sicherheit in der Lebensbedrohung. In der Höhle findet der Flüchtling Unterschlupf, der Gejagte Zuflucht und der vom Unwetter Verfolgte Schutz. Aber sie ist nicht in jedem Fall eine Stätte der Geborgenheit, kann sie doch auch den Charakter eines Kerkers oder Gefängnisses annehmen. Höhlen sind nicht bloß Orte, in denen wir Zuflucht suchen, sondern ebenso Gehäuse, in die wir unfreiwillig eingeschlossen werden, Stätten, die uns fernhalten von Licht und Freiheit. Aufs Ganze gesehen ist aber die Höhle eher ein Ort der Sicherheit und Geborgenheit als der Dunkelheit und Unfreiheit.

Auch dem Buch *Höhlenausgänge* verleiht Blumenbergs mittlerweile vertrauter Grundgedanke sein spezifisches Gepräge, dem zufolge dem Absolutismus der Wirklichkeit verschiedene Möglichkeiten entgegenstehen, diese brutale, das menschliche Selbstwertgefühl kränkende Wirklichkeit zu domestizieren oder zu eliminieren. Tendenziell fällt die Welt außerhalb der Höhle mit dem Absolutismus der Wirklichkeit zusammen, so dass die Höhle den Rang einer Notunterkunft und Fluchtburg einnimmt. Allgemein hat sie den Charakter eines »Umhüllenden, Umgebenden, Hegenden« (H, 22). Zudem spricht Blumenberg von der Höhle als »Verwahrform« (H, 41) oder »Schutzort« (H, 41), »Schutzhütte« (H, 56), »Stätte einer Zuflucht« (H, 50) und »Stätte der Geborgenheit« (H, 629). Sich im »Schutz und Schonraum der Höhle« (H, 32) aufzuhalten heißt, dem Absolutismus der Wirklichkeit zu entkommen. Die Höhle gewährt »Geborgenheit vor der riskanten Einlassung auf die Welt« (H, 36) und dient dem »Bedürfnis nach Traulichkeit« (H,

45). Ganz unterschiedliche Orte können solchen Höhlencharakter annehmen: die weltlose Innerlichkeit ebenso wie die weltabgekehrte Reflexion, die beheizte Stube in klirrender Winterkälte, die Stadt, die Kultur, sogar der sichtbare Kosmos und der gestirnte Himmel.

Nun ist jedoch unser lebensgeschichtlicher Anfang alles andere als der Eintritt in eine Höhle. Im Gegenteil hat er den Charakter des Heraustretens aus einer Höhle, wenn wir das »Dunkel des Mutterschoßes« (H, 20) verlassen. Hier erfolgt »die Ausstoßung der Leibesfrucht aus ihrer Höhle« (H, 37), welche »die Erklärung für alle Sehnsucht nach Geborgenheit, aber auch für jeden Wahn vollkommener Unversagtheit und Wunscherfüllung sein« (H, 20) könnte. Geboren werden bedeute, »der Geborgenheit im Mutterschoß« (H, 20) verlustig zu gehen, was die Frage unabweislich mache, ob es denn überhaupt wünschenswert sei, auf die Welt zu kommen. Eine solche Frage stellen sich diejenigen zumeist nicht, die ein Kind auf die Welt bringen: »Das Licht der Welt erblicken, als Umschreibung des Geburtsvorganges, klingt aus dem Munde derer, die sich schon im Licht der Welt zu stehen glauben, triumphierend.« (H, 20) Hier fehlt die Einsicht, dass der Geburtsschmerz nicht allein aufseiten der Gebärenden sein muss, sondern auch aufseiten »des zu Gebärenden sein könnte« (H, 20). Gleichwohl seien Eltern meist schon von Natur aus darum bemüht, den Verlust des Vertrauten im Mutterschoß zu kompensieren. Fürsorglich bauten sie dem Menschenjungen ein Nest, das die Funktion einer schützenden Höhle übernehme. Dabei müsse das Kind, wie Blumenberg in Anknüpfung an die Ausführungen des Psychoanalytikers Sandor Ferenczi schreibt, »durch ungeheuren Aufwand von Liebe, Zärtlichkeit und Fürsorge dazu gebracht werden, es den Eltern zu verzeihen, daß sie es ohne seine Absicht zur Welt brachten« (H, 73). Denn der Mensch sei das einzige Lebewesen, das für sein Dasein einen

Grund benötige. Es verlange nach einer Daseinsrechtfertigung, die es am stärksten erfahre, wenn es geliebt, gemocht, geschätzt werde. Der Mensch sei eben »ein gewollt sein wollendes Wesen« (BM, 639).

In der Folge macht Blumenberg darauf aufmerksam, dass sich am lebensgeschichtlichen Anfang in abgewandelter Form der menschheitsgeschichtliche wiederholt. Was hier der Mutterschoß ist, war dort – biblisch gesehen – das Paradies und – evolutionsbiologisch betrachtet – das Meer. Wie der Einzelne am Anfang seines Lebens die Urgeborgenheit des Mutterschoßes verliert, so ging in Urzeiten die Menschheit der Geborgenheit des Paradieses und des Meeres verlustig. Im Übergang vom Homo habilis zum Homo erectus trat der Mensch dann aus dem schützenden Urwald in die offenen Weiten der Savanne. Dabei wurde er gleichsam auf fremdem Land ausgesetzt, wo er sich selbst zurechtfinden musste. Mythen, die sie von der schrecklichen Wirklichkeit entlasteten, erfanden die Menschen nicht gleich am Anfang; als Erstes mussten sie sich auf ganz praktische Weise vor der Wirklichkeit in Sicherheit bringen; sie flohen von der Erdoberfläche in Höhlen, was verdeutlicht: »Schon die Höhlen der menschlichen Frühgeschichte waren nicht, was sie als Fundorte so scheinen lassen, die Urstätten der Anthropogenese. Eher die Notunterkünfte einer aus ihrem genuinen Biotop herausgedrängten [...] Gattung, die auf dem Sprung stand, auch ihre Unterkünfte sich aufzurichten, statt am Vorgefundenen sich zu begnügen.« (H, 795) Der urzeitliche Mensch ist »nicht, wie die Griechen glaubten, aus der Tiefe der Erde, aus ihren Höhlen ans Licht getreten. Vielmehr waren die Höhlen seine Zuflucht, die er suchte und bewohnte, nachdem ein anderer Bergungsraum sich ihm schwindend entzog.« (H, 25) Denn von Beginn an trieb den Menschen das Bedürfnis nach Schutz umher, den er alsbald in Höhlen fand. So lässt sich der Übergang in die Höhlen der frühen Menschheit »als Entlastung von der freien Landschaft, als Wiedergewinn des verlorenen Biotops in neuer Verdichtung auffassen« (H, 25).

Was den Menschen eine Höhle aufsuchen lässt, ist seine Sichtbarkeit, denn sie bedeutet Angreifbarkeit und diese wiederum Verwundbarkeit. Zwar ist der Mensch ein Wesen, das es darauf anlegt, gesehen zu werden, und darauf absieht, sich sehen lassen zu können (vgl. VS, 141 f.); zugleich aber zwingt seine Sichtbarkeit ihm »das Bewußtsein seiner Nacktheit und Wehrlosigkeit auf« (H, 55). Der Mensch ist in einem emphatischen Sinne das sichtbare Wesen, das ebenso auffällig wie auffällig wehrlos ist. »Das macht ihn anfällig für die Lockung der Rückkehr in die Höhle. Sie ist die einzige Erfüllung seines [...] Wunsches nach Unsichtbarkeit.« (H, 55) So entzieht sich der Mensch seiner Sichtbarkeit durch Flucht in die Unsichtbarkeit der Höhle; seine Sichtbarkeitssorge treibt ihn an, von der Erdoberfläche zu verschwinden. Dadurch wird er für lebensbedrohende Angriffe aus der Wirklichkeit unerreichbar: »Man macht sich klein, um den großen Schlägen zu entgehen, indem man eine Art Weltverzicht nach ältester Asketenart leistet.« (H, 804) Erst Unbelangbarkeit für die feindliche Natur macht das Leben erträglich. In diesem Sinne bildet die Höhle eine »Welt der Entlastung von Wirklichkeit« (H, 804). Sie ist unentbehrlich geworden als Zufluchtsraum vor der gefährlichen Herrschaft und Übermacht der Welt.

Aus dem Gesagten wird deutlich, dass der menschliche »Bedarf an Realismus begrenzt ist« (H, 53). Stärker als der Realitätssinn ist nach Blumenberg beim Menschen das Streben nach Sicherheit, Schutz und Behaglichkeit ausgeprägt. Wer sich in Sicherheit und Geborgenheit weiß, fragt nicht nach der Echtheit seiner gelebten Welt, sondern allenfalls, ob und wie lange sie wohl bestehen bleibt. Hier hat der Begriff Realität überhaupt »nur Bedeutung im Hinblick auf deren Vermeidbarkeit« (H, 71).

Je weiter wir uns in die Höhlen zurückziehen und je stärker wir in ihnen häuslich werden, desto mehr leisten wir Verzicht auf die Welt da draußen. Aus der »Abgeschlossenheit der Höhle gegen die Wirklichkeit« (H, 287) wird »deren Abgeschiedenheit« (H, 283). Die Spuren vor der Höhle sind verwischt, was veranschaulicht, dass die wie Muscheltiere eingekapselten Höhlenbewohner eines miteinander verbindet: »die Abneigung gegen die wirkliche Wirklichkeit« (H, 801).

Nun ist es aber der Menschheit versagt, in den Höhlen zu bleiben. Die Höhlenbewohner kommen nicht umhin, ihre Höhle zu verlassen wie Jugendliche ihr elterliches Nest. Das Heraustreten aus der Höhle ist für sie ein unvermeidlicher Vorgang, selbst wenn sie als Refugium vor der Welt weiterhin bestehen bleibt. Zwar stand den Menschen seit jeher frei, die Höhle zu verlassen, jedoch sind »die geschlossenen Räume kaum je aus Übermut verlassen« (H, 800) worden. Der Druck zum Verlassen der Höhlen kam »von innen« (ebd.). Was aber war es, das die Menschen zum Heraustreten aus den Höhlen antrieb und verleitete, nachdem sie in ihnen doch Zuflucht und Geborgenheit gefunden hatten? Zum einen war es Neugierde, zum anderen Hunger: Ohne dass die Menschen etwas von außen lockte, reizte der Höhlenausgang – sonst Gegenstand »selbsterhaltender Aufmerksamkeit« (H, 27), weil von dorther alles bedrohlich Fremde kommen musste – sie zum Schritt nach draußen. Überdies erzwang den Austritt aus der Höhle der Umstand, dass sich in der Höhle der Lebensunterhalt nicht finden ließ; denn außer Schutz hatte sie nichts zu bieten: »Das Dilemma der Höhle ist, daß sich zwar in ihr leben, nicht aber der Lebensunterhalt finden läßt. Das Leben in der Höhle wird versorgt durch das Verlassen der Höhle.« (H, 29) So schritten die Menschen, die zunächst das Dämmerlicht der Höhle aufsuchten, wieder aus »dem Schutz der Erdhöhlung, aus dem Raum der Träume, der

List, der Bilder und Fiktionen [...] in das harte Licht einer Welt, mit der sich auseinanderzusetzen über Leben oder Tod entscheidet« (H, 242). »Hunger und Neugierde – und wer weiß wann welche Gelüste noch?« (H, 805) haben die Menschen aus ihren Refugien herausgetrieben und ihnen »so etwas wie Realismus gebracht« (ebd.). Dabei strahlt »das Gewicht der Welt [...] zurück auf den Höhlenunterschlupf und beraubt ihn aller Realität« (H, 37). Realitätsmangel aber lassen sich die Menschen gerne gefallen, solange das von ihm Befallene ihnen Geborgenheit gewährt. Die Suche nach Wirklichkeit war es jedenfalls nicht, was die Menschen zum Verlassen der Höhlen bewog.

Beim Austritt aus der Höhle mussten sie erfahren, dass sie allen Lebewesen, die auf der Steppe ihre Beute werden sollten, an Kraft und Schnelligkeit unterlegen waren. So wurden sie zum Denken gezwungen und konnten sich einen Verzicht hierauf ebenso wenig leisten wie einen Widerwillen dagegen. Schon bald erfanden kluge Jäger die Falle: »Sie ist Realisierung von Denken im kompakten Sinne.« (Lö, 52)

Allerdings ist eines nicht von der Hand zu weisen: Hätte es immer nur Schwache gegeben, so säßen die Menschen noch heute in Höhlen, und nicht einmal das, denn infolge mangelnder Lebenstüchtigkeit wären sie längst ausgestorben. Die Starken traten aus der Höhle heraus; die zu Jagd und Fang Ungeeigneten hingegen, die Schwachen, wurden »die Hüter der Tempel« (H, 30). Sie wurden die ersten Stubenhocker und späteren Bücherwürmer, deren ursprüngliche Aufgabe es war, Geschichten zu erfinden und weiterzugeben: »Geschichten zu erzählen, ohne dabeigewesen zu sein, wurde das Privileg der Schwachen.« (H, 30) So kompensierten sie ihre Ohnmacht und erhielten dafür von den wirklichkeitserfahrenen Starken Anerkennung und Beifall. Diese sorgten für den Unterhalt, jene für die Unterhaltung; so kam das »Überflüssige [...] als das seltsamste Produkt des Lebens in die Welt und verstand es, sich zum Bedürfnis zu machen« (H, 30). Es entstand das Unnütze, der Luxus, auf den nach strenger Kosten-Nutzen-Rechnung zwar verzichtet werden kann, der das Leben aber erst lebenswert macht.

Was als Vergnügen und Unterhaltung begann, endete jedoch schon bald mit dem Ernsten. Aus Geschichten der Fantasie wurde Magie, deren Bestreben es war, die Götter auf die Seite der Menschen zu bringen. Am Ende dieser Entwicklung traten die Stärkeren »aus der Höhle heraus mit der Macht der erfüllten Rituale im Rücken« (H, 30), die sich die Schwachen im Laufe der Zeit erdacht hatten.

Obwohl die künftigen Stubenhocker und Bücherwürmer die Höhlen nur selten verließen, bemächtigten sie sich mithilfe ihrer Einbildungskraft doch nach und nach der Welt. Es entstanden Geschichten, welche die namenlose und übermächtige Wirklichkeit zurückdrängten und in der Folge selbst für Wirklichkeit genommen wurden. Als abgeschlossene Sinngehäuse mit Orientierung verleihender Kraft nahmen sie den Charakter von Schutzhöhlen an, die den Absolutismus der Wirklichkeit außen vor ließen. So brach der Mensch die namenlose und übermächtige Wirklichkeit durch Namengebung und Geschichtenerzählen: Er anthropomorphisierte die Dinge, das heißt, er übertrug menschliche Eigenschaften auf sie. Der Erfolg seines Tuns zeigte sich darin, dass ihm seine Umwelt so immer vertrauter wurde; die Welt verlor ihre Fremdheit und der Mensch sein Unbehagen an ihr. Zwischen den Menschen und den Absolutismus der Wirklichkeit hatte sich eine sinnhafte Vorstellungswelt geschoben. Daher darf gesagt werden, dass das Heraustreten aus den Erd- und Gebirgshöhlen einem Eintreten in andere Höhlen gleichkam, denn an die Stelle dieser abgeschiedenen Behausungen waren Mythen, Geschichten und Erzählungen getreten, die sich gegen die Übermacht der Wirklichkeit abkapselten.

Aber auch sonst finden sich in der Geschichte des Abendlandes den Höhlen funktionsäquivalente Orte, welche bis heute die unwirtliche Wirklichkeit auf Abstand halten – beispielsweise die Stadt. Sie ist »die Wiederholung der Höhle mit anderen Mitteln« (H, 76), weil sie ebenfalls eine Art Abschirmung gegen die übermächtige Wirklichkeit bewirkt. »Wie die Höhle läßt die Stadt mit allen Mitteln die Welt draußen vergessen, um ihre eigene Welt drinnen an deren Stelle zu setzen.« (H, 79) Sie bietet uns Aussicht auf Entkommen vor dem Absturz in die »nackte Weltverlorenheit« (H, 355). Der Inbegriff einer solchen Glück und Behaglichkeit gewährenden Stadt war die griechische Polis – eine selbständige und selbstgenügsame Lebenseinheit von überschaubarer Größe, ein Stadtstaat, der sich jedoch nur begrenzt lange halten konnte, weil er durch den bis in den Orient reichenden Flächenstaat des hellenistischen Weltreichs abgelöst wurde. Darin reduzierte sich die Funktion des Staates auf die Sicherung des inneren Friedens und grundlegender Handlungsbedingungen, die vor allem wirtschaftlicher Art waren, so dass allmählich die Voraussetzungen für das Gefühl der Geborgenheit und Behaglichkeit in Stadt und Staat zerfielen. Eine Folge hiervon war, dass man diese nun in der kosmischen Ordnung zu suchen begann. Spätestens in der Stoa trat an die Stelle der Polis der Kosmos als Stätte der Geborgenheit. Die Stoiker empfanden sich als Bürger des Weltalls, das sie als vollkommenen Ordnungszusammenhang ansahen, innerhalb dessen eine dem Ganzen zugehörige Ursprungsmacht alles fürsorglich trage und erhalte. Der Stoiker war Kosmopolit, seine Polis der Kosmos, in dem er sich zu Hause fühlte und den er mit einem vollkommenen und göttlichen Haus verglich: »Der Stoiker hat sich zwar aus der Öffentlichkeit, der res publica, zurückgezogen, doch nicht ins Gehäuse, sondern unter den Himmel, in dessen Anschauung er seine Bürgerschaft am Universum gewinnt und ausübt.« (H, 281) Damit übernahm das kugelgestaltige, anschauliche Weltall selbst die Funktion der sich gegen den Absolutismus der Wirklichkeit abschließenden Höhle; es gewährte dem Menschen Behaglichkeit und Geborgenheit.

Die Höhle ist ein vieldeutiges Phänomen, dessen Struktur nicht nur sehr unterschiedlichen Auslegungen, sondern auch sehr unterschiedlichen Wertungen unterliegt. So wird sie einmal als Stätte der Geborgenheit, dann wieder als Verlies erfahren. Dies war in der Gnosis der Fall, welche die Welthöhle mit einem Kerker verglich. Im Unterschied zur Stoa hatte sich in der Gnosis die Wertigkeit des Kosmos radikal gewandelt. Der Kosmos war nun kein vollkommenes Haus mehr, in dem die Menschen heimisch sein konnten; das Himmelsgewölbe spannte sich nicht mehr schützend wie ein Baldachin um sie, vielmehr hatte es als Absperrung gegen Gott, ihre jenseitige Heimat, den Charakter eines Gefängnisses gewonnen. An die Stelle von Weltvertrauen war Weltangst getreten. Gnostisch gesehen ist die Welt eine finstere, dämonische Höhle, der ein jenseitiges Reich des Lichtes gegenübersteht, von dem sie radikal getrennt ist. Es gibt nur einen Höhlenausgang – dieser aber liegt in uns selbst.

In Übereinstimmung mit der Tradition teilt die Gnosis den Menschen in drei Bereiche auf. Er ist Leib, Seele und Geist, wobei der menschliche Geist »pneuma« genannt wird. Während Leib und Seele Teile des dunklen, dämonischen Kosmos seien, soll das »pneuma« zum kosmosfernen Lichtreich gehören, von dem es in zweifacher Hinsicht abgesondert sei. Erstens in das Verlies der Welt und zweitens in den Kerker des Leibes verbannt, existiere es fern von seiner eigentlichen Heimat. Offenbar ist in der Gnosis der Leib die anthropologische Entsprechung des finsteren Kosmos: Beide gelten als dunkle Höhlen, die das »pneuma« gefangenhalten, das sich nach seiner ursprünglichen Heimat als dem göttlichen Reich des Lichtes zurücksehne. Welt und Leib seien Höhlen, in denen das »pneuma« auf seine Befreiung und Erlösung warte. Sosehr allerdings seine endgültige Befreiung von Welt und Leib erst nach dem körperlichen Tod erwartet werden dürfe, sosehr sei es bereits in seiner Gefangenschaft einer Erhebung zum Reich des Lichtes fähig. Das der Weltherrschaft entzogene »pneuma« sei für den Einfall göttlicher Strahlen offen und brauche deshalb nicht der dämonischen und finsteren Welt zu verfallen. Vielmehr könne es sich, wenn es nur wolle, in Weltabkehr und Leibentsagung dem Reich des Lichtes zuwenden. Sowenig sich also der Mensch schon zu Lebzeiten aus der Welt- und Leibhöhle zu befreien vermag, sosehr soll sich in seinem Inneren ein Höhlenausgang zum Reich des Lichtes befinden: das für den Ruf Gottes offene »pneuma«.

Nicht erst in der Gnosis wird der Weg zum Höhlenausgang als Aufstieg zum Reich des Lichtes beschrieben. Eine ähnliche Beschreibung findet sich bereits in Platons Höhlengleichnis aus dem siebten Buch der *Politeia.* Auch hier hat die Höhle nicht den Stellenwert eines Zufluchtsortes; sie ist der Ort der Uneigentlichkeit und Unwahrheit. Mit dem Rücken gegen den Höhleneingang gefesselt, erblicken die Menschen nur die Schatten der Wirklichkeit, nicht aber diese selbst, worunter Platon die Wesenheiten der Dinge versteht. Wollen sie diese zu sehen bekommen, so müssen sie ihre Fesseln lösen und aus der Höhle in die lichte Welt hinausgehen. Zu Beginn werden ihnen die Augen schmerzen, und sie werden der Versuchung erliegen, ihre Schattenwelt für wahr und die wahre Welt für unwirklich zu halten; nachgerade werden sie sich aber an die wahre Welt gewöhnen. Von diesem Ansatz her ist die sogenannte platonische Ideenlehre zu verstehen. Die Schatten in der Höhle fallen mit den vergänglichen Erscheinungen der Dinge zusammen, die nicht die eigentliche Wirklichkeit darstellen. Diese besteht aus den außerhalb der Höhle gelegenen Ideen als Wesensbestimmungen aller Erscheinungen, von denen Platon sagt, dass sie eine eigenständige, beständige und unvergängliche Seinssphäre bilden.

Dass die eigentliche Wahrheit außerhalb der Höhle liegt, ist auch ein in der Aufklärung geläufiger Gedanke. Hier wird die Höhle weder als Stätte der Geborgenheit noch als Ort der Unbehaglichkeit charakterisiert, sondern als Ort der Unvernunft und Unwissenheit. Deshalb kann sie für die Aufklärer keinesfalls als bleibender Aufenthaltsort der Menschen akzeptiert werden. Dies ergibt sich bereits aus der Abwehr der Aufklärer gegen jede Art zwielichtiger Dämmerung und finsterer Unwissenheit, in die zurückzufallen sie als ständige Drohung erleben und die zu verhindern sie sich zur dauerhaften Aufgabe machen.

Nun folgt aber auf den Austritt aus der Höhle stets wieder eine Rückkehr in sie: Nach der Aufklärung gelten die Höhlen in der Romantik als »Zufluchtsorte für das Überwundene, für die Weisheit der Geheimnisse statt für die Wissenschaft der Erkenntnisse« (H, 551).

Allgemein ist festzustellen, dass die Höhle dort, wo sie weder als Sphäre der Geborgenheit noch als Gefangenschaft vorgestellt wird, nicht zwangsläufig als Ort der Finsternis, Unwissenheit und Unwahrheit erscheint. Es gibt auch »Gegenbesetzungen« (H, 301), das heißt: »Das Wesentliche ist in der Höhle – der Gott, die Wahrheit, die Substanz, der Schatz, das Erbe.« (H, 304) Hier bleibt es bei der alten Einteilung, »beim Scenarium der Höhle, mit Licht und Dunkel, Oberwelt und Unterwelt, Außen und Innen sowie dem Weg zwischen beiden« (H, 303). Allein beim Höhlenausgang verkehren sich Gewinn und Verlust in ihr Gegenteil: »Der Ausgang kann zum Eingang werden, mit dem Rücken zum weiten Horizont und dem Blick auf das Geheimnis des Dunkels voran, in welchem etwas der Entdeckung oder Offenbarung harrt, was alles natürliche Licht vergessen läßt.« (H, 303) Jetzt ist die Höhle weder Ort der Geborgenheit noch der Gefangenschaft, sondern eine Stätte der Verborgenheit, in die es Licht zu bringen gilt.

Andererseits wird gerade in der Neuzeit die Höhle als Gefangenschaft präsentiert. So gibt etwa Kants *Kritik der reinen Vernunft* den »Grundriß der Einsperrung: Theoretische Erkenntnis bleibt auf Erscheinungen eingeschränkt, jeder Augenblick der Vernunft über deren Grenzen versagt. Verglichen mit den Erwartungen aller vorhergehenden Jahrhunderte der Philosophie – zumal mit denen des deutschen Leibniz-Jahrhunderts –, war dies als Zusicherung neuer Gewißheiten eine enttäuschende Zurückweisung in die Höhle der eigenen Gesetzlichkeit bloßer Erscheinungen.« (H, 752) Zumeist jedoch wird die Einschließung in die Höhle als Annehmlichkeit empfunden, weil sie uns vor den Unbilden der Wirklichkeit schützt. In Abwandlung eines Wittgenstein'schen Diktums darf vielleicht gesagt werden: Es sind Zweifel aufgetreten, ob man der Fliege tatsächlich einen Dienst erweist, wenn man ihr den Weg aus dem Glas zeigt. Denn hinter einem geschlossenen Fenster oder abgeschlossenen Glas sieht die Wirklichkeit allemal freundlicher aus, als sie wirklich ist. Am geschlossenen Fenster versteht man kaum, »was es heißt, da draußen im Leben, im Dasein, in der Existenz sich zu halten und zu bewegen« (H, 764). Deswegen ist es fraglich, ob man den Weg nach draußen überhaupt gehen soll.

Noch einmal anders gewendet: Es sind Zweifel aufgekommen, ob man dem Höhlenmenschen wirklich einen Gefallen tut, wenn man ihn aus seiner Dämmerung an den Tag und unter den freien Himmel treten lässt. Denn was man ihm hier bieten kann, sind doch allenfalls Anleitungen zur »Bewältigung seiner bestürzenden Situation der Fremdheit« (H, 350). Der im Unterirdischen Herangewachsene erfährt sich auf der Erdoberfläche als ein in der Welt heimatloses Wesen, das sich nach Geborgenheit wie nach seiner verlorenen Kindheit sehnt, von der es »sich eher ausgestoßen als befreit vorkommt« (H, 408).

Nun sind wir moderne Menschen aber weder Fliegen in einem Glas noch Bewohner unterirdischer Höhlen. Es gibt für uns ebenso wenig eine Rückkehr in den Unterschlupf der fürsorglichen Höhlenwelt wie eine Rückkehr in den Zustand dumpfer Unwissenheit. Gleichwohl bleiben wir auf den Schutz höhlenartiger Gehäuse angewiesen – sei es des unsichtbaren Innenraums unseres weltabgekehrten Selbst, sei es des sichtbaren Innenraums unserer beheizten Stuben. Der Mensch ist »Erfinder und Meister der umständlichsten Verbindungen zwischen zwei Punkten, die er Kultur zu nennen« (F, 122) pflegt. Diese vermag er ihrer lebensdienlichen Orientierungen wegen nicht zu entbehren. Sein Dasein, das im alltäglichen Leben auf Festigkeit und Verlässlichkeit angewiesen bleibt, ist überhaupt nur in ihrem Schutz möglich. Als Werk menschlicher Verwundbarkeit ist sie ein phantasievoller Einspruch gegen die übermächtige Welt. Mit ihrer Hilfe entzieht er sich dem Unmittelbarkeitsdrang des Absolutismus der Wirklichkeit. Sie zeigt sich vor allem im zwischenmenschlichen Bereich, in der politischen Sphäre und in sozialen Institutionen. An Gehlen anknüpfend, schenkt Blumenberg vor allem der Etablierung von Institutionen besondere Aufmerksamkeit. Es muss »eine Rückkehr in eine Höhle stattfinden, nachdem die der Geborgenheit in der Natur verlassen worden war; nicht zu den alten Schatten, sondern zu neuen Vorrichtungen des Schutzes vor einander und vor anderem sowie zu einer vom Unglauben und Zweifel ungeplagten Beständigkeit« (H, 812). Der Inbegriff solcher Vorrichtungen ist die »Kultur« und der Gattungsbegriff solcher die Höhlen ablösender geschlossener Räume und Gehäuse die Institution (vgl. H, 812). Diese gewähren »Zuverlässigkeit, Übersicht und Orientierung« (H, 813); ihr Äquivalent sind »Gewohnheiten« (H, 812), die sich durch

Wiederholungen herausbilden. Institutionen und Gewohnheiten gleichen sich in einem wesentlichen Punkt: »Was nicht in deren Konzept paßt, wird kraft ihrer Dominanz über die Lebensregelung entweder nicht mehr wahrgenommen oder der Aufmerksamkeit für unwürdig befunden.« (H, 812) Auf diesem Weg bringt die Kultur als Inbegriff der Halt und Orientierung gebenden Institutionen und Gewohnheiten auch den Absolutismus der Wirklichkeit auf Distanz, der für die Menschen eine unaushaltbare Überforderung darstelle, von der sie sich entlasten müssten. Dies bewirkten sie durch den Aufbau von Kulturhöhlen als Schutzräumen.

Selbst wenn man jedoch auf die beschriebene Weise die Härte des Weltabsolutismus gelindert hätte, ganz aufheben lässt sich dieser nicht; die gesuchte Geborgenheit bleibt ein unerreichbares Ziel. Denn regelmäßig dringen durch die Schleusentore der Kultur, hinter die sich die Menschheit zurückgezogen hat, um Leben und Welt leichter zu ertragen, die unbändigen Kräfte der Natur ein, welche sich manchmal nur mit größter Anstrengung zurückstauen lassen.

Allerdings darf man dabei nicht bloß an die blinde Gewalttätigkeit von Naturkatastrophen denken, deren heftige Stöße den Schutzwall der Kultur immer wieder niederzureißen drohen, sondern auch an die Mächte der inneren menschlichen Natur: Triebe, Krankheit, Tod. Insbesondere unser verletzlicher Körper ermöglicht es, die unverhüllte Wahrheit menschlicher Not zu verstehen. Der Mensch kann nur überleben, wenn er außer der übermächtigen Welt die eigene Natur teilweise negiert: sich erzieht, bildet und weigert, seiner animalischen Gier, seinem Drang nach exzessiver Entgrenzung freien Lauf zu lassen. Doch die Macht des Regelwidrigen und Dunklen ist so stark, dass sie immer wieder in die mühsam errichtete Sinnordnung einbricht. Dabei gibt es unter den Menschen sogar eine verstörende Lust an Grenzüberschreitungen und Verbotsübertretungen – ein Verlangen nach Ekstase und Delirium, das die Gewalt der Leidenschaft bis an die Grenzen des Todes zu treiben vermag. Zwar haben Medizin, Moral und Religion hohe Dämme aufgeworfen, um auch diese übermächtige innere Natur des Menschen in Schach zu halten, um deren Macht zu mindern und ihre Wildheit zu zähmen: Sie haben wirksame Heilverfahren, zur Selbstbeherrschung gemahnende Verhaltensregeln und trostreiche Sinnorientierungen entwickelt, die Triebverzicht, Leid, Trauer und Todesangst erträglicher gestalten können. Keiner soll von seinen Begierden versklavt und von Schicksalsschlägen völlig niedergeschmettert werden, sondern ein jeder Selbstbeherrschung, Gelassenheit und Überlegenheit wahren. An die Stelle entgrenzter Leidenschaft und verzweifelter Wehklage war im christlichen Abendland zum Beispiel das Singen von Psalmen, das Lesen von Messen und das Beten von Fürbitten getreten.

Dennoch sprengen jene elementaren Kräfte immer wieder die Pforten der Kultur, die sich gegen die Gewaltsamkeit von Trieb, Krankheit und Tod verschlossen haben, weil sie die Menschen seit jeher verängstigen und erschrecken, aber auch anziehen und faszinieren. So ist und bleibt für menschliches Leben charakteristisch, sich von Leidenschaften, Lüsten oder Wünschen fortreißen und von Schicksalsschlägen wie Krankheit und Tod überwältigen zu lassen. In diesen Erfahrungen bekommen wir geradezu hautnah den Absolutismus der Wirklichkeit zu spüren.

Hierzu passt Blumenbergs intensive Auseinandersetzung mit dem epikureischen Standpunkt, für den er viel Sympathie zu hegen scheint, ohne ihn einfach wiederholen zu wollen. Kennzeichnend für die epikureische Position ist die Annahme, dass es zwar mehr Seiendes gibt, als wir kennen, dass es aber nichts anderes als Seiendes gibt. Die Epikureer waren materialistische Atomisten, denen zufolge die Wirklichkeit aus zahllosen Atomen besteht, die sich unaufhörlich im leeren Raum bewegen, sich dabei miteinander verbinden und voneinander trennen. Dieses Ganze aus Atomen, Bewegung und leerem Raum hat keinen außerweltlichen Daseinsgrund. Der Epikureer wehrte genauso die stoische Weltvergöttlichung wie die gnostische Weltdämonisierung ab; für ihn war die Welt ein neutrales Faktum. Daher hat Epikur »sich und seinen Schülern die Bewunderung der Welt versagt« (H, 334). Das epikureische Weltbewunderungsverbot stand »ganz im Dienste der Vermeidung des Gedankens an eine auf den Menschen gerichtete und um ihn besorgte Vorsehung, wie sie die Stoiker zum willkommenen Trost weltverdrossener Zeitgenossen anboten« (H, 334). Angesichts der Grundlosigkeit der Welt bestand »so wenig Grund zur Bewunderung wie zur Beunruhigung« (H, 338). »Der Epikureer ist ein distanzierter Betrachter des Heils wie des Unheils der Welt, weil er weder jenes noch dieses auf sich gerichtet sieht, so sehr er auch davon getroffen werden mag [...]. Wird der Mensch trotz seiner Glückbedürfnisse unglücklich, so war es jedenfalls nicht tiefere Absicht; so wenig wie das Glück, das ihm zufällt und im besten Falle die Heiterkeit der Schmerzlosigkeit ist.« (H, 335)

In *Lebenszeit und Weltzeit* hat Blumenberg auf eindringliche Weise die Gleichgültigkeit und Übermacht der grundlosen Welt gegenüber uns Menschen dargestellt; diese haben die Epikureer bereits in der Frühe des abendländischen Denkens wahrgenommen. Im Unterschied zu uns erfuhren sie aber die rücksichtslose Wirklichkeit weder als bittere Zumutung noch als empörende Kränkung, sondern interpretierten sie als »Gleichheit aller unter dem Zufall [...], der weder Begünstigung noch Bosheit kennt [...]. Er verkörpert ein Prinzip der Gleichheit unter Verzicht auf das Prinzip der Gerechtigkeit.« (H, 335) Selbst dies sei tröstlich, denn werde beispielsweise jemand von einem herabfallenden Ziegel erschlagen, so sei es doch gut zu wissen, »daß es auch jeden anderen – gleichsam ohne Unterschied der Person bei Gleichheit der Faktoren – hätte treffen können und keine hinterhältige oder strafende Absicht gerade gegen diesen einen im Spiel war« (F, 66). Statt mit Empörung und Kränkung auf die Gleichgültigkeit der grundlosen Welt zu reagieren, erwiderte darum der Epikureer »die Indolenz der Welt ihm gegenüber mit derselben Attitude gegenüber der Welt« (H, 351): Er trat der Gleichgültigkeit der Natur gegenüber dem Menschen mit einer Gleichgültigkeit gegenüber der Natur entgegen; ähnlich bewältigte er den Tod.

Im Unterschied zu Platon, der von der Unsterblichkeit der Seele überzeugt war, gehen die Epikureer von der absoluten Sterblichkeit des Menschen aus; der Tod sei das absolute Ende des Lebens. Dennoch besteht nach epikureischer Ansicht keinerlei Anlass zur Todesangst, denn der Tod bedeute nichts für die Lebenden und nichts für die Toten. Solange wir existierten, sei er nicht da, und wenn er da sei, existierten wir nicht mehr, folglich betreffe er weder die Lebenden noch die Toten und gehe somit den Menschen nichts an. Wie die Welt im Ganzen sei sogar der Tod derart, dass er nicht mehr als Gleichgültigkeit von dem verlangen könne, der ihm unbefangen gegenübertrete.

Allerdings darf die Reflexion hier noch nicht stehen bleiben. Denn durch das Christentum hat der Tod seine Gleichgültigkeit wieder verloren. Es schenkt die Hoffnung, »daß sich ein Gott unser angenommen hat« (H, 343), der uns ein ewiges Leben verheißt. Dabei geht das frühe Christentum einen Weg »zwischen Plato und Epikur« (H, 347; DH, 9). Gegenüber Platon behauptet es, dass die Seele ihrem Wesen nach nicht unsterblich ist, und gegenüber Epikur, dass der Mensch nicht notwendig sterben muss. Das frühe Christentum verfolgt einen Mittelweg zwischen »platonischer Unsterblichkeit und epikureischer Sterblichkeit« (DH, 9). An die Stelle der platonischen Unsterblichkeitsgewissheit und des epikureischen Sterblichkeitswissens lässt es die im glaubenden Vertrauen anzueignende, geoffenbarte Hoffnung auf das ewige Leben treten.

Gegenwärtig sind viele Voraussetzungen zerbrochen, aus denen der Glaube an das ewige Leben vormals seine Kraft bezog. Zwar fehlt es durchaus nicht an der Bereitschaft zu diesem Glauben, aber allgemeinverbindliche Kraft besitzt er nicht mehr. Allerdings verzichtet man nicht in Ermangelung plausibler Argumente auf ihn, sondern vielmehr deshalb, weil er in uns zumeist keine zustimmende Resonanz mehr hervorruft. Nach Zerschlagung der metaphysischen Sinnordnung samt ihrer Werthierarchie hat der Glaube an ein ewiges Leben seine Überzeugungskraft eingebüßt. Alle Argumente, die für seine Berechtigung angeführt werden, sind sogar weniger dazu geeignet, bestehende Skepsis zu beseitigen, als vielmehr, diese noch zu verstärken. So lässt auch Blumenberg den Glauben an ein ewiges Leben letztendlich auf sich beruhen und betrachtet in Übereinstimmung mit den Epikureern den Tod als radikalen Abschied von Leben und Welt. »Offenbar ist man vor allem tot, wenn man tot ist.« (BB, 181)

Die Sorgfalt, mit der Blumenberg in fast allen seinen Schriften Epikur behandelt, erlaubt den Schluss seiner besonderen Wertschätzung der epikureischen Philosophie. In der Tat kommen der Absolutismus der Wirklichkeit und der materialistische Atomismus der Epikureer in der These von der Grundlosigkeit und Gleichgültigkeit der faktischen Welt zur Deckung. Jedoch sind diese im materialistischen Atomismus Epikurs bereits dahingehend bewältigt, dass sie nicht als etwas Grausames empfunden werden, das einer Versöhnung mit der faktischen Welt und dem vergänglichen Faktum, dass jeder für sich selbst ist, im Wege steht. Auch wenn wir uns der Gesamttendenz nach gegenwärtig in einer vergleichbaren Lage befinden, weil es immer weniger gelingt, uns vom Gedanken der Grund- und Rücksichtslosigkeit der faktischen Welt loszureißen, so kann doch die epikureische Grundhaltung nicht einfach auf unsere gegenwärtige Situation übertragen werden. Die Epikureer mussten bloß ins Einvernehmen mit einer unbegründbaren und rücksichtslosen Welt kommen; wir müssen überdies mit der Enttäuschung fertigwerden, dass es mit den Fürsorgezusagen und Sinnversprechen des Christentums wohl nichts ist. Diesen Zumutungen ist unsere, ihrer metaphysischen Garantien beraubte Kulturhöhle, die vor allem eine Gegenprägung zum Absolutismus der Wirklichkeit ist, nicht gewachsen; zusätzliche Anstrengungen sind erforderlich. Mit Blick auf Montaigne gesprochen kommt es darauf an zu erkennen und anzuerkennen, dass »die Natur keine Instanz [ist], bei der man sich beklagen kann, wie Hiob es bei seinem Gott gekonnt hatte. Tröstlichkeit der Natur ist allein, daß sie jedem zufügen kann, was sie einem zufügt, und keiner sich zu fragen braucht: Warum gerade ich?« (H, 281)

Wie es sich damit leben lässt und ob wir tatsächlich ohne eine Antwort auf diese bohrendste aller Fragen auskommen können, ist einstweilen offen. Höchst zweifelhaft ist indes die Vorstellung, dass eine Position schon deshalb falsch ist, weil sie auf diese Frage keine befriedigende Antwort weiß. Dass die Wirklichkeit unsere von Mythen, Religionen und Metaphysiken überdehnten Erwartungen nicht erfüllt, darf ihr nicht zum Vorwurf gemacht werden. Im Gegenteil: Der Mensch ist aufgefordert, die »Ungemäßheit seiner an die Welt erhobenen Ansprüche« (H, 344) zu erkennen und seine Wünsche an die Wirklichkeit anzupassen.

Solche Erkenntnisse haben weniger den Charakter von bloßen Wissensmitteilungen als vielmehr den von Anweisungen zur illusionslosen Versöhnung des Menschen mit seinem eigenen Dasein und der grund- und rücksichtslosen Wirklichkeit. Diese gestaltet sich als ein Resignationsprozess, wobei Resignieren hier nicht die Bedeutung von Verzweifeln, sondern vielmehr die von schrittweisem Sichabfinden, von wachsender Bereitschaft zu fälligem Verzicht hat. In dem Maße, in dem Philosophie diesen Prozess mitträgt, erweist sie sich »als Kunst der Resignation. Sie bändigt die Energie der großen Erwartungen, deren Enttäuschung zum Umschlagen in Weltzorn verführen kann.« (H, 791) Die Kunst der Resignation ist eine des Abschiednehmens und Loslassens von überdehnten Sinn- und Fürsorgeansprüchen, die Fähigkeit zur Bescheidung und Entsagung, die – wirkungsvoll umgesetzt – zu einem gelassenen Einverständnis mit der grund- und rücksichtslosen Welt führen kann. Wo dies geschieht, hat einer gelernt, »sich schließlich abzufinden mit dem, was ihm zugemutet wird« (H, 33), wie Blumenberg im Anschluss an den Epikureer Lukrez schreibt.

Kunst, Technik und Wahrheit

Seit jeher ist die Kunst als Teil der Kultur menschlicher Existenzbewirtschaftung dienlich. Von den Künsten beschäftigte Blumenberg fast ausschließlich die Literatur: Goethe, Fontane, Hebbel, Schnitzler, Benn, Valéry, Thomas Mann, um nur einige Namen zu nennen. Wie nicht anders zu erwarten, sah er in der Kunst weniger eine Darstellung, Kritik oder Aneignung der Wirklichkeit als vielmehr eine Form ihrer Verarbeitung und Bewältigung.

Zusammen mit dem Anglisten Wolfgang Iser, dem Germanisten Clemens Heselhaus und dem Romanisten Hans Robert Jauß rief Blumenberg 1963 die Forschungsgruppe »Poetik und Hermeneutik« ins Leben, die sich zum erstenmal in Gießen und später regelmäßig im Tagungsgebäude der Werner-Reimers-Stiftung in Bad Homburg traf. Dieser Arbeitskreis, aus dem sich Blumenberg nach dem VII. Kolloquium verabschiedete, war zweifellos der intellektuell ertragreichste Diskussionszirkel zu Fragen der Kunst und Kultur in der Nachkriegsgeschichte. Hier wurden die Theorie des Romans ebenso wie Fragen der Lyrik, das Komische, das Hässliche, die Wirkungsgeschichte oder das Spiel diskutiert. Das XVII. Kolloquium zum Thema »Kontingenz« 1994 war zugleich das letzte dieser Gruppe.

Im Mittelpunkt von Blumenbergs Auseinandersetzungen mit Kunst und Technik steht der Begriff des Möglichen und damit zusammenhängend die Bedeutsamkeit des Flüchtigen, Zufälligen und Individuellen. Absoluten Metaphern gehe es zwar häufig ums »Ganze«, oft aber auch ums »Einzelne«, das für sich stehe und jede Einfügung in übergeordnete Zusammenhänge verweigere.

Ein Beispiel hierfür bietet der Schmerz. Fast alle Ausdrücke für körperliche Leiden, die uns manchmal sogar stöhnen oder schreien lassen und damit in einen vorsprachlichen Zustand versetzen, sind solche absoluten Metaphern. Dementsprechend reden wir von pochendem, brennendem oder stechendem Schmerz, davon, dass man sich fühle, als hätte einen der Hammer getroffen. Ohne solche Bilder bleiben Schmerzen nahezu unfassbar. Die Schwierigkeiten beim Ausdrücken von Schmerzempfindungen, welche die Sprache eines Leidgeprüften zerrütten können, gründen auf der einfachen Tatsache, dass Schmerzen kein intentionales Objekt haben: Man verspürt zwar Hass gegen und Gefühle für jemanden, Hunger und Verlangen nach oder Furcht vor etwas, aber niemals Schmerz von und für etwas. Schmerzen haben kein Objekt. Darum sind wir bei der Versprachlichung dieses individuellen Phänomens auf absolute Metaphern angewiesen.

Wer immer gleich das Ganze will, bekommt oft gar nichts; wer sich dagegen mit Einzelnem begnügt, erfährt manchmal nicht weniger als alles. Aber alles Einzelne bleibt, wie das Ganze auch, oftmals vieldeutig, ungenau, unbestimmt – gemessen mit den Maßeinheiten der technisch-wissenschaftlichen Zivilisation. Das scheint ein großer Mangel zu sein, bedenkt man, dass Ungenauigkeit lebensgefährlich werden kann, wenn etwa an der Demarkationslinie der Exaktheit unsere Sicherheit oder an der Grenzscheide der Bestimmtheit unser Überblick verloren zu gehen droht. Allerdings kann Unbestimmtheit auch lebensdienlich sein. Manchmal sollte man die Dinge weder zu genau nehmen noch allzu genau wissen wollen. Menschliches Leben braucht seine Ungewissheiten, hin und wieder sogar einen großzügigen Verzicht auf die Frage, was denn damit wohl näher gemeint sei. Solche Annäherung ans Ungenaue, die nicht als Plädoyer für Beliebigkeit missverstanden sei, lassen wir uns im Alltag gerne gefallen. Ohne sie könnten wir gar nicht leben. Man führe sich nur vor Augen, wie viel uns selbstverständlich ist, ohne von uns voll verstanden zu werden. Schon beschränkter Zeitvorrat zwingt uns, Vagheiten in Kauf zu nehmen. Darüber hinaus kommen wir gelegentlich nicht umhin, uns auf Ungenauigkeiten einzulassen, um überhaupt etwas sagen zu können und nicht schweigen zu müssen (vgl. F, 133).

Vor allem aber ist unser Bedürfnis nach Genauigkeit begrenzt – ähnlich wie unser Bedarf an Wirklichkeit und Wahrheit, die sich oft nackt und brutal zeigen und sich dazu noch häufig als einsilbig, nüchtern und langweilig erweisen. Von ihnen Urlaub zu nehmen fällt uns Menschen nicht leicht, verfolgen uns beide doch manchmal bis in den Schlaf, wenn sie uns in den tiefsten Träumen aufsuchen.

Blumenberg bleibt der Wahrheit gegenüber skeptisch. Jedoch zweifelt er nicht so sehr an deren Erreichbarkeit als vielmehr an ihrer Erträglichkeit (Vgl. NW). Höher als die Wahrheit steht die Frage, ob und wie sich mit ihr leben lässt: »Die nackte Wahrheit ist nicht das, womit das Leben leben kann.« (AM, 125) Den Menschen fehle es bisweilen an Kraft, die Wahrheit auszuhalten. Allerdings werde die Wahrheit häufig überschätzt. Was sich Liebe zur Wahrheit nenne, sei oft nur das Unvermögen zu Lüge, Verstellung und Heuchelei. Mit Nietzsche hält Blumenberg es sogar für denkbar, dass der Wille zur Täuschung das gute Gewissen auf seiner Seite haben könnte. Im Gegensatz zu Freud und anderen Rigoristen der Wahrheit hatte Nietzsche ein zwiespältiges Verhältnis hierzu. Zwar verteidigte er die Wahrhaftigkeit, zugleich aber suchte er nach Kulturformen, die den Menschen nicht an der Wahrheit zugrunde gehen ließen. Dagegen seien theoretische Wahrheiten für Freud wichtiger gewesen als therapeutische Erfolge. Freud fragte nicht, ob sich der Aufwand der Wahrheitssuche lohne und die gefundenen Erkenntnisse auch ausgehalten werden könnten. Er hielt deren Preis immer für gerechtfertigt, selbst wenn sie zur Erleichterung des Lebens nichts beitrügen.

Oft ist der nüchterne Blick auf wahre Zusammenhänge trostlos, enttäuschend, frustrierend, zuweilen erdrückend, weil wir ihrem Anblick nicht standzuhalten vermögen, ein ums andere Mal auch banal – gemäß der rhetorischen Frage: Ist das schon alles? Doch wie müsste die Wahrheit beschaffen sein, damit sie uneingeschränkt bejaht werden könnte. Die Antwort hierauf liegt in unseren Wünschen, Sehnsüchten und Interessen. Offenbar zählt die Wahrheit nicht zu den notwendigen Bedingungen menschlichen Glücks. Es darf bezweifelt werden, dass der Mensch überhaupt für die Wahrheit gemacht ist. Darum sollten Blumenberg zufolge einmal erkannte Wahrheiten nicht unter allen Umständen gesagt werden. »Nichts ist weniger sicher, als dass die Wahrheit geliebt werden will, geliebt werden kann, geliebt werden darf.« (RW, 11) Es ist nicht immer ratsam, »mit der Axt an die Wurzel unserer Illusionen« (NW, 8) zu gehen. Die ärztliche Standespflicht etwa sei durchaus strittig, Sterbenskranke dem Tod ins Auge blicken zu lassen, ohne geklärt zu haben, ob sie es auch wollen – einem Tod, dem man selbst nicht gerne unter die Augen treten möchte.

Wesentliche Aufgabe der Kultur sei es, der »nackten Wahrheit« – ein Pleonasmus, weil Wahrheit immer etwas enthüllt – ein Mäntelchen umzuhängen. Jede Kultur verschleiert nackte Tatsachen, an denen die Menschen verzweifelten, wenn sie sich ihnen unverhüllt zeigten. Anders als die nackte Wahrheit, auch Statthalter des Absolutismus der Wirklichkeit, erfüllt die Kultur mit ihren Mythen, Religionen, Metaphern und Geschichten das menschliche Bedürfnis nach Orientierung, Halt und Trost. Aber nicht jede

Verhüllung bekleidet Unerträgliches. Manchmal steigert die Verschleierung auch die Verständlichkeit, Annehmbarkeit und Attraktivität einer Wahrheit, deren Nacktheit unsere Fassungskraft, Annehmbarkeit und Interessen übersteigen würde.

Obwohl also Blumenberg die Ansprüche der Aufklärung relativiert, dass Wahrheit nur nackt zulässig sei, und betont, dass nicht jede Bekleidung eine Verkleidung und somit unrechtmäßig sei, leugnet er natürlich nicht die Verdienste der Aufklärung, deren Entblößungen der Wahrheit uns Menschen vielerlei gute Dienste leisten.

Genauso wenig verkennt sein Lob der Ungenauigkeit deren fatale Wirkungen etwa beim Brückenbau und sonstigen Alltagserledigungen. »Scharf hinzusehen, gebietet sich fast bei allen Sachen. Es versteht sich fast von selbst, am meisten bei der Sache, die man selbst ist: im Spiegel auf die ersten Fältchen, die ersten grauen Haare aufzupassen, das ist nur ein Randstück dieser Genauigkeit, die wir auf uns selbst anwenden sollen.« (G, 83) Nichts möge verborgen bleiben! Nur bewiesen, dass dies wirklich hilft, hat bislang noch niemand. Die »Sorge um sich« führt nicht notwendigerweise zur Empfehlung: »Erkenne dich selbst!« Erwiesenermaßen hilfreich ist dagegen eine gewisse Distanz zu sich selbst, und das heißt: »unsere Optik auf uns so einzustellen, daß sie uns weder demütigt noch bläht. Man muß ertragen können: die Welt, die anderen, das Andere (wozu der Schmerz und das Leid gehören) – vor allem: sich selbst.« (G, 84) Dazu bedarf es »dosierter Ungenauigkeit« (F, 132), bedeutet hier Genauigkeit doch so viel wie Unerbittlichkeit, Ungenauigkeit dagegen Öffnung von Spielräumen, die wir bitter nötig haben: »Wo uns das Wirkliche hilflos macht, kreisen wir es mit dem Möglichen ein.« (L, 75) Das heißt: Der Mensch »erfaßt sich in seinen Möglichkeiten, um sich seiner Wirklichkeit nicht ausgeliefert zu sehen« (L, 149). Dabei können ihm Kunst und Technik als Kulturen des Möglichen mit der Fantasie als Quelle des Neuen helfen. Sie mögen mit der Wirklichkeit gelegentlich unverträglich sein, Hauptsache ist jedoch, dass sie das Leben erträglicher machen!

Ein alter Glaubenssatz besagt: »Für Gott ist fast alles möglich!« Man darf hinzufügen: für Geld, Kunst und Technik auch. In seinen Studien zu Georg Simmels *Philosophie des Geldes* definiert Blumenberg jenes altbewährte Tauschmittel als Potenzialität, Geldsucht als Sehnsucht, »nicht mehr aufs Geld sehen zu müssen« (Ä, 185), und Geiz als »Genuß an der puren Möglichkeit« (Ä, 190). Zwar sei es richtig, dass man nichts Wesentliches für Geld bekomme, aber »alles Wesentliche« sei »erreichbar, wenn alles andere für Geld zu haben« (Ä, 186) sei.

Darin also stimmen Gott, Geld, Kunst und Technik überein: Sie bedeuten einen Gewinn an Möglichkeiten für den Menschen. Allerdings versteht sich diese Bedeutung von Kunst und Technik keineswegs von selbst, wie ein Blick auf die Kulturgeschichte beweist.

Weit davon entfernt, neue Möglichkeiten zu erschließen, galten Kunst und Technik, das Künstlerische und Künstliche in der Antike als Wiederholung des Natürlichen: als eine Imitation oder Mimesis des Naturgegebenen. Alles Menschenwerk wurde als »Nachahmung der Natur« (vgl. Ä, 9 ff., ST 87) verstanden. Ob Handwerker Gebrauchsdinge herstellten oder Maler Gegenstände darstellten, sie orientierten sich an Vorgegebenem: Erstere an geistigen Ideen, Letztere an deren Nachbildungen in der realen Welt. Wirklich Neues brachten sie nicht hervor. Hierzu bestand angesichts der »Vollständigkeit der Natur« (Ä, 80) grundsätzlich keine Möglichkeit: »Natur war der Inbegriff des überhaupt Möglichen [...]: der Kosmos war das All des Wirklichen und Möglichen zugleich.« (Ä, 24) So blieb es in Anbetracht der Vollkommenheit und Vollständigkeit der Welt ausgeschlossen, dass der

Mensch mit schöpferischer Originalität etwas Neues schaffe. Selbst wenn der Handwerker solche Dinge wie Stühle und Tische herstelle, die in der Natur nicht vorkämen, so vollbringe er doch nur, was die Natur selber machen würde, wenn sie Stühle und Tische wachsen ließe. Dabei verhelfe der Handwerker der Natur zur Vervollkommnung ihrer selbst. Er bereichere die Welt nicht mit Neuem, sondern vervollständige bloß, was diese nicht zu Ende brachte (vgl. ST, 101 ff.).

Dies sei auch im Mittelalter noch so gewesen, wo Gott zwar über die Möglichkeit verfügte, die Welt zu erschaffen oder nicht, es aber keine Alternative zum Bestand der Schöpfung gegeben habe. Das heißt: Gott musste die Welt nicht erschaffen; nur wenn er sie erschaffen wollte, dann konnte er bloß die bestehende Welt aus dem Nichts heraufbefehlen. Der Kosmos schöpft gewissermaßen die Möglichkeiten seiner Allmacht aus (vgl. Ä, 30 ff., ST 109 ff.). Deshalb galten noch im Hochmittelalter menschliche Hervorbringungen als Naturnachahmungen.

Das änderte sich Blumenberg zufolge erst im Spätmittelalter. Nun sah man in der gegebenen Welt nur mehr einen zufälligen Ausschnitt aus dem unendlichen Spielraum des Möglichen. Infolgedessen hieß es jetzt: Gott hätte genauso gut eine andere Welt erschaffen können. Auf diese Weise öffnete sich die Schere zwischen dem Wirklichen und Möglichen, wodurch erst Platz für die neuzeitliche Idee des schöpferischen Menschen geschaffen wurde, der fortan in Technik und Kunst ganz Neues hervorbrachte. Dies wurde möglich, weil das, was war, nicht mehr alles war, was sein konnte. Erst unter dieser Voraussetzung wurden schöpferische Originalität und freie Erfindung denkbar. Jetzt konnte an die Stelle bloßer Imitation echte Kreativität treten, die nicht mehr nur die vorgegebene Welt nachbildete, sondern eine neue, zusätzliche Welt erschuf. Künstler und Techniker waren Schöpfer geworden, die eigene Wirklichkeiten zu erzeugen vermochten. Sie befanden sich gleichsam »in der Lage Gottes vor der Erschaffung der Welt angesichts der ganzen Unendlichkeit des Möglichen, aus der er wählen konnte« (Ä, 43). So kam es aufseiten der Kunst im 18. Jahrhundert zur Idee des schöpferischen Genies, das jedoch noch nicht gänzlich mit dem Prinzip der Nachahmung gebrochen hatte, insofern es jetzt lediglich unbewusst die wahre Natur der Dinge bei der freien Entfaltung seiner kreativen Talente nachbildete. Erst danach konnte sich die Vorstellung vom Künstler als Schöpfer ungehindert durchsetzen. Die Fantasie wurde die Quelle alles Neuen, bislang noch nie Dagewesenen. Der artistischen Freiheit standen fortan »unendliche« Möglichkeiten offen.

Auch seitens der Technik kam es zu Beginn der Neuzeit nicht sofort zu originellen Erfindungen. Zwar war der mittelalterliche Gott selbst eine Art Handwerksmeister, Künstler oder Techniker, der die Welt aus dem Nichts erschuf, und als »potentia absoluta« besaß der spätmittelalterliche Gott zudem einen Spielraum unendlicher Möglichkeiten. Beide Aspekte bereiteten gleichsam einen Gedankenhorizont vor, in dem die Gestalt eines kreativen, technisch interessierten Menschen schon denkbar wurde. Überdies lag die Entstehung des schöpferischen Künstlers und Technikers in der Konsequenz der theologischen Auffassung vom Menschen als einem Ebenbild des mächtigen Weltschöpfers. Jedoch entstanden zu Beginn der Neuzeit lediglich die mathematischen Naturwissenschaften, die erst seit der zweiten Hälfte des 19. Jahrhunderts auf Anwendung drängten und zu großen technischen Erfindungen führten. Näher betrachtet aber ist naturwissenschaftliche Erkenntnis selbst bereits Erkenntnis möglicher Herstellung. Technik entsteht nicht erst durch Anwendung wissenschaftlicher Ergebnisse, sondern gehört zur Eigenart der Naturwissenschaften selbst. Mit Blumenbergs Worten: »Eine Hypothese zur Erklärung eines Phänomens ist prinzipiell die Anweisung zur Herstellung dieses Phänomens, deren Ausführung das Experiment ist.« (ST, 45 f.)

Allerdings bedurfte es noch eines speziellen Motivs, dass der Mensch die Möglichkeit zu schöpferischer Originalität auf ebenso künstlerischem wie wissenschaftlich-technischem Gebiet ergriff und aus bloßer Nachahmung (imitatio) wirkliche Erfindung (inventio) wurde. An dieser Stelle ist erneut an *Die Legitimität der Neuzeit* zu erinnern, wonach schöpferische Künstler und Techniker im Zuge der humanen Selbstbehauptung gegen den absolutistischen Willkürgott des Spätmittelalters entstanden, gegen den sich der Mensch zwecks Daseinssicherung durchsetzen musste. Hierzu hatte sich ihm ein Horizont mit »unendlichen« Gestaltungsmöglichkeiten geöffnet.

Das »Unendliche« wurde von den alten Griechen abgewertet, die darin bloß das Gestaltlose sahen. Erst die philosophische Theologie der Spätantike und des Christentums verwandelte das Unendliche in ein Attribut göttlicher Vollkommenheit, bevor es dann auf das unermessliche Universum und auf den kreativen Techniker und genialen Künstler übertragen wurde: »Was die Welt auf sich zu ziehen vermochte, konnte dem ihr ebenbürtigen Subjekt nicht fremd bleiben; wenigstens als ästhetische Kreativität im Horizont seiner unbegrenzten Möglichkeiten [...] wurde es gleichfalls unendlich.« (G, 218)

Aber Künstler schöpfen nicht nur aus bislang unverwirklichten Möglichkeiten, wie Techniker schaffen sie auch Möglichkeiten: »Der ästhetische Gegenstand hat nicht die Bestimmtheit eines Punktes, sondern die Potentialität eines Horizonts. [...] Vieldeutigkeit ist geradezu ein Index, unter dem die Gegenständlichkeit des Ästhetischen sich ausweist.« (Ä, 108, 112) Darum sind die eindeutigen Absichten von Künstlern, die sich in der Moderne oft gegen den Verdacht zur Wehr setzten, für bürgerliche Illusionsbereitschaft anfällig zu sein, eher zweitrangig gegenüber der »Vieldeutigkeit und Unbestimmtheit dessen, was als ästhetisch ansprechender Gegenstand existiert« (Ä, 116). Nach Blumenberg steht fest, »daß der Autor nicht kompetenter ist, sein Werk zu werten und zu beurteilen, als der Leser« (Ä, 109).

Eine herausragende Aufgabe der Kunst sieht er darin, gewöhnliche Alltagsdinge aus ihrer unreflektierten Gebrauchsumgebung oder banalen Belanglosigkeit zu befreien und in den Andachtsraum der Auffälligkeit zu bringen. Mit Valéry gesprochen: »Ein Kunstwerk sollte immer darauf hinweisen, daß wir noch nicht gesehen haben, was wir sehen.« (L, 149) Das ermögliche eine größere Unbefangenheit und Ratlosigkeit bekannten Gegenständen gegenüber, die wir auf diese Weise besser sehen lernten: Der Künstler »beunruhigt den Geist des Betrachters durch eine neue Sicht« (Ä, 95), indem er das Selbstverständliche aus der Sphäre unbeachteter Gewohnheiten heraustreten lässt.

Dies gelte in der Moderne jedoch nicht nur für Dinge, sondern auch für die Sprache, die in der neueren Dichtung häufig für sich selbst steht, ohne Verweis auf die Wirklichkeit, und dadurch musikalischen Klängen ähnelt. In der Musik lenkten Töne die Aufmerksamkeit lediglich auf sich selbst und nicht durch sich hindurch auf etwas Außermusikalisches. Mit alledem gelinge der Kunst eine Verwesentlichung des Flüchtigen, die Verwandlung des Zufälligen in ein Notwendiges und die Verteidigung des Besonderen gegen das Allgemeine.

Anekdoten, Aphorismen, Abenteuer

Die meisten Schriften Blumenbergs gleichen selbst solchen Kunstwerken, die zwar schwer zugänglich sind, aber viele sinnreiche Sprüche enthalten, wie etwa: »Wir werden genötigt zu einem Vertrauen, das wir in anderen Dingen nicht mehr haben: Vertrauen in die Zuverlässigkeit der Welt, denn nur so ist Rückkehr zu ihr beim Erwachen möglich« (L, 97); »Unheil zieht sich eher zusammen, als daß es sich ausbreitet« (L, 102); »Die Erinnerung ist eine notorische Fälscherin der Erfahrung« (L, 113); »Es ist merkwürdig, daß Tagebücher, die im Dienste der Erinnerung zu stehen scheinen, die Gegenwarten ihrer Tage überschätzen. Sie erlegen das Pensum auf, etwas an jedem Tage erlebt zu haben.« (BG, 254) »Bildung ist ganz wesentlich Unverführbarkeit.« (ST, 136) Die Liste solcher aphorismenartigen Formulierungen ließe sich problemlos um mehrere Hundert Beispiele erweitern.

Doch Blumenberg war nicht nur ein Meister hintersinniger Sätze, in einige hintersinnige Geschichten war er selbst verstrickt. Als es nach dem Sputnik-Schock auf westlicher Seite zu verstärkten Anstrengungen in der Raumfahrtforschung kam, reichte auch Blumenberg im Januar 1958 einen Antrag bei der Uni Kiel und DFG auf Projektmittel in unbestimmter Höhe zur »Erforschung der Rückseite des Mondes durch reines Denken«[86] ein. Auf den scheinbar ernsthaften Antrag antwortete der damalige Präsident der Uni Kiel und Vize-Präsident der DFG, der sich auf dieses Spiel einließ, mit gleichem ironischen Ton: Da die zuständigen

Fachgutachter der DFG logischerweise Philosophen seien, und wenn man bedenke, wie viele Probleme die Philosophen in den letzten Jahrtausenden gelöst hätten, werde wohl »nicht damit zu rechnen sein, dass sich in absehbarer Zeit eine definitive Stellungnahme (zu Blumenbergs Antrag) wird erzielen lassen«[87].

Außerdem erzählte Blumenberg auch gerne kuriose Geschichten und Anekdoten, von denen hier eine kleine Auswahl gegeben sei.

1) Theodor Fontanes Tochter Mete schilderte einmal in einem Brief an den Vater eine Schulszene, in der ein Mitschüler mit origineller List seinen Wissensmangel bemäntelte, indem er die an ihn gerichtete Frage inhaltlich falsch, aber formal korrekt beantwortete: »Lehrer: Nenne mir 4 Tiere in Afrika. – Schüler: 3 Löwen und 1 Rhinoceros.« (F, 144) Offenbar zögerte der Schüler noch, das Letzte zu wagen und zu sagen: 4 Löwen.

2) Ein Löwe lud drei andere Tiere in seine übelriechende Höhle ein, um sie anschließend nach dem Geruch seiner Behausung zu fragen. »Der Wolf sagte frei heraus: Es stinkt. – Der Esel schmeichlerisch: Es riecht gut. – Der Fuchs dagegen: Ich habe Schnupfen.« (Lö, 97) Wie wird der Löwe wohl reagiert haben?

3) Nachdem Friedrich Wilhelm III. einem Dorfjungen eine Ananas zum Probieren gegeben hatte, fragte er ihn: »Was schmeckst Du heraus? – Wurst!« Der König mit der ihm angemessenen Ruhe: »So trägt jeder seinen Maßstab in sich.« (F, 75)

4) Ein Garderobenpage eines Luxushotels war bekannt für sein gutes Gedächtnis; nie benötigte er einen Beleg, um die ihm ausgehändigten Stücke zurückzugeben. Eines Tages fragte ihn ein Gast: »Wie können Sie noch wissen, daß dies mein Hut ist, ohne daß ich ihnen die Nummer gegeben habe? – Verzeihung mein Herr. Ich weiß gar nicht, ob dies ihr Hut ist. Ich weiß nur, daß Sie ihn vor zwei Stunden bei mir abgegeben haben.« (BG, 132)

5) Als ein Freund Newtons den Physiker zu einem Spaziergang abholen wollte und in seinem Speisezimmer auf ihn wartete, entdeckte er auf dem Tisch zugedeckte Schüsseln mit dem Mittagessen für den Wissenschaftler. Kurzerhand verzehrte er dessen Mahl. Nachdem Newton endlich gekommen war, bat er den Freund noch um ein wenig Geduld, bis er gegessen habe. Als er die Schüsseln aufdeckte und leer fand, schloss er nach Art eines Wissenschaftlers: »Da muß ich wohl schon gegessen haben«, als ob Hunger von leeren Töpfen und nicht leeren Mägen abhinge (VS, 52).

6) Nachdem Einstein eines Tages einen Dachdecker von einem Haus fallen sah, eilte er herbei, um dem Herabgestürzten, der lebendig zu Boden gekommen war, eine Frage zu stellen. Allerdings fragte er nicht nach Art eines Menschenfreundes: »Wie ist Ihnen?«, sondern nach Art eines Wissenschaftlers, den Dachdecker als physikalischen Körper mit Bewusstsein inspizierend: »Wie war es?«, um zu erfahren, was er ohnehin wusste, aber kein fallender Dachziegel ihm bestätigen konnte: dass nämlich von der Schwere, die ihn fallen ließ, nichts zu bemerken war (VS, 219, 230; L, 13 f.).

7) Als Besucher Heisenbergs über dessen Haustür ein Hufeisen entdeckten, fragten sie erstaunt den bedeutenden Physiker, ob er denn an solche Glücksbringer glaube. Schlagfertig antwortete der Wissenschaftler, dass man ihm gesagt hätte, Hufeisen wirkten auch dann, wenn man nicht daran glaube (VP, 131).

8) Der berühmte Altphilologe Ulrich von Wilamowitz-Moellendorff erzählte einmal, dass ein liberaler Theologe einen orthodoxen fragte, mit welcher Geschwindigkeit denn Christus zum Himmel gefahren sei und wo eigentlich der Himmel liege. Unumwunden der orthodoxe: »Der Himmel liegt jenseits des Sirius, und Christus wird wohl mit der Geschwindigkeit einer Kanonenkugel dorthin geflogen sein.« Lapidar der liberale: »Dann fliegt er noch!« (VS, 205)

9) In einer Religionsprüfung: »Sage, mein Kind, was war Christus?« Der Kandidat stockt verlegen, woraufhin der Theologe – für Blumenberg eine peinliche Figur, die etwas wissen möchte, wovon sie eigentlich selbst nichts weiß – dem Studenten mit einer zweiten Frage zur Hilfe kam: »Wie sieht Schnee aus? – Weiß! – Was war also Christus? – Ein Schneemann! – Nicht doch! Ein weiser Mann!« (BG, 155)

10) Nach Alfred Polgar soll die tierliebe Lotte in Tränen ausgebrochen sein, als sie ein Bild mit dem Titel »Christenverfolgung unter Nero« anblickte. Nach dem Grund ihres Jammers befragt, zeigte sie auf einen einsamen Löwen am Rande des Bildes und seufzte: »Ach Papa, der arme Löwe da hat gar keinen Christen.« (Lö, 11)

11) Der Kulturhistoriker Jacob Burckhardt über eine Sitzung der Stadtväter von Siena nach deren Befreiung durch einen tapferen Feldherren: Damals hätten die Bürger beraten, welcher Art Dank dem Helden gebühre. Vorläufiges Ergebnis ihrer Beratungen sei es gewesen, dass alle Belohnungen, die ihnen einfielen, zu gering seien. Endlich fand einer den ersehnten Ausweg: »Laßt uns ihn umbringen und dann als Stadtheiligen anbeten.« So soll es sich dann tatsächlich zugetragen haben (F, 153).

12) König Pyrrhus berichtete seinem Berater Kineas, dass er sich nach Eroberung einiger Länder zur Ruhe setzen werde, um das Leben zu genießen. Verblüfft fragte Kineas hierauf, warum er dies denn nicht gleich tue. Blumenberg verteidigt Pyrrhus: »Kann er die Ruhe genießen, ohne sich deren Genuss lange genug vorenthalten zu haben? [...] Kann sich ein König zur Ruhe setzen, solange es auf der Welt noch jemanden gibt, der ihn dabei stören könnte?« (SF, 139) Wohl dem, der Kineas zustimmen kann, denn er wird sicherlich ein entspannteres Leben als Pyrrhus und Blumenberg führen.

13) Bei einer Abendgesellschaft in Paris machte eine Verehrerin dem Dichter Hebbel überraschenderweise einen Heiratsantrag. Über deren Angebot bass erstaunt, fragte er sie, wie das denn zugehen solle, weil sie doch bereits verheiratet sei. Hierauf die Dame: »Oh, mein Herr, nur ein Wort von Ihnen, und ich bin morgen Witwe!« Da Hebbel sich geschmeichelt fühlte und ihre Entschlossenheit bewunderte, wähnte sie sich bereits am Ziel. Dennoch lehnte er ihren Antrag mit den Worten ab: »Sie begreifen wohl, daß eine Dame, die mit solcher Leichtigkeit sich selbst zur Witwe machen kann wie Sie, keine Partie für einen Mann ist, der noch manches andere in der Welt vorhat, als zu heiraten.« (L, 48) Hebbel fehlten Garantien dafür, dass sie nicht morgen bereits wieder einem anderen zuliebe auch ihn aus dem Wege räumen würde.

Gerade aus Letzterem erhellt: Menschliches Dasein ist eine riskante Angelegenheit, wozu nicht nur zahlreiche Fallgruben der Peinlichkeit und Lächerlichkeit, sondern ebenso viele Lebensgefahren gehören. Diese versuchen wir gewöhnlich zu umgehen. Ursprünglich unterwarf sich der Homo sapiens seine Umwelt mehr aus Not und einem Gefühl der Fremdheit wie Ungesichertheit in der Natur als aus Selbsterhebung und Kraftüberschwang. Bildhaft formuliert, gab es in früheren Zeiten nur einen Extremsport: das Leben selbst mit seinen vielfältigen Beschwernissen und Nöten. Armut, Hunger, Krankheit sowie eine übermächtige Natur waren keineswegs abstrakte Begriffe, sondern konkrete Gefährdungen. Man riskierte sein Leben bereits dadurch, dass man überhaupt am Leben zu bleiben versuchte. Zu jener Zeit gehörte die Auseinandersetzung mit Extremsituationen zur ursprünglichen Selbstbehauptung des hilflos in die Welt geworfenen Menschen, dessen Immunsystem durch die erfolgreiche Bewältigung schwieriger körperlicher Aufgaben ebenso gefestigt wurde wie seine Muskelkraft und Ausdauer durch körperliche Anstrengung gestärkt.

Merkwürdigerweise suchen wir Knochen-, Lungen- und Schweißarbeit, extreme Risiken und Wagnisse, heute umso mehr, je weiter unser Leib mittlerweile von schweißtreibender Arbeit befreit und das Leben verhältnismäßig sicher geworden ist. Zwar wurde Sport schon im 19. Jahrhundert ein autonomes Teilsystem der Gesellschaft, das damals kaum noch in sakrale Kontexte eingebettet war; aber erst heute ist Sport, einschließlich Extremsport sowie Expeditionen in lebensfeindliche Regionen, ein Massenphänomen. Da drängt sich einem unwillkürlich die Frage auf, warum Menschen freiwillig solche Strapazen auf sich nehmen. Marathonlauf, Tour de France, Besteigung von Achttausendern, Flug auf den Mond, ja auch Kraftsport im Fitness-Studio – genau genommen sind das alles sinnlose Tätigkeiten ohne irgendeine Wichtigkeit. Dadurch aber wird es nur umso rätselhafter, weshalb Menschen gefährliche Abenteuer in unerschlossenen Gegenden, Strapazen und Entbehrungen suchen.

Blumenberg beschreibt dieses Phänomen so: »Der von Arbeitslast zur Selbsterhaltung geplagte Mensch vieler Jahrtausende scheint nicht mehr an Gefährdung auf sich genommen zu haben, als mit der Sicherung des Lebens unvermeidlich verbunden war; [...] um so verblüffender ist, daß jeder Gewinn an Entlastung kompensiert wurde durch arbeitsähnlichen Zeitvertreib und das bis hin zu erstaunlichen Graden des riskanten Freizeitverhaltens.« (F, 82; BG 167) Ein Blick »auf den Sport und die Phantasmen seiner Diversifikation vom Höhlentauchen bis zu den Achttausendern zeigt, daß die errungenen Freiheiten durchaus mit riskantem Verhalten erfüllt werden. Zur Anthropologie gehört die Feststellung, daß der Mensch nicht nur ein mangels präziser Instinkte riskantes Wesen ist, sondern ein das Risiko suchendes, sich an ihm qualifizierendes Wesen. Er wird nichts derart auslassen, den Mars eingeschlossen.« (F, 83) Aber warum nur?

Manche vermuten in diesem Zusammenhang ein Ausleben des Aggressions- und Spieltriebs; Émile Zola kennzeichnet Sport als Schutzmittel gegen leibliche Hinfälligkeit und intellektuelle Überhitzung, Johann Wolfgang von Goethe dagegen als produktive Entfesselung des Geistes. Auch von Gesundheit ist viel die Rede – nach Blumenberg »eine prekäre Befindlichkeit, die sich nur verschlechtern kann« (BG, 72), weil sie »die höchste Wahrscheinlichkeit des Mangels an Dauer enthält. Vielleicht schon und vor allem deshalb, weil jenes Wohlbefinden das Unmerkliche ist, das man so schwer erträgt, weil man sich auch danach fühlen möchte. Das treibt die Blüten des Übermuts« (BG, 72) bis zum Wahnsinn des Extremsports. Spätestens da endet das Schweigen der Organe. Offenbar vermögen manche nur dann Intensität zu verspüren, wenn sie ihre Gesundheit aufs Spiel setzen. Wo die Gefahr steigt, wächst das Erlebnis mit!

Eher am Rande entlarvt Blumenberg – wie Baudrillard[88] – jede Art von Extremsport, bei dem viele Athleten bis an ihre Grenzen gehen, als Zeichen kreatürlicher Schwäche: Anscheinend hat man es nötig, sein Leben ständig unter Beweis zu stellen! Damit verhalte es sich wie mit der Selbsterhebung des Menschen in den Rang eines höheren Vernunftwesens göttlicher Abkunft. In Wahrheit sei der Mensch »ein Säugetier aus der Klasse der Primaten, ein Ast ihrer Entwicklung, vielleicht ein verlorener« (VP, 41). Aber viele möchten dem »nicht zustimmen, weil sie zu schwach sind, damit zu leben. Das paradoxe Moment ist, daß man sich noch mehr entblößt, wenn man diese Welterklärungen leugnet« (VP, 41). So gesehen wäre der sportliche Drang, die eigene Innenwelt und die fremde Außenwelt zu bezwingen, ein Versuch, das eigene kreatürliche Minderwertigkeitsgefühl auszugleichen.

Blumenberg verfolgt allerdings diesen Faden nicht weiter. Stattdessen wendet er sich jenen zu, die »zum Mond fliegen, weil es in der menschlichen Natur liegt, sich von schwierigen Aufgaben herausgefordert zu fühlen« (VS, 212). Nach Blumenberg irrte Blaise Pascal, dem zufolge der Mensch auf Abgründe zugehen könne; Arthur Schopenhauer habe recht, dass der vom Willen sinnlos Getriebene auf Abgründe zugehen müsse (vgl. VP, 110), was sich auch so beschreiben lässt: Der evolutionsbiologisch erklärbare Drang des schwachen Menschen, sich im Kampf gegen den Absolutismus der Wirklichkeit riskanten Situationen auszusetzen, existiert selbst dann noch weiter, wenn die übermächtige Natur durch Technik und Kultur bereits weitgehend auf Distanz gebracht ist. So kann erst in Wohlstandszeiten die Suche nach lebensgefährlichen Herausforderungen ein Grundbedürfnis menschlicher Selbsterfahrung werden. Im täglichen Überlebenskampf früherer Epochen stellten sie sich von selbst ein, und die Menschen mussten mit ihnen fertigwerden. Dagegen treten in verhältnismäßig zivilisierten Epochen, in denen das Leben gut abgesichert ist, körperliche Antriebskräfte, die ursprünglich menschlicher Selbsterhaltung dienten, nahezu von selbst in den Dienst sportlicher Selbsterprobung.

Für freiwillige Strapazen und risikoreiche Mutproben gibt es also weniger eine höhere geistige Rechtfertigung als vielmehr eine einfache natürliche Erklärung. Den eingeschlagenen Weg fortschreitend, fragt Blumenberg allerdings kritisch, ob wir tatsächlich bis ans Äußerste gehen müssten oder ob wir es auch unterlassen könnten – beim Sport genauso wie in der Kunst, Wissenschaft und Gentechnologie. Seine Antwort fällt negativ aus: »Es ist eine Wesenseinsicht, daß jedes Können sich seiner selbst mit letzter Gewißheit nur sicher wird, indem es tut, was es kann. Sogar der Mensch wird jederzeit alles machen, was er kann, weil es gar keinen anderen Weg gibt zu wissen, ob man es kann.« (L, 64) Nachdrücklich betont er, dass keine Mittel vorhanden seien, das Äußerste zu verhindern, »nicht einmal, es unter schwersten

Sanktionen zu verbieten« (S, 206), auch wenn uns dies nicht davon abhalten möge, es doch wenigstens zu versuchen. Aber die Menschen werden sich nicht aufhalten lassen, das Äußerste zu tun, »weil die gegen die Selbsterprobung des Menschen stehenden Kräfte immer die schwächeren sein werden. Sie werden es tun, wenn nicht hier, dann dort, wenn nicht offen, dann heimlich« (VS, 215) – möglicherweise nur ein einziges Mal. Zusammenfassend entfaltet Blumenberg diese erschütternde Vermutung in einem »Soliloquium«: »Wir müssen doch nicht alles machen, was wir können. – Nein, wir müssen es nicht. – Aber? – Aber wir werden es machen. – Und weshalb? – Weil wir nicht ertragen, wenn der kleinste Zweifel bleibt, ob wir es wirklich können.« (S, 29) Gerade dieser Zweifel erzeuge im Menschen eine Unruhe, die sich nur schwer verdrängen lasse, weil man nur sehr ungenau wisse, was man könne, bevor man es zustande gebracht habe. »In all seiner Findigkeit ist der Mensch ein Wesen des Selbsterfahrungsbedarfs« (VS, 293), zu dem auch die Ermittlung existenzieller Grenzen gehöre. Es steht uns nicht frei, nicht zu wollen, was wir können!

Das absolute Subjekt – nur ein bedürftiger Mensch

Seit seiner Habilitation befasste sich Blumenberg immer wieder mit Edmund Husserl – am ausführlichsten in *Lebenszeit und Weltzeit* sowie in *Zu den Sachen und zurück* (2002) und *Beschreibung des Menschen* (2006). Für diese beiden aus dem Nachlass publizierten Bücher kommt wohl nur ein begrenzter Leserkreis in Betracht. Denn selbst Husserl- und Blumenberg-Kennern erschließen sie sich nicht auf Anhieb; erst nach und nach wird ein roter Faden sichtbar. Und dieser ist wiederum so speziell, dass man sich ernsthaft fragen muss: Wozu eigentlich solche Philosophie?

Üblicherweise werden solche Fragen »nicht mit der Absicht gestellt, scharf- oder tiefsinnige Antworten zu erhalten, als vielmehr dazu, den Adressaten der Fragen in Verlegenheit zu bringen« (ZS, 13). Blumenberg betont selbst, dass »die meisten anderes und besseres zu tun haben« (ZS, 341), als Philosophie zu betreiben, deren praktische Bedeutung ja keineswegs auf der Hand liegt. Vor allem glaubt Blumenberg Husserl nicht, »er hätte ohne Philosophie nicht leben können. Daran muß Zweifel erlaubt sein: Es läßt sich auch ohne Philosophie leben. Der Mensch ist nahezu dadurch definitionsfähig, daß er ohne das meiste leben kann. Mir würde die Stärke der Erklärung bei weitem genügen, jemand möchte nicht mehr ohne Philosophie leben.« (ZS, 15) Dass man nicht anders könne, als zu philosophieren, sei falsch, richtiger wäre es zu sagen, dass man nichts anderes könne (vgl. VP, 138). Jedenfalls sei der Mensch ein Wesen, von dem nicht gesagt werden dürfe, es könne ohne irgendetwas nicht leben oder Unfassbares nicht aushalten: »Die Auszeichnung des Menschen ist, sowohl mit allem als auch ohne alles leben zu können.« (L, 134) Genau genommen müsse sogar gesagt werden: »Wer ohne Philosophie nicht leben kann, ist kein Philosoph.« (S, 141)

Zu dieser Philosophenschelte Blumenbergs passt aufs Genaueste seine Fehldeutung einer Anekdote Platons über den frühantiken Denker Thales in der 1987 erschienen Studie *Das Lachen der Thrakerin.* Im *Theaitetos* erzählt Platon, dass Thales in einen Brunnen fällt, als er nach oben blickt, um den Himmel zu erkunden, weshalb ihn eine thrakische Magd auslacht. Nun steht der von Thales beobachtete Sternenhimmel bei Platon aber nicht, wie man vermuten könnte, für die Weltfremdheit der Philosophen oder gar die Fremde der Welt. Thales erregt das Gelächter nicht, weil ihm das für sein praktisches Leben irrelevante Fernliegende zu nahegeht, während das für seinen lebensweltlichen Alltag relevante Naheliegende ihm zu fern bleibt. Platon platziert die Thales-Anekdote in einer Diskussion über den Vorrang der Philosophie vor der Rhetorik: Philosophisches Leben sei von allen Zwängen befreit und werde im Wesentlichen von Wahrheit und Muße bestimmt; dagegen stehe ein in der Volksversammlung und vor Gericht auftretender Rhetor unter großem Zeitdruck und der unsittlichen Anforderung, andere schmähen oder ihrer bloßen Herkunft, Macht und Besitztümer wegen loben zu sollen. Die Magd verkörpert in Platons Dialog den Rhetor, Thales den Philosophen, genauer: Sokrates, der – statt nach unten – aufwärts zum Himmel blickte. Dessen Brunnensturz symbolisiert sein Missgeschick vor dem Athener Gericht, das ihn der Jugendverführung wie auch der Gottlosigkeit anklagte und anschließend zum Tode verurteilte. Als geschickter, wortgewaltiger Rhetor hätte er alle Anschuldigungen gegen sich zurückweisen können und wäre vom Gericht freigesprochen worden. Das tut das Lachen der thrakischen Magd kund. Dennoch möchte Platon die Niederlage des Philosophen nicht als Scheitern verstanden wissen – die eigentliche Pointe der Geschichte, die Blumenberg verfehlt! Obgleich Sokrates ausgelacht wird, ist er für Platon keine lächerliche Figur. Im Gegenteil setze sich die thrakische Magd der Lächerlichkeit aus, da ihr selbstvergessenes, rhetorisches Geschick in weltlichen Angelegenheiten nichts wiege gegen ein bewusstes, wahres Leben im Angesicht des Todes. Nach Platon ist es besser, nicht vor dem himmlischen Gericht zu versagen, als ein bloß irdisches Gericht zu bestehen.

Blumenberg glaubt nun, dass Platon den weltabgekehrten Theoretiker als peinliche Figur habe vorführen wollen. Das ist falsch.[89] Da steht Heidegger sogar Platon näher, wenn er den Sturz des Philosophen als Kriterium dafür bewertet, »daß er sich auf dem richtigen Weg befindet« (LT, 149). Freilich taugt Philosophie im Alltag wenig, weshalb Dienstmägde und Rhetoren über sie lachen: »Die Existenzberechtigung der reinen Theorie steht immer wieder in Frage.« (LT, 25) Lediglich die Motive für deren kritische Hinterfragung wechseln im Laufe der Geschichte: Lassen die einen den Philosophen, der den Himmel erforscht, in den Brunnen fallen, weil er dem nahen Alltag zu fern bleibt, so die anderen, weil er darüber Gott vergisst. Aber so nutzlos Philosophie sein mag, unnütz ist sie deshalb noch lange nicht, vermittelt sie doch Aufklärung und Orientierung. Nur weil sie einem selbst nicht nahegeht, gilt nicht, dass sie niemanden etwas angeht, was Blumenberg selbstverständlich keineswegs bestreitet.

Vermutlich hat er – trotz falsch interpretiertem Platon – recht, dass man als »rhetorische Magd« nicht nur besser durchs Leben kommt denn als »philosophischer Thales«, sondern dass es hierauf auch im Wesentlichen ankommt. Seine Fehldeutung ergibt sich gewissermaßen aus seiner Philosophie und gehört in die »Rubrik fruchtbare Mißverständnisse« (L, 23), die er, überzeugt davon, dass beim Übersetzen und Auslegen »gelegentlich etwas herauskommt, das erst durch die Verfehlung aufblühen konnte« (L, 9), ansonsten begrüßt. Den platonischen Sokrates muss Blumenberg schon deshalb abwerten, weil er für das Streben nach absoluter Wahrheit, das Bedürfnis nach endgültiger Erlösung und die Sehnsucht nach vollständiger Heilung steht – alles Ziele, die Blumenberg für unerreichbar hält. Die thrakische Magd, eine Allegorie der Rhetorik, muss er dagegen gutheißen, weil ihre Redegewandtheit zugleich Bodenständigkeit, Lebensfähigkeit und List anzeigt, mit deren Hilfe man sogar überlegene Mächte zu überwinden, ihnen zumindest auszuweichen vermag. Cicero wird später die Einheit von Weisheit und Beredsamkeit, »sapientia« und »eloquentia«, »ratio« und »oratio« fordern.

Nun interessierte Blumenberg die »Wozu-Philosophie«-Frage ohnehin bloß am Rande, jedenfalls ließ er sich von ihr nicht weiter beunruhigen, da er den Mut hatte, darauf zu bestehen, »relevant sei, was für ihn relevant« (ZS, 341) sei: »Wenn man in manchen Sachen erst mittendrin steckt, kann man nicht mehr so tun, als stünde man noch davor.« (ZS, 14) Dabei entdeckte er eine zumeist übersehene Gemeinsamkeit zwischen Sportlern und Philosophen: Beide möchten nicht nur erfahren, was sie können, sondern auch, was sie aushalten können!

Das muss der Leser von Blumenbergs Husserl-Studien ebenfalls erfahren wollen, denn diese halten ihn zunächst nur mit Bonmots wie diesem bei der Lektüre: »Wie schnell kann man den gepriesenen Konsens erreichen, wenn man die kleinen Gefälligkeiten erweist, mit denen man bei jedermann Beifall findet, ohne etwas gesagt zu haben.« (ZS, 39) Oder: »Tritt der beamtete Theoretiker außer Dienst, so kann er endlich [...] sich selbst darstellen. So besitzen wir eine uferlose Literatur an Autobiographien, denen gegenüber es kein Vorwurf ist, wenn man sie als überwiegend aus sorgfältigen Selbststilisierungen bestehend charakterisiert – denn darauf durfte der Käufer und Leser vorbereitet sein, und so wurde er nicht betrogen. Aber was man wissen möchte, erfährt man nur selten: Wie es denn wohl zuging bei einer theoretischen Fähigkeit [...]: Wie machte das überhaupt einer? Wie schwer tat er sich dabei?« (ZS, 64)

So markant diese Zitate sind, letztlich kommt es auf Blumenbergs Husserl-Interpretation an. Dessen philosophisches Motto lautete: »Zu den Sachen selbst«, die wir im Alltag allzu leicht übersehen und vergessen. In diesem Sinne zielt Husserls Phänomenologie darauf, »etwas sehen zu lassen, was sonst nicht gesehen wurde oder würde, also mehr zu sehen, als Alltag und Wissenschaft uns sehen machen« (ZS, 344). Darin stimmt Husserl mit Ludwig Wittgenstein überein, der gleichfalls vermerkt: »Die philosophische Unbefriedigung verschwindet dadurch, daß wir mehr sehen.« (ZS, 350) Überhaupt gibt es zahlreiche Überschneidungen zwischen Wittgenstein und Husserl, bis hin zur Methode der »Beschreibung«, die sie beide an die Stelle der »Erklärung« setzen (vgl. Ä, 236; S, 137).

Aber immer schon Gesehenes bewusst anzuschauen und zu beschreiben will gelernt sein, weshalb es sich auch nicht von selbst versteht: »Philosophie ist, worauf man beinahe von selbst gekommen wäre. Und das, worauf man beinahe von selbst kommt, sind die Sachen« (ZS, 9) – wohlgemerkt nur »beinahe«. Denn an den Hauptsachen sehen die meisten vorbei; selbst Sehgeübte verfehlen nach Husserl häufig das Eigentliche, das seiner Auffassung nach in der transzendentalen Phänomenologie liegt.

Deren Ausgangspunkt bildet die vorwissenschaftliche und naturwissenschaftliche Weltauffassung, zu der ebenso das Bewusstsein gehört, selbst Teil der Welt zu sein, wie die Annahme, dass diese unabhängig von uns Menschen existiert. Dieser natürliche

Weltglaube wird allerdings von Husserl außer Kurs gesetzt. Zurück bleibt ein nicht der Welt zugehöriges absolutes Subjekt, das jeder von uns auf seinem tiefsten Grunde sei. Auf dieses Ich wird anschließend die gesamte Wirklichkeit bezogen und als von ihm abhängig vorgestellt. So kommt der Übergang von der natürlichen zur transzendental-phänomenologischen Weltsicht einer Umkehrung der alltäglichen Stellung von Ich und Welt gleich. Denn während sich in der natürlichen Sicht das Subjekt von der subjektunabhängigen Natur bedingt weiß, wird in der transzendental-phänomenologischen Vorstellung die Natur als vom weltunabhängigen Subjekt bedingt geschaut. Das macht Husserl zu einem Vertreter der idealistischen Bewusstseinsphilosophie, nach der es kein Sein ohne Selbst, Welt nicht ohne Ich geben kann. Die vom absoluten Ich hervorgebrachte Welt ist vornehmlich ein Ding- und Wahrnehmungszusammenhang mit übersichtlicher Ordnung.

Diese Ordnung meinte Husserl bei den Sachen selbst zu finden, die nicht »nur« Natur seien, sondern einen anschaulichen Vernunftzusammenhang bildeten – wie auch der Mensch nicht bloß ein Naturwesen, sondern ein der Natur überlegenes Vernunftwesen sei. Dabei strebte Husserl in seinen Deskriptionen stets absolute Wahrheit und systematische Vollständigkeit an. Bei seinen Bemühungen, Verworrenes vernünftig zu ordnen, Vorgegebenes anschaulich zu begründen und Auseinanderfallendes einsichtig zu verknüpfen, schwebte ihm das Bild eines evidenten Vernunftzusammenhangs vor Augen, dessen Kennzeichen Wohlgeordnetheit, Übersichtlichkeit und vor allem Anschaulichkeit sein sollten. Besondere Bedeutung maß er in diesem Zusammenhang der Reflexion bei, die einerseits alles infrage stelle, andererseits einen Weg zu letzten Gewissheiten bahne. Sie war für ihn eine Macht, welche die Schäden, die sie selbst verursache, wieder beheben könne (vgl. ZS, 331 ff.).

Die eigentliche Pointe von Blumenbergs Husserl-Studien ist damit aber noch nicht im Entferntesten erfasst. In detaillierten Analysen weist Blumenberg nach, dass die Phänomenologie zwar zu den Sachen selbst kommen wollte – und das heißt: die Wirklichkeit als eine Vernunftordnung vorzustellen suchte, die in einem absoluten Subjekt begründet sei –, dass sich bei diesen Bemühungen aber immer wieder Schwierigkeiten einstellten, die es Husserl nahezu unmöglich machten, bei den mehr oder weniger verfehlten Sachen zu bleiben. Beim Rückweg kamen dann überraschenderweise immer wieder die Wirklichkeit als unabhängige, übermächtige Welt und das Ich als sterblicher, endlicher Mensch in den Blick. Mit anderen Worten: Zu den Sachen bedeutet so viel wie »absolutes Ich«, »Vernunftordnung«, »Evidenz und Klarheit« – und zurück: »endlicher Mensch«, »reale Welt«, »Evidenzmangel und Verworrenheit«. Probleme beim Erreichen der erstgenannten Ziele führten Husserl regelmäßig zu letzteren Phänomenen und verwandelten hierbei die transzendentale Phänomenologie unbeabsichtigterweise in eine phänomenologische Anthropologie.

Zu den Ungereimtheiten des absoluten Subjekts gehört etwa, dass es einerseits die Welt mit ihren zahllosen Gegenständen und Menschen konstituiert und sich dadurch aneignet, dass diese ihm andererseits aber völlig fremd bleiben und sich jeder Vereinnahmung entziehen. Freilich bedeutet Erkennen für uns Menschen so viel wie etwas zu besitzen, ohne es sein zu müssen. Aber das absolute Subjekt, das sich durch gestalterisches Wirken in die Welt hineinträgt, könne diese doch nur dadurch besitzen, dass es sie auch werde: »Was man ganz haben will, das muß man sein.« (ZS, 123; B 146 ff.) Allerdings sei dies schon deshalb unmöglich, weil man nur um den Preis das andere oder der andere sein kann, dass man selbst nicht mehr man selbst wäre. Die Welt besitzt dem absoluten Subjekt gegenüber absolute Eigenständigkeit!

Diese zeige sich beispielsweise daran, dass jede noch so genaue und detailreiche Gegenstandswahrnehmung unabgeschlossen bleibe, da jedes Ding unerschöpflich sei. Das hänge damit zusammen, »daß der Gegenstand immer mehr und daraus folgend anderes ist als das Bewußtsein, das mit ihm beschäftigt ist. In letzter Exekution: daß es eine Welt gibt« (ZS, 125), deren Unabhängigkeit die Absolutheit des weltkonstitutiven Subjekts radikal infrage stellt.

Näher betrachtet lässt sich eine solche Absolutheit schon an diesem selbst nicht ausmachen, andernfalls würde es die angestrebte Klarheit und systematische Vollständigkeit erreichen, hinter denen es ständig zurückbleibt. Jedenfalls darf es für ein absolutes Subjekt keine Ungenauigkeiten, Vorläufigkeiten, Täuschungen und Fehler geben, wie sie Husserl immer wieder machte; dies alles gibt es nur für endliche Menschen. Aber die zahllosen Selbstprotokolle und Schriftstücke Husserls, seine fragmentarischen Stenogramme, in denen der Phänomenologe wieder und wieder von Neuem ansetzte, beweisen aufs Deutlichste: »Was durch Anschauung endgültig beschreibbar geworden und beschrieben sein sollte, gerät immer wieder unter die Revision desselben Zuschauers.« (ZS, 35) Es passt einfach nicht zu einem absoluten Subjekt, unzufrieden zu sein mit dem, was es sich in Jahren oft verzweifelter Arbeit abgerungen hat. Nie erreicht der Phänomenologe in seinen Schriften die gesuchte systematische Ordnung, lichtvolle Klarheit, letztgültige Begründung, obgleich er immer wieder neue Anläufe hierzu macht. So erklärt sich wahrscheinlich das Missverhältnis zwischen Tausenden von Manuskriptseiten als Hinterlassenschaft und den nur wenigen zu Lebzeiten veröffentlichten Büchern.

Hinzu kommen »Schwierigkeiten mit der Sprache [...], um seine Anschauung in Beschreibung umzusetzen« (ZS, 65). Nicht nur fehlte es Husserl oft an der ersehnten endgültigen Evidenz, immer wieder versagten seine sprachlichen Mittel, das Gesehene angemessen auszudrücken. Schauen ist mächtiger als Sagen. Jedenfalls scheint es ein fast unlösbares Problem zu sein, einzelne Wörter mit eindeutigen Bedeutungen zu versehen. Heute herrscht die Auffassung vor, dass die Sprache sogar mächtiger als jedes Sehen sei, dessen Spielräume sie überhaupt erst präformiere. Weiter bestehen nach Blumenberg große Zweifel, ob bei Husserl tatsächlich immer die Sachen selbst – »res« – oder bloße Worte – »verba« – zur Sprache kommen, womit sich die Schwierigkeiten bei der Erfassung des absoluten Subjekts und der Welt als eines geordneten Vernunftzusammenhangs vortrefflich erklären ließen. Denn die »Wahrnehmung dessen, was es nicht gibt, ist die schwerste« (Ä, 176). Der Rückgriff auf Metaphern war für Husserl auf alle Fälle unvermeidlich, was für Blumenberg ein weiteres Indiz dafür ist, dass das absolute Subjekt doch nur ein endlicher Mensch ist.

Vor Erkenntnissen der beschriebenen Art schreckte Husserl allerdings zurück, obgleich sie die Grundlage einer genuin phänomenologischen Anthropologie hätten werden können. Auffälligerweise tat Husserl alles »zur Vermeidung eines einzigen Schrittes [...], den zu tun [er] über alles Maß fürchtete und verabscheute: den Schritt auf anthropologisches Gelände« (ZS, 256 f.), das er als überaus bedrohlich empfand. Blumenberg spricht hier von »Anthropologie-Phobie« (ZS, 98). Diese hat ihren letzten Grund in Husserls unerschütterlicher Überzeugung, dass Anthropologie schlicht außerstande sei, der Vorstellung der Welt als eines wohlgeordneten Vernunftzusammenhangs zu einem tragfähigen Fundament zu verhelfen und damit zusammenhängend die Gefahren des relativistischen Historismus wie auch des materialistischen Naturalismus zu bannen.

Die Vorstellung eines absoluten Subjekts hält Blumenberg also für illusionär. Genauere Untersuchungen entlarven es immer wieder als endlichen Menschen – unvollkommen, sterblich, weltoffen und darum zur Selbstbehauptung gegen die übermächtige Wirklichkeit gezwungen (vgl. ZS, 132 ff.). Aber Blumenbergs Untersuchungen bleiben selbst auf halbem Wege stehen. Sie wären eindeutiger und klarer ausgefallen, wenn er nur den erst 1993 herausgegebenen Briefwechsel Husserls berücksichtigt hätte. In seinen zu Lebzeiten veröffentlichten Büchern stellt sich Husserl als weltentrückten Virtuosen der Reflexion dar, der als absolutes Subjekt die Last des Lebens wie ein zu schweres Gewand fallen lässt. In seinen Briefen jedoch zeigt er sich als ein von täglichen Sorgen erfüllter, verletzbarer Mensch, der schwer an der Last des Daseins trägt, alles im Leben schwer nimmt, das meiste als niederdrückend empfindet, seien es die Arbeit, die Verhältnisse der Zeit oder die Beschwernisse des Alters, die eine jeden Transzendentalphilosophen empörende Überlegenheit des sterblichen Körpers über den außerweltlichen Teil seines absoluten Ichs anzeigen. Wie Blumenberg in *Lebenszeit und Weltzeit* darlegt, offenbart gerade die in der unermesslichen Weltzeit gespiegelte Vergänglichkeit unseres Daseins den Absolutismus der Wirklichkeit, der Husserls starkes Subjekt am Ende doch als schwach entlarvt. Diese Überlegenheit tritt völlig ungeschminkt beim Sterben hervor, wenn der Körper das Ich zum Schweigen bringt, ohne auf dessen angemaßte Absolutheit und Außerweltlichkeit besondere Rücksicht zu nehmen.

In einer Beschreibung, die einem Phänomenologen würdig ist, bringt diese Überlegenheit Husserls Frau Malvine in Briefen an die Tochter Elli über die letzten Tage ihres Mannes anschaulich zur Darstellung. Im August 1937 erkrankte Husserl an einer Rippenfellentzündung, zu der eine schwere Lungenentzündung kam; er erholte sich von beidem nicht mehr. Zwar äußerte der todkranke Philosoph noch am 7. Februar 1938 den Wunsch: »Ein Buch möchte ich noch fertig machen, das sollte mir vergönnt sein.« (L, 136) Aber sein letzter Lebensabschnitt hatte schon begonnen. Anfang April 1938, als die Krankheit bereits weit fortgeschritten war, schrieb Malvine entmutigt an Elli: »Es geht mit Papa in gleichem Sinne weiter, trauriger als traurig.«[90] Gleichermaßen niederdrückend und erhebend der Brief vom 19. April 1938: »Papa geht stetig seinen Weg bergab, oder vielmehr bergauf. Denn wenn auch seine Lebenskräfte immer mehr abnehmen, so ist seine Seele so abgeklärt, so weggewendet von den Niederungen dieser Welt, sein Blick ganz hingerichtet in die weite unbekannte Ferne der Ewigkeit. Sprechen tut er beinahe gar nicht mehr [...]. Er liegt geduldig da, manchmal huscht ein zartes Lächeln des Erkennens für einen Augenblick über die abgezehrten Züge, dann schließt er die Augen, um zu schlafen oder einem inneren Erleben zugewendet zu sein. [...] Kein Murren, keine Ungeduld, nur Ergebenheit in Gottes Willen.«[91] Der letzte Brief seiner Frau stammt vom 23. April, in dem Husserl als eine Persönlichkeit beschrieben wird, wie man sie aus seinen Büchern nicht kennt. Die einfühlsamen, feinfühligen Schilderungen von Malvine Husserl können einem zu Herzen gehen: »Bei uns geht es weiter in der Continuität des Abstiegs [...]. Sehr bedrückend (ich glaube auch für Papa in den klaren Momenten, wenn er etwas sagen will) ist es mir, daß er ganz stimmlos ist und man schwer oder gar nicht die gehauchten Worte versteht [...]. Vorhin, als ich auf Papas Bette saß, legte er seine Arme fest um mich, zog mich an seine schmerzende Brust und flüsterte deutlicher als sonst: Du mußt immer bei mir bleiben.«[92]

Vier Tage später, am 27. April 1938, starb Husserl. Bei seiner Beerdigung war als einziger Professor der Universität Freiburg der Historiker Gerhard Ritter anwesend. Der Absolutismus der Wirklichkeit hatte das Lebensproblem des absoluten Subjekts, die Widerständigkeit gegen den eigenen Verfall, auf seine Weise – und das heißt: auf natürlichem Wege – gelöst.

Der Mensch ist das Unmögliche

Blumenbergs kritische Auseinandersetzungen mit Husserl legen das Fundament zu einer Phänomenlogischen Anthropologie, in deren Mittelpunkt der endliche Mensch steht. In seiner phänomenologischen Anthropologie laufen die weit verstreuten Fäden seines gesamten Schaffens zusammen. Schon Martin Heidegger hatte in *Sein und Zeit* eine Phänomenologie der Endlichkeit entwickelt. Blumenbergs Phänomenologische Anthropologie versteht sich als bessere Alternative. Auf den ersten Blick scheint eine große Übereinstimmung zwischen beiden zu herrschen. Denn Heidegger und Blumenberg sehen im Menschen ein Wesen, das sein Dasein selbst organisieren muss. Allerdings trügt der Schein. Blumenbergs Anthropologie ist eine Selbstbehauptungsphilosophie, in der es um die elementare Frage geht, wie der Einzelne seinen unzeitigen Tod abwenden kann. Heidegger befasst sich dagegen mit Fragen, die sich ergeben, wenn man bereits davongekommen ist. Zugespitzt formuliert, möchte Blumenberg wissen, wie *Überleben* gelingen kann, Heidegger, wie *Leben* gelingen kann. Ersterer hat die Biologie als Bezugswissenschaft im Hintergrund, Letzterer die Theologie.

Blumenberg verabschiedet die klassische Grundfrage der philosophischen Anthropologie: »Was ist der Mensch?« (B, 483), überzeugt davon, dass es ein »Wesen« des Menschen gar nicht gibt. Er ersetzt die alte Wesensfrage durch die bange Existenzfrage: »Wie ist der Mensch überhaupt möglich?« (B, 535) Diese Frage wird nur vor dem Hintergrund eines starken Misstrauens gegen die Lebbarkeit des menschlichen Daseins verständlich. Genau genommen müsse über den Menschen sogar gesagt werden: »Er ist das Unmögliche.« (B, 535) So sei er nicht bloß kosmisch fast unmöglich: »Er verliert sich als unwahrscheinliches Ereignis im physischen Universum.« (B, 17) Er sei auch nicht nur evolutionsbiologisch nahezu unmöglich, wenn man bedenke, »dass die überwältigend große Anzahl der Wege in der Entwicklung nicht zum Menschen führte« (B, 576): »Der Mensch ist [...] eine überraschende und inkonsequente Nebenlösung des Gesamtproblems der Selbstbehauptung des Lebens auf der Erde.« (B, 585) Vor allem aber sei er existenziell so gut wie unmöglich, vergegenwärtige man sich nur all die Mängel seines Daseins und die Notlagen, in die er geraten könne (TU 26, 88).

Auf die Frage, wie es dem Menschen gelinge, allen Schwierigkeiten zum Trotz zu überleben, antwortet Blumenberg mit der bekannten Formel: mittels der Fähigkeit, auf Abstand gehen oder bleiben zu können: »Eine Antwort auf die Frage, wie der Mensch möglich sei, könnte lauten: durch Distanz« (B, 570), die allerdings voraussetzt, das Bedrohliche auf Entfernung wahrnehmen zu können, wozu der Mensch erst durch den aufrechten Gang fähig wurde.

Wie kam es dazu, dass der Mensch als biologische Art innerhalb der Vierfüßler sich auf zwei Beine stellte? Bekanntlich lebten unsere Vorfahren auf Bäumen, von wo aus sie vor rund 1,5 Millionen Jahren, als sich der Homo habilis zum Homo erectus entwickelte, in die offenen Savannen zogen, als die Regenwälder schrumpften und das Großtierfleisch als Nahrungsmittel für sie zunehmend an Bedeutung gewann. Mit dem Verlassen des Urwalds und dem Schritt hinaus ins Grasland ging die Entwicklung unserer Ahnen zu aufrechten Zweibeinern einher. In den ihnen vertrauten Wäldern lebten sie noch als Schwinghangler, die sich mit sicherem Schwung von Ast zu Ast fortbewegten. Noch heute zeigen uns Kunstturner und Zirkusartisten weniger, was wir Menschen mittlerweile alles können, als vielmehr, was wir alle einmal konnten. Sie bieten gewissermaßen einen Rückblick in unsere Vergangenheit, die wir noch mit uns tragen.

Mit der Selbstaufrichtung des Menschen beim Verlassen des Urwalds ging die »Freisetzung der vorderen Extremitäten« (B 575) einher: die Entwicklung der Hand. Schon der altgriechische Anaxagoras betonte, dass der Mensch nur deshalb ein verständiges Wesen sei, weil er außer Verstand noch Hände besitze. Aristoteles bezeichnete sie als »Werkzeug aller Werkzeuge«.

Heute wissen wir, dass mit der Selbstaufrichtung des Menschen und der Ausbildung der Hände, die wir zur Berührung und Gestaltung der Welt nutzen, die Evolution unseres visuellen Systems einherging. Dabei schaute der Mensch zunächst weniger »über sich« als vielmehr »um sich«. Der aufrechte Gang bot den entlaufenen Waldbewohnern in der Steppe den Überlebensvorteil, in der Weite des Raumes eine begehrte Beute wie auch bedrohliche Feinde aus größerer Entfernung zu erkennen. Diese Öffnung für die Wirklichkeit ist eine notwendige Voraussetzung, um die Verfolgung aufnehmen oder die Flucht ergreifen zu können.

Als Lebewesen mit aufrechtem Gang kann der Mensch verhältnismäßig gut sehen. Aus diesem Grund ist er aber auch gut zu sehen: »Sehenkönnen ist zugleich ein exponiertes Gesehenwerdenkönnen.« (B, 777). Erst jetzt kann das Projekt einer Phänomenologischen Anthropologie beim Wort genommen werden, geht es darin doch um den Menschen als Phänomen, das heißt: als leibliche Erscheinung. Das Originelle an Blumenbergs Anthropologie liegt in der ebenso banalen wie fundamentalen Definition des Menschen als eines sichtbaren Augentiers. Diese Bestimmung steht gewissermaßen im Zentrum seiner Anthropologie.

Bedeutet der aufrechte Gang einen begrüßenswerten Gewinn an Sichthorizont, so stellt er doch zugleich einen bedauerlichen

Verlust an Deckung dar. Inbegriff menschlicher Schutzlosigkeit ist der Rücken als das sichtbare Unbekannte am Menschen. Er steht für die Möglichkeit, von anderen gesehen zu werden, ohne diese selbst zu sehen, für heimliche Beobachtung, das Schlüsselloch oder Erwischtwerden. Nach traditioneller Auffassung ist für Gott ein Maximum an Sehen und Nichtgesehenwerden charakteristisch, denn der verborgene Gott sieht alles: Big brother is watching you! Doch wir Menschen können den »Makel der Auffälligkeit« (B, 203) nur teilweise beheben. Den Menschheitstraum, zu sehen, ohne gesehen zu werden, symbolisiert die Tarnkappe, die gleichermaßen für unsere Neugierde wie für unser Schutzbedürfnis steht. Anders verhält es sich dagegen mit dem Spazieren und Flanieren. Beide sind von Risiken und Anstrengungen entlastete Spätformen des Sehens und Gesehenwerdens: purer »Zivilisationsgenuss« (B, 777).

Sosehr der Mensch die eigene Sichtbarkeit fürchtet, sosehr möchte er sich aber auch sehen lassen können. Allerdings bleibt das Sichzeigen prekär: »Ein Dicker [...] ist nicht so viel sichtbarer [...] als ein Schmächtiger, aber er hat eine andere Qualität des Bewußtseins von Sichtbarkeit. Sie ist ihm lästig, sobald er seines Gesehenwerdens akut gewahr wird. Häßlichkeit ist [...] schon die Krise des Bewußtseins von Aussehen.« (B, 680) Allerdings ist sie nicht mehr der Schock darüber, dass man überhaupt aussieht, sondern wie man aussieht.

Blumenberg zufolge war es das Bewusstsein der eigenen Wahrnehmbarkeit, das den Menschen erstmals reflektieren ließ, bedeutet es doch einen Bruch mit der bis dahin unreflektierten Verarbeitung von Außenreizen. Der delphische Imperativ »Erkenne dich selbst«, der als Urform aller philosophischen Reflexion gilt, sei genauer betrachtet schon eine Spätform der Reflexion, deren ursprüngliche Aufforderung gelautet haben könnte: »Beachte, daß du gesehen wirst, wenn du sehen willst.« (B, 140)

Der Geschmackssinn stellt den engsten Kontakt zwischen Mensch und Welt her. Er führt zu Verzehr und Aneignung der Wirklichkeit durch deren Einverleibung. Fast genauso dicht kommt der Tastsinn an die Wirklichkeit heran: Die Hand macht die Dinge unmittelbar zugänglich. Was sie berührt, existiert hier und jetzt. Dagegen steht das Sehorgan bereits in Distanz zum erblickten Gegenstand, der aus einer gewissen Entfernung wahrgenommen wird. »Stellt man sich vor, die Distanz würde weiter vergrößert – räumlich oder zeitlich –, so bleibt nur noch der Begriff.« (TU, 9) Dieser ermöglicht den Menschen, den Nahbereich der Wahrnehmung zu verlassen und den Horizont der Sinne zu überschreiten. So liegt die besondere Leistung des Begriffs in der Vergegenwärtigung von Abwesendem. Statt Begriff sollte vielleicht besser Satzsprache gesagt werden, welche es möglich macht, sich auf Inhalte zu beziehen, die nicht gegenwärtig sind.

Der Mensch ist ein ebenso begieriges wie bedrängtes Lebewesen, das zum Überleben gleichermaßen Möglichkeiten zu Angriff und Flucht benötigt. Diese setzen – außer Ortsbewegung – auch erhöhte Wachsamkeit und Aufmerksamkeit voraus. Außerdem sind Verfolgung und Flucht nur möglich, wenn man dem Begehrten und Bedrohlichen »zuvorkommen« (B, 693) kann, was wiederum von der Möglichkeit zur Vergegenwärtigung von Abwesendem abhängt, und das heißt: vom begrifflichen Denken. Denn nur so kann der Mensch ausreichend Vorkehrungen treffen zur Jagd nach Beute und zur Abwehr von Gefürchtetem bis hin zur vorsorglichen Tötung eines Feindes, rituellen Opferung eines Tiers zur Besänftigung der Götter oder wissenschaftlichen Vorhersage einer Sonnenfinsternis, um der Furcht vor der Plötzlichkeit solcher Ereignisse zuvorzukommen (vgl. B 611; T, 18). »Insofern ist der Begriff das Instrument [...] eines auf Prävention eingestellten Wesens: es sucht zu bewältigen, was noch gar nicht unmittelbar ansteht.« (TU, 12)

Mithilfe des Begriffs oder der Satzsprache ist es dem Menschen möglich, potenzielle Risiken auszuschalten, Vorsprünge vor biologischen Rivalen zu gewinnen, sich vor Bedrohlichem in Sicherheit zu bringen, aber dem Begehrten ebenso tödliche Fallen zu stellen. »Vielleicht kann man am deutlichsten machen, was ein Begriff leistet, wenn man an die Herstellung einer Falle denkt: sie ist in allem zugerichtet auf die Figur und die Maße, die Verhaltensweise und Bewegungsart eines erst erwarteten, nicht gegenwärtigen, erst in Besitz und Zugriff zu bringenden Gegenstandes.« (TU, 10, 110) Ganz offenkundig gehört der Begriff oder die Sprache zur elementaren Fähigkeit des Menschen, sich die Wirklichkeit vom Leibe zu halten. Diese »führt vom ersten Abwehrakt durch Steinwurf bis hin zum Begriff, der die Welt in der Schreibstube versammelt, ohne dass ein Sandkorn von ihr gegenwärtig sein müsste« (B, 578).

Inbegriff aller Leistungen der Distanz ist für Blumenberg die Vernunft. Obwohl sie nur ein zufälliges Nebenprodukt der biologischen Evolution und nicht deren glorreicher Zielpunkt sei und obgleich sie ein unvollkommenes, fehler- und täuschungsanfälliges, bisweilen lebenshinderliches Behelfsorgan darstelle, sei sie doch ein wichtiger »Kunstgriff und Notbehelf« (B, 490) zum Überleben im Kampf ums Dasein. Es liege sogar der Verdacht nahe, dass »die Vernunft die letzte Ausflucht und der verzweifelte Kunstgriff dieses organischen Systems gewesen sein könnte, um mit den Widrigkeiten [...] seiner Daseinsbedingungen fertig zu werden« (B, 520).

Blumenbergs Phänomenologische Anthropologie sieht im menschlichen Bewusstsein einerseits eine prekäre Störung distanzloser Unmittelbarkeit beim Bewältigen der feindseligen Außenwelt. Andererseits sei das menschliche Bewusstsein eine unverzichtbare Folge dieser Störung, weil es sie tendenziell beheben könne. Letzten Endes gründeten sämtliche Kulturphänomene auf der anthropologischen Ausgangssituation des Menschen, auf die sich komplementär gleichfalls die Erfahrung der Wirklichkeit als eines absolutistischen Souveräns zurückführen lasse.

Vorstoß ins ewige Schweigen

Sind wir für uns auch bedeutsam, so bleibt doch unsere Existenz an sich bedeutungslos; mag es uns geben, es stand nicht zu erwarten, dass wir je existieren würden; und ist für den Einzelnen nichts wichtiger als sein persönliches Leben, so ist nichts unwichtiger als das eigene Dasein. Es gibt Wahrheiten, die wir nur ungern hören: »Nicht die Welt ist die Episode – ich bin es.« (S, 10; VP, 136) Mit Theodor Fontane gesprochen: »Ich seh' es fallen, enden, und wie alles zusammenbricht. – Ich kann den Tag nicht wenden, aber leben will ich ihn nicht!« (F, 15) Schon in *Lebenszeit und Weltzeit*, wo der fließenden Weltzeit die verfließende Lebenszeit gegenübergestellt wurde, hatte Blumenberg die Begrenztheit unseres Daseins als Demütigung beschrieben. In anderen Schriften weist er verschärfend darauf hin, dass den Einzelnen nichts über die eigene Vergänglichkeit hinwegtrösten kann. So heißt es in *Die Sorge geht über den Fluß:* »Freud hat von den Kränkungen gesprochen, die dem Menschen angetan worden sind: durch Kopernikus, durch Darwin und durch ihn, Freud selbst [...]. Es ist die Frage, ob mit den drei Namen die härteste Bedürftigkeit annähernd erfaßt werden konnte, die den Menschen zum trostbedürftigen Wesen macht: der Tod. Trostbedürftig gibt er sich beim Verlust Nahestehender; trostfähig geben sich die, die seinem Bedürfnis abzuhelfen bemüht sind. Aber ist er auch bei seiner absoluten Trostbedürftigkeit tröstungsfähig? Niemand läßt sich darüber trösten, daß er sterben muß. Alle Argumente sind schlecht bis lächerlich, die dafür Trost- und Tröstungsfähigkeit unterstellen.« (SF, 153)

Jedoch gibt Blumenberg mit Thomas Mann auch zu bedenken, dass manche Menschen erst in dem Augenblick zu wilder Mächtigkeit erblühen, »wenn das Leben sich neigt, sich erschöpft, in der Nähe des Todes, in der Krankheit, im Zerwürfnis mit sich selbst« (L, 164).

Das sah der todesscheue Goethe noch anders. Stets nach Lebensberuhigung suchend, wollte er das »trostbedürftige Wesen nicht sein« (G, 19). Noch als Greis, als man ihm seine Gebrechlichkeit bereits ansah, das »Scheitern seiner nahezu lächerlichen Regenerationsanstrengung« (G, 236), wollte er noch zur Jugend gehören, und als er diesen Lebensanspruch schließlich aufgeben musste, glaubte er nicht mehr an die Göttergunst. Das Erstaunliche seines Kampfes gegen die Sterblichkeit bleibt allerdings, dass er stets gestärkt aus schweren Krankheiten hervorging. »Beginnend mit der Krise der Winter 1800/01 bis hin zu der des Winters in seinem letzten Jahr feiert er Triumphe der Wiederkehr ins Leben.« (GS, 33) Dabei waren körperliche Zerbrechlichkeit und natürliches Altern keineswegs Goethes einzige Probleme, hinzu kam der näherrückende Tod. Zwar konnte er beim Ableben seines einzigen Sohnes August souverän sagen, er habe gewusst, nur einen Sterblichen gezeugt zu haben: »Non ignoravi me mortalem genuisse«, dass er selbst aber sterblich war, dies akzeptierte er nicht. Zeitlebens sträubte er sich sogar, dem Tod unter die Augen zu treten. Den Sterbelagern ihm Nahestehender blieb er immer fern, an Begräbnisfeiern nahm er niemals teil, Gräber besuchte er nie. Als die Eltern starben, fuhr er nicht einmal nach Frankfurt zur Beerdigung; als Christiane starb, blieb er den ganzen Tag im Bett; als sein Großherzog bestattet wurde, floh er aus der Stadt, und der Sarg der Charlotte von Stein wurde mit Rücksicht auf ihn nicht an seinem Haus vorbeigetragen.[93] Selbst der Grablegung und Trauerfeier seines engsten Freundes Friedrich Schiller im Mai 1805 blieb er fern.

Ausgesprochen rätselhaft erscheint vor diesem Hintergrund, dass der alte Goethe den im Herbst 1826 ausgegrabenen Schädel Schillers fast ein ganzes Jahr bei sich zu Hause aufbewahrte, bevor dieser schließlich in die fürstliche Begräbnisstätte überführt wurde. Was veranlasste Goethe, der doch sonst dem Tod immer aus dem Wege ging, zu der makabren Idee, den Schädel des Freundes in sein Haus bringen zu lassen?

Sicherlich, ein bleicher Totenschädel hat nicht mehr das unerträgliche Aussehen von verwesendem Fleisch, das übel riecht und Ekel hervorruft. Schädel und Skelett wirken im Vergleich hiermit geradezu rein, als ob erst mit dem Ende der Gärung ein Toter seinen Frieden finden würde. Allerdings vermag dies nicht Goethes düsteren Wunsch nach Schillers Schädel zu erklären, symbolisiert doch seit dem Spätmittelalter und Barock ein Schädel auch den Tod, an den er uns alle erinnern soll: »Memento mori!« Wer aber den Tod fürchtet, wird nicht freiwillig vor einem Schädel darüber meditieren. Goethe war weder ein Hieronymus noch ein Hamlet, die beim Betrachten eines Schädels über die Endlichkeit des Lebens nachdachten. Das Gegenteil ist der Fall und damit das Rätsel gelöst. Der Schädel war für Goethe nicht ein Symbol des Todes, sondern ein Bild des Lebens, das er an ihm studierte. Er betrachtete den Schädel mit den Augen eines Forschers als einen Text, der zum Buch der göttlichen Natur gehört, dessen Buchstaben er zu entziffern suchte.

Nun zeigt Blumenberg durchaus Verständnis für Goethes Todesscheu und fragt angesichts der unleugbaren Tatsache, dass sich der Tod möglicherweise aufschieben, niemals aber aufhalten lässt: »Wie konnte Goethe je die Einwilligung ins Verlöschen abgerungen werden? Und nur darum geht es: nicht überrascht, nicht erschlagen zu werden von dem Augenblick, jenseits dessen es Wiederkehr nicht mehr gibt.« (GS, 33) Allgemein formuliert lautet seine Frage also, »wie es sich mit dem Schmerz der Sterblichkeit leben läßt, mit dem alle [...] fertig zu werden haben« (GS, 33).

Darauf eine sinnvolle Antwort zu geben fällt schon deshalb schwer, weil kein Bild davon besteht, was es heißt, tot zu sein. Der Tod ist das »unerlebbare Letzte. Würde einer seinen Tod zu Protokoll geben, würden wir es nicht verstehen. Noch weniger, als wir verstehen, wenn einer seinen Schmerz begreiflich machen will. Obwohl wir alle Schmerzen gehabt haben, so doch nicht diesen. Und obwohl wir alle Todes sterben werden, so doch immer nur diesen, von dem weder vorher noch nachher zu wissen ist.« (G, 70)

Von Epikur bis Wittgenstein kann man immer wieder lesen: Den Tod erlebt man nicht; er ist kein Ereignis des Lebens. Im Gegensatz zu Epikur war aber Wittgenstein wie Heidegger und Blumenberg davon überzeugt, dass erst der Tod dem Leben seine Bedeutung gibt (vgl. VP, 196). Zwar könne man leicht annehmen, dass es sich erst gar nicht zu leben lohne, wenn man ohnehin bald tot sein werde. Doch sei das Gegenteil richtig: »Jeder Tag des Lebens bezieht seine Kostbarkeit daraus, dass es einer von nur endlich vielen ist.« (MM, 80) Ähnlich an anderer Stelle: »Die endliche Dauer gewährt allein dem Leben die Chance der Intensität des Erlebens, auch des Schönen. Dauerte es ewig, würde jeder Augenblick im Hinblick auf noch kommende gleichgültig.« (F, 21) Bereits in *Arbeit am Mythos* hatte Blumenberg vermerkt: »Bedeutsamkeit ist bezogen auf Endlichkeit.« (AM, 77) Vor diesem Hintergrund muss Sigmund Freuds Lob der Vergänglichkeit gesehen werden, der die Trauer über die Hinfälligkeit und Flüchtigkeit alles Schönen in ein positives Erlebnis verwandelt: Dass das »Schöne vergänglich«[94] sei, verstärke dessen Genuss und erhöhe seine Kostbarkeit. So betont auch Blumenberg die »Kostbarkeit des Singulären« (S, 14), das »nicht immer da ist und sich folglich nicht von selbst versteht« (VS, 276).

Wenn es aber um sein Dasein als Schriftsteller ging, konnte auch der alternde Philosoph seiner endlichen Lebenszeit nichts Schönes abgewinnen: »Auch dieser Schreiber leidet, wie es sich gehört. [...] Die zähe Arbeit an der Selbststilisierung ist unvollendet und die Gefahr nicht von der Hand zu weisen, daß er als ein Wallenstein des bedruckten Papiers in die Geschichte der akademischen Provinz eingehen wird. Es wird Zeit, der Sache ihre endgültige Färbung zu geben. Den Statistiken der Lebenserwartung nach ist der Punkt nicht fern, wo ihm die Feder mehr oder weniger sanft aus der Hand genommen wird.« (VP, 147) Deutlicher noch sagt Blumenberg es in einem Brief an David Adams, in dem er erklärte, für einen schriftlichen oder gar persönlichen Kontakt nicht zur Verfügung zu stehen, weil er die ihm »verbleibende Lebenszeit dem Abschluß einiger Abhandlungen widmen«[95] möchte. Obgleich er genau wusste, dass sein Lebenswerk fragmentarisch bleiben würde, wollte er doch ein Ganzes hinterlassen und tat sich schwer damit, dem Leben seine Endlichkeit zu verzeihen und ohne inneres Selbstzerwürfnis einzuwilligen in die eigene Vergänglichkeit. Blumenbergs »wichtigste einfache Wahrheit« (S, 18; VP, 143) stammt von Seneca: »Qui potest mori non potest cogi.« In Blumenbergs Übersetzung: »Wer sich davonzumachen weiß, ist nicht bedrückbar.« (S 18; VP, 143) Trotzdem darf bezweifelt werden, dass er diese Kunst verstand. Nicht nur sein Lebenswerk blieb ein Torso, auch sein Leben rundete sich nicht zu einem geschlossenen Ganzen, es sei denn, ihm war am Ende vergönnt, die eigene Lebensgeschichte in einem einzigen Augenblick an sich vorüberziehen zu sehen, ohne – mit Bezug auf die Vergangenheit – von Reue geplagt und – mit Blick auf die Zukunft – von Hoffnung irregeführt zu werden. Doch wem passiert das schon?

Genau genommen ist es ohnehin ein Irrtum zu glauben, menschliches Leben glücke erst dann, wenn es sich zu einem schönen Ganzen zusammenfüge. Auf heitere Weise nicht mit dem Dasein fertig zu werden, in zeitlicher wie auch existenzieller Hinsicht, kann bereits menschliches Gelingen bedeuten – wie die Bewältigung von Enttäuschungen und das Aushalten von Kränkungen auch.

Oft kommt der Tod »plötzlich und unerwartet«, so dass nicht genug Zeit verbleibt, um sich von der Welt, seinen Nächsten und vor allem von sich selbst in Ruhe zu verabschieden: »Nicht jeder hat die Chance, so zu sterben, wie es ihm zusteht. Der Tod ist nun einmal das Gegenteil überhaupt einer Chance.« (G, 100) Darum ist eher Skepsis gegen überlieferte letzte Worte angebracht, insbesondere dann, wenn sie wie auswendig gelernt klingen. Doch gerade solche überleben am ehesten, »weil Fiktionen immer stärker sind als Fakten« (VP, 108). So erzählt Carl Friedrich Zelter, dass sich Marcus Levin in seiner Todesstunde von seinem Diener noch Wasser zum Waschen bringen ließ, ihn aber damit gleich wieder fortschickte, weil es eiskalt gewesen sei. Darauf brachte der Diener kochendheißes Wasser: »Du Ochs«, schrie Levin, »bin ich denn ein Schwein, das du brühen willst?« Hierauf erwiderte der verstörte Diener: »Es ist im ganzen Haus kein Tropfen laues Wasser zu bekommen«, als ob heißes mit kaltem Wasser vermischt kein laues Wasser ergäbe. Marcus Levin lachte über diese Einfalt und verschied (vgl. G, 60). Gottfried Benn soll am Ende seiner Tage gesagt haben, »wir werden nicht fallen, wir werden steigen«, was vermutlich gleich in zweifacher Hinsicht falsch ist: Weder hat es Benn gesagt noch wird es sich so ereignen! (Vgl. L, 171 f.)

Statt aber vermeintlich letzte Worte nur zu zitieren, schlug Blumenberg letzte Worte vor, die berühmte Personen hätten gesagt haben können. Auf der Traditionslinie des alten Silenos stehend, nach dem nicht geboren zu werden das Beste von allem sei (und bald wieder zu sterben besser sei, als weiter zu leben), hätte etwa Fontane auf dem Sterbebett gedichtet haben können:

»Leben: Wohl dem, dem es spendet Freud, Kinder, täglich Brot, doch das Beste, was es sendet, ist das Wissen, daß es endet, ist der Ausgang, ist der Tod.« (F, 32 f.) Eine Antwort auf die Frage, warum ausgerechnet dies das Beste sei, hätte wohl Heidegger geben können, der das menschliche Dasein als Sorge definierte. Als sein Tod nahte, wäre es Blumenberg zufolge Heideggers Philosophie angemessen gewesen, wenn er gesagt hätte: »Kein Grund mehr zur Sorge.« (SF, 222; VP, 107) Ein solcher Spruch ist tatsächlich auf mehreren alten römischen Grabsteinen zu lesen (vgl. BG, 29), und zweifellos liegt etwas Tröstliches in der Vorstellung absoluter Sorglosigkeit, mögen wir auch den bevorstehenden Tod als unwiderrufliches Ausgeschlossenwerden von der Welt und die endgültige Auflösung unserer mühsam geknüpften Lebensgeschichte als hart, bitter und schmerzhaft empfinden.

Alles Leben ist dem Untergang geweiht: »Das Wachsende, gut oder nicht gut, tritt an die Stelle des Fallenden, um über kurz oder lang selber ein Fallendes zu sein« (F, 65), schrieb Theodor Fontane, und Blumenberg stimmt ihm zu. Er hatte keinerlei Verständnis für Kirchentagsworte wie »Schöpfung bewahren« und vermerkte dazu lakonisch: »Der Mensch kann vieles zerstören, [...] – aber die Schöpfung, das Universum der Welten und Sonnen, zahlloser Chancen für so etwas, wie er selbst ist –, diese Macht hat er nicht. Ja er ist lächerlich weit, unendlich weit von ihr entfernt.« (S, 32; vgl. VS, 380) Am Ende ist sogar noch das Ende banal: »Der Mensch wird aussterben. Um das zu sagen, braucht man kein besonderer Pessimist zu sein.« (BG, 138) Deswegen sollte man sich das Verschwinden der Menschheit aus der Welt nicht allzu dramatisch vorstellen:

»Das Prinzip der Entropie hat allen Illusionen über die Frontseite der Evolution, über die Zukunft der Gattung Mensch und ihrer Werke, ein

Ende gesetzt. Wie dauerhaft auch immer das sein könnte, was der einzelne im Überleben seiner Nachkommen für die Gattung bedeutet hätte, irgendwann würden die Bedingungen des Lebens auf der Erde und sogar im ganzen Universum verschwinden und alles in Leblosigkeit – also auch Gedächtnislosigkeit – erstarren. Es gab nichts mehr, was für immer getan werden konnte. Ein solches Universum, wie das der Entropie, war die härteste Zumutung, die der menschlichen Gattung aus der von ihr selbst geschaffenen Theorie der Bedingungen ihres Daseins in der Natur zustoßen konnte.« (SF, 154)

In der Tat ist es nur schwer auszuhalten, sich selbst, alle Anstrengungen, Schmerzen, Freuden und Hoffnungen sowie alle Gebilde geistiger Kultur zu spurloser Vergänglichkeit verurteilt zu wissen. Um es mit Francesco Petrarca, dem Vater des Humanismus, zu sagen: »Denn alles Sterbliche, und alles, was sterbliche Mühe in nutzloser Tätigkeit hervorbringt, muß vergehen.«[96] Irgendwann werden der Petersdom in Rom und die Mona Lisa in Paris nicht nur nicht mehr zu sehen sein, es wird auch keine Abbildungen mehr von ihnen geben. Und als die stärkste aller möglichen Zumutungen: Es wird nichts und niemand mehr existieren, der noch wissen könnte, dass es sie einmal gab. Denn von allem, was ist, wird höchstwahrscheinlich nur ein sich ausdehnendes, dem Nullpunkt sich näherndes Strahlungsfeld übrig bleiben.

So merkwürdig es klingt, schon heute verfügen wir über ausdrucksstarke Bilder der Erde nach dem Ende des Menschen: Zeichen für das Ende der Zeichen oder Zeichen für absolute Vergänglichkeit und endgültige Vergeblichkeit. In einem seiner letzten zu Lebzeiten veröffentlichten Aufsätze mit dem aufschlussreichen Titel *Vorstoß ins ewige Schweigen* befasste sich Blumenberg mit den Tagebüchern des norwegischen Arktisforschers Fridtjof Nansen in *Nacht und Eis*, auf die er bereits im Alter von neun Jahren gestoßen war (vgl. VE). Während in unserer Zeit viel über schmelzende Gletscher, globalen Klimawandel, Erderwärmung und Treibhauseffekt geredet wird, interessierte sich Blumenberg für Nansens Aufzeichnungen über das ewige Eis, die Einblick geben in das, was Allerstarrung und Lebensende bedeuten. Riesige Eismassen vor Augen und das Dröhnen ihres sinnlosen Zerreißens und Aufeinanderstoßens im Ohr, schrieb der norwegische Friedensnobelpreisträger:

»Die Welt, die kommen wird! [...] Langsam und unmerklich nimmt die Wärme der Sonne ab, und in derselben langsamen Weise sinkt die Temperatur der Erde. Tausende, Hunderttausende, Millionen von Jahren entschwinden [...]; das Eis wächst, es wird dicker und immer dicker, die Herrschaft des Lebens verschwindet. Millionen von Jahren rollen vorüber, bis das Eis den Meeresgrund erreicht. Die letzte Spur von Leben ist verschwunden, die Erde ist mit Schnee bedeckt. Alles, wofür wir gelebt haben, besteht nicht mehr, die Früchte all unserer Mühen und Leiden sind schon vor Millionen von Jahren hinweggelöscht, begraben unter einem Leichentuch von Schnee.«[97]

Und Blumenberg kommentiert: »Nun erst ist die Erde [...] ein Stern unter Sternen geworden, weil ganz dem Weltgesetz der Erstarrung und des Schweigens erlegen« (VS, 294), was heißt: Mögen wir noch so viel Kraft für Erinnern und Bewahren aufbringen, das Hinübergleiten des Vergangenen ins Nichts können wir nicht aufhalten. Am Ende legt sich ein Schleier des Vergessens über alles, sogar des Vergessens des Vergessens.

Ein Schriftgelehrter mit Sinn für Sinnverluste

Auffälligerweise befasste sich Hans Blumenberg nur am Rande mit politischer Philosophie und mit Ethik fast überhaupt nicht. In seinen Werken geht es vorrangig um die kulturellen Orientierungen und Deutungen, mit denen sich der Mensch in der Welt eingerichtet hat. Dabei fällt auf, dass Blumenberg einerseits mythische, religiöse und metaphysische Sinnerzählungen als überholt verabschiedet, andererseits – außer Wissenschaft und Technik – Rituale, Symbole, Bilder und Geschichten für unverzichtbar hält, um archaische Ängste, Verlorenheits- und Überforderungsgefühle in der befremdlichen Welt überwinden zu können.

Außerdem gehört es zu den Eigenheiten seiner Philosophie, zwar intensiv die Bedrohungen des sichtbaren Menschen durch die absolutistische Außenwelt herauszustellen, aber die Gefährdungen des Menschen durch seine eigene Innenwelt etwa in Gestalt sozial unverträglicher Triebe außer Acht gelassen zu haben. Er spart die selbstzerstörerischen Impulse des Menschen weitgehend aus.

Damit zusammenhängend fehlt Blumenbergs Philosophie tendenziell, was Gehlen Antriebsüberschüsse nennt: der menschliche Drang nach exzessiver Entgrenzung, den zu Selbstbeherrschung gemahnende Verhaltensregeln und kulturelle Institutionen seit jeher in Schach zu halten suchen. Aber die Kultur legt nicht nur Zeugnis vom Verlangen der Menschen nach entlastenden Lebenshilfen ab, sondern gleichfalls von unserem Bedürfnis nach reizvollen Erregungen. Sie ist nicht nur Mängelbewirtschaftung, sondern ebenfalls Überflussbewirtschaftung. Allerdings müssen starke Gefühlsausbrüche in Alltag und Öffentlichkeit eingeschränkt bleiben. Hier herrschen Affektkontrolle und Triebregulierung, auf denen die Kultur ebenso gründet. Gleichzeitig aber gehören zur Kultur auch Enklaven für aufwallende Gefühle, angenehme Erregungen, aufwühlende Spannungen, wilde Verlockungen und aufreizende Wollust. Diese Aspekte vernachlässigt Blumenberg.

Hans Blumenberg war ein Schriftgelehrter, der Bücher über Bücher schrieb. Als illusionsloser Aufklärer mit nüchterner Verlustempfindlichkeit nimmt er in der Reihe der nachmetaphysischen Denker der Gegenwart eine herausragende Stellung ein, in der Philosophen mit sehr gegensätzlichen Standpunkten ihren Platz gefunden haben. Nach Graden der Übereinstimmung abgestuft, sei Blumenbergs Position mit drei nachmetaphysischen Tendenzen der Gegenwart in Verbindung gebracht.

1) Weit davon entfernt, Anhänger und Befürworter eines szientistischen Naturalismus oder analytischen Materialismus zu sein, wie er etwa von D.M. Armstrong, Jack Smart und Willard Van Orman Quine vertreten wird, bewegt sich Blumenberg in einer gewissen Nähe zu diesen Standpunkten. Was ihn mit diesen Philosophen verbindet, ist die teils erschrockene, teils klarsichtige Erkenntnis, dass vermutlich mit den Tatsachen und Sachverhalten der Welt alles abgetan ist. Denn über alles Trennende hinweg kommen diese Denker darin überein, dass das physikalische All schon alles ist.

Zugleich distanziert sich Blumenberg aber nachdrücklich vom reinen szientistischen Naturalismus und analytischen Materialismus. Diese Positionen neigen dazu, sich vollständig der Wissenschaft unterzuordnen; dabei streben sie in ihren wissenschaftstheoretischen Analysen ein Höchstmaß an begrifflicher Klarheit und Exaktheit an. Alle darüber hinaus liegenden Sinn-

und Orientierungsfragen werden als irrelevant, sogar als sinnlos abgetan. Hier erübrigt sich der Trost, der über den Tod Gottes hinweghelfen möchte, weil die Trauer darüber fehlt. Was verloren wurde, wird nicht als Verlust bewertet; die Vorgänge, welche die Menschen zu atheistischen Lebensformen veranlassen, werden nicht mehr als verhängnisvoll oder bestürzend erfahren. Im Gegensatz dazu widersetzt sich der Hermeneutiker Blumenberg der szientistischen Einebnung von lebensweltlichen Daseinsbewältigungsproblemen, Orientierungsbedürfnissen und Sinnfragen; er betont sowohl deren Erheblichkeit als auch ihren Eigenwert. Möge der Physikalismus auch immer mehr tragen und weiter vordringen, solche Fragen würden selbst dann noch gestellt, wenn alle wissenschaftlichen gelöst wären.

Blumenberg ist ein nachmetaphysischer Antireduktionist, für den immer klar und nicht wegzudiskutieren ist, dass das menschliche Leben als Naturereignis nicht nur wie ein solches dahingleitet, sondern dass der Mensch sich in der notvollen Lage befindet, zu seiner Umwelt und zu sich selbst Stellung nehmen und beiden – Ich und Welt – einen Sinn verleihen zu müssen. Nichts entlässt den in eine ethisch irrationale, entzauberte, unbegründbare Welt hineingeborenen Menschen aus der Aufgabe einer bewussten Lebensführung, in der er sich bemüht, durch sinngebende Stellungnahmen und Verständigungsleistungen einen inneren Halt zu gewinnen. Dabei mögen die einen oder anderen sinngebenden Anschauungen mittlerweile unzumutbar und folglich nicht mehr zu retten sein. Dass es solche in Zukunft aber überhaupt nicht mehr geben wird, steht indessen nicht zu erwarten. Der Mensch wird ein auf sich selbst gestelltes Lebewesen bleiben, das der gemäßigten Sinngebung und Orientierung bedürftig ist. Blumenbergs umfangreiche Werke sind selbst eine Demonstration dieser Bedürftigkeit, aus der immer wieder neue Deutungen hervorgehen, die unaufgebbare Bedeutungsgehalte mit sich führen. Deswegen bewegt sich Blumenberg in einer größeren Nähe zum späten Rorty, zu Walter Schulz und zu solchen Philosophen, die zwar ähnlich wie Armstrong, Quine und Smart nichts mehr außer der physikalischen Welt zulassen, für die aber der Mensch trotz aller Bedingtheit und Abhängigkeit ein irreduzibles, auf sich allein zurückgeworfenes Selbstverhältnis ist, das sich durch Wissenschaft, Technik, Lebenswelt und Kultur einen gemäßigten Sinn und Halt zu geben versucht.

2) Dass die traditionelle Metaphysik mit ihren Sinnentwürfen unwiederbringlich dahin ist und wir uns in einem nachmetaphysischen Zeitalter aufhalten, wird gegenwärtig von vielen Denkern unterschiedlicher Herkunft festgestellt. So sehen etwa Ernst Topitsch und Hans Albert unaufhaltsam das »Ende der Metaphysik«[98] heraufziehen. Die Metaphysik hat ihre »Plausibilität längst verloren«[99]. Außerdem ist nach Habermas die Zeit der geschlossenen Weltbilder vorüber, so dass »wir zum nachmetaphysischen Denken keine Alternative«[100] haben. Ebenso diagnostiziert Lyotard einen »Zerfall der großen Erzählungen«[101]: »Die große Erzählung hat ihre Glaubwürdigkeit verloren.«[102] Daneben lenkt Foucault seinen Blick rücksichtslos auf die harte Tatsache, »daß die Lebewesen nicht für jemanden – weder für sich selbst, noch für den Menschen, noch für Gott – funktionieren, sondern daß sie einfach existieren«[103]. Für ihn steht von Anbeginn fest, dass die Welt keinen Sinnzusammenhang darstellt, der einer höheren Absicht gehorcht und von einer »göttlichen Spinne gewoben wird«[104]. Nicht zuletzt sei Rorty genannt, nach dem »wir uns langsam, aber sicher von Theologie und Metaphysik – oder von der Versuchung, nach einem Fluchtweg aus Raum und Zeit Ausschau zu halten – befreit haben.«[105] Wir sind auf dem Wege zu einer »postmetaphysischen Kultur«[106].

Zweifellos ließe sich diese Liste um viele Namen erweitern. Jedoch dürfte bereits deutlich sein, wie sehr Blumenbergs nachmetaphysischer Standpunkt mit dieser Entwicklungstendenz der Gegenwartsphilosophie übereinstimmt. Auffällig ist hierbei, dass die genannten Autoren im Unterschied zu den materialistisch-analytischen Denkern den Menschen als ein Subjekt der Selbstsorge interpretieren und es nicht in objektivierenden Erklärungen zum Verschwinden bringen. Dies ist bei Rorty und Foucault umso beachtenswerter, wenn man sich vor Augen führt, dass beide in ihren frühen und mittleren Werken für das menschliche Selbst als »Sorge um sich» keinen Platz offenhielten, sondern dieses in anonymen Strukturen und Prozessen, seien sie neurophysiologischer oder geschichtlicher Art, auflösten.

Wie sehr auch das menschliche Selbst von solchen Prozessen dominiert sein mag – dass es ein Selbstverhältnis darstellt, das in Fragen der Standortbestimmung, Lebensführung und Selbstbeschreibung sich selbst überlassen bleibt, ist tatsächlich ein unleugbares Phänomen mit irreduziblem Eigenwert. Über alles Trennende hinweg besteht in diesem Punkt eine große Gemeinsamkeit zwischen Rorty, Foucault und Blumenberg. Dabei sind sich diese Denker nicht nur darüber einig, dass es nichts außer und über der Welt gibt und dass der Mensch trotz all seiner Ohnmacht und Bedingtheit – mit Blick auf den frühen Heidegger formuliert – »Selbstbekümmerung« oder »Sorge um sich« ist. Sie stimmen zudem darin überein, dass es keine Natur und kein Wesen des Menschen gibt, die festlegen, als was er sich zu beschreiben und wie er zu sein oder zu werden hätte. In diesem Sinne leugnet Rorty, »daß es etwas wie die Natur des Menschen oder den tiefsten Grund des Selbst gibt«[107]. Der Mensch hat keine feste Wesensbestimmung; was er ist, hängt davon ab, wozu er sich entwickelt. Ähnlich weist Foucault die Vorstellung zurück, »daß es ein Wesen oder eine Natur des Menschen gebe«[108]; dem Menschen ist es »aufgegeben, für sich selbst zu sorgen«[109]. Dieser Gedanke trifft sich mit Blumenbergs These, dass der Mensch in

Fragen der Selbsteinschätzung, Lebensführung und Weltdeutung darauf angewiesen ist, diese nur noch an sich selbst zu stellen – gemäß Goethes Ausspruch: »Willst du dich eines Werts erfreuen, so mußt der Welt du Wert verleihen.« (G, 117) Mag also der menschliche Bedarf an Rückendeckung noch so hoch sein, hinter und über uns bleibt nichts zu suchen übrig. Dennoch darf die Philosophie aber nicht aufgeben, nur »weil sie hinter sich nichts mehr hat, woran sie ihre Lasten weiterreichen könnte« (S, 15; VP, 140) – weder ein absolutes Subjekt noch eine List der Vernunft oder einen allmächtigen Gott.

Nun darf bei alldem nicht übersehen werden, dass der Gedanke vom Nichtfestgelegtsein des Menschen spätestens seit dem 19. Jahrhundert innerhalb verschiedener Kontexte immer wieder neu formuliert wurde. Erinnert sei an Max Stirners These, dass der Mensch »auf Nichts gestellt«[110] sei, oder an Nietzsches Beschreibung des Menschen als eines »nicht festgestellten Tiers«[111]. Vor allem aber muss hier Sartre Erwähnung finden, nach dem es »keine menschliche Natur«[112] gibt und »die Existenz der Essenz«[113] vorausgeht, insofern der Mensch »nichts anderes« ist, »als wozu er sich macht«[114].

Für unseren Zusammenhang ist folgender Umstand bemerkenswert: Denker wie der späte Rorty und der späte Foucault beschreiben zwar ähnlich wie Blumenberg das menschliche Selbst »als ein mittelpunktloses Gewebe aus Überzeugungen und Wünschen«[115], das in der säkularen Kultur seine Lebenssinnfragen ohne Rückgriff auf Religion und Metaphysik zu lösen hat. Im Unterschied zu ihm sind jene aber von den großen Sinnentwürfen der traditionellen Philosophie bereits so weit entfernt, dass sie im Gedanken an diese nicht mehr von einem Gefühl des Verlusts, des Entzugs oder der Entbehrung ergriffen werden. Sie müssen mit der Obsoleszenz metaphysischer und religiöser Deutungsmuster nicht mehr fertigwerden, weil diese für sie kein Problem mehr darstellt. Sie müssen keine überschwänglichen Sinnerwartungen mehr abbauen, weil sie solche nicht mehr haben. Denn sie können schlicht »nichts mehr mit der Vorstellung anfangen [...], der Sinn des Lebens, endlicher, sterblicher, zufällig existierender menschlicher Wesen leite sich von irgend etwas anderem ab als endlichen, sterblichen, zufällig existierenden Menschen«[116]. Dies unterscheidet sie von Blumenberg. Ohne traurigen Blick auf die abgestürzten großen Sinnentwürfe der Tradition treten sie für eine »poetisierte Kultur«[117] und eine »Ästhetik der Existenz«[118] ein, deren oberste Ziele die Vermeidung von Grausamkeit und die Erweiterung der Freiheitsräume sind, in denen wir unser eigenes Leben gemäß unseren persönlichen Zielen wie ein Kunstwerk begründen, gestalten und anordnen mögen.

Dass sie dabei im Gegensatz zu Blumenberg unempfindlich gegenüber dem Verlust der großen Sinnentwürfe bleiben, zeugt allerdings nicht von einem Sensibilitätsdefekt, wie man vermuten könnte. Es beweist vielmehr, dass der Prozess der Säkularisierung an manchen Orten schon so weit fortgeschritten ist, dass die großen Sinnentwürfe nicht nur keine Anschlusskraft mehr haben und keine Anziehungskraft mehr ausüben, sondern dass der Abschied von ihnen sogar ohne innere Resonanz bleibt. Wo der Verlust der großen Sinnentwürfe nicht mehr betroffen macht und so kein Gefühl der Entbehrung weckt, herrscht mithin nicht immer nur ein Übermaß an geistiger Stumpfheit. Vielmehr ist, geschichtlich gesehen, ein schon seit mehr als hundert Jahren andauernder schmerzhafter Abschiedsprozess allmählich zu Ende gekommen und nun dabei, seine eigene Verabschiedung zu erreichen.[119]

3) Für Blumenberg schien dieser Weg blockiert zu sein. Seine Bildung und Wissensfülle stellten ihm unüberwindliche Hindernisse in den Weg. Durch seine breite Kenntnis der abendlän-

dischen Philosophiegeschichte blieb er befangen in den Problemhorizonten der philosophischen Tradition; es war ihm unmöglich, diese einfach abzuschütteln. Seine profunden geistesgeschichtlichen Kenntnisse vereitelten geradezu den Gedanken, dass alles einmal so sein könnte, als ob es Metaphysik, christliche Religion und all die großen Sinnentwürfe nie gegeben hätte. Wem – wie so manchem materialistisch-analytischen Denker der Gegenwart – dieses Wissen fehlt, der weiß einfach nicht mehr, mit wie viel Enttäuschung und Trauer ein Denken verbunden ist, das noch über dieses Wissen verfügt. Er braucht sich nicht mehr mit einem Problem- und Erwartungsüberhang auseinanderzusetzen, wie ihn der Zusammenbruch der großen Sinnentwürfe hinterlassen hat. Hier scheitert die Neutralisierung der Welt nicht mehr an einer heraufziehenden Leere, die uns ein beklemmendes Gefühl von Angst und Nichtigkeit vermittelt.

Es bleibt allerdings die kaum abzuweisende – weil nicht eindeutig zu entscheidende – Frage, ob unser großes Sinnbedürfnis nicht doch unausrottbar ist. Jedenfalls wird sein Abbau wahrscheinlich niemals nur durch ein Höchstmaß an kritischer Einstellung erfolgen. Sollte eine Zurücknahme des großen Sinnbedürfnisses jemals durchgreifend stattfinden, so wird sie sich vermutlich auf eine Weise ereignen, die für uns selbst unverfügbar ist. Daher können wir heute, wenn dies zu sagen erlaubt ist, nur drum herumreden.

Was Blumenberg betrifft, so scheint er zur vorbehaltlosen Anerkennung der sinnindifferenten Wirklichkeit nicht mehr gekommen zu sein. Er war zwar hart an der Grenze, überschritten hat er sie aber nicht. Einem solchen Schritt standen einerseits sein Übermaß an geistesgeschichtlicher Bildung, andererseits seine theologischen Interessen im Wege. Blumenberg war ein theologisch belasteter Historiker, Philologe und Philosoph, der sich trotz seiner Illusionslosigkeit nicht eingestehen mochte, wie schwer es ihm fällt anzuerkennen, dass der Sturz der großen Sinnentwürfe kaum noch des Sagens und Denkens wert sein soll. Das muss man auch erst einmal aushalten können! Selbst wenn für ihn theologische und metaphysische Deutungsmuster ihre Verbindlichkeit und Zumutbarkeit verloren hatten, ging doch von diesen eine solche Faszination für ihn aus, dass er immer wieder die Auseinandersetzung mit ihnen suchte. Einen ausgezeichneten Beleg für diese Meinung liefert seine *Matthäuspassion*, in der es heißt, dass »die Menschheit [...] Erfahrungen mit ihren Göttern gemacht [hat], die nicht dem schlichten Vergessensdekret unterliegen« (M, 301).

Blumenberg gehört zu einer Generation von Philosophen, die sich anders als etwa Armstrong, Smart und Quine nicht einfach über die Autarkie eines sinnfremden Weltdenkens beruhigen kann, auch wenn sie im Zuge der Verabschiedung der großen Sinnentwürfe einem Wirklichkeitsverständnis das Wort redet, nach dem es nichts mehr außer den Tatsachen der realen Welt gibt. Ähnlich zwar wie Habermas, Rorty und Foucault ist Blumenberg ein Philosoph, der am Menschen als einem Wesen festhält, das in seiner Selbstsorge ganz auf sich gestellt ist. Anders aber als diese stattet er den Menschen mit einer Verlustempfindlichkeit aus, die es ihm schwer macht, den Zerfall der großen Sinnentwürfe anzuerkennen, zu verarbeiten und zu verkraften. Gewährsmänner dieser Richtung sind neben Blumenberg etwa Karl Löwith und Walter Schulz.

Was diese Denker miteinander verbindet, ist ihre ausgezeichnete Detailkenntnis der okzidentalen Philosophiegeschichte von der Antike und Spätantike über das Mittelalter, die Neuzeit, den Deutschen Idealismus und die nachidealistischen Willensphilosophien bis zur Phänomenologie und Existenzphilosophie. Darüber hinaus sind ihnen Sensibilität und Verständnis für menschliche Deutungs- und Orientierungsfragen, ein ausgeprägter Sinn fürs Überholte und Unzeitgemäße sowie schließlich ihr Interesse für die geschichtlichen Folgelasten eigen, welche die Erosion traditioneller Deutungs- und Orientierungsmodelle hinterlassen hat. Mit intellektueller Rechtschaffenheit wie trauriger Sachlichkeit wenden sich alle drei nachdrücklich und differenziert von der alten, theologisch inspirierten philosophischen Tradition ab, die sie im Ursprung doch fasziniert und ihren philosophischen Werdegang so nachhaltig beeinflusst hat. Über alles Trennende hinweg herrscht Übereinstimmung über das Ende der Metaphysik.

Ihre gegen jede traditionelle Metaphysik und idealistische Spekulation gerichteten Positionen ordnen den Menschen radikal in eine sinnentleerte Natur ein, ohne einem szientistischen Naturalismus zu verfallen. Einvernehmlich wird die Bedeutung des Menschen im Ganzen der Welt gering bemessen. Gleichwohl ist der Bezug zu den großen Sinnfragen stets gegenwärtig gehalten, und sei es auch nur, um immer wieder deren zunehmendes Verstummen festzustellen. Blumenberg, Schulz und Löwith teilen nicht nur die ernüchternde Erkenntnis, dass die großen Sinnentwürfe unwiederbringlich dahin sind, sondern ebenso die Enttäuschung über diesen Verlust, welcher sie das Verlorene wie selige Plätze der Kindheit immer wieder neu aufsuchen und erinnern lässt. Sie lässt nicht los, was sie losgeworden sind. Denn wenn sie auch die metaphysisch entleerte Wirklichkeit nicht mehr transzendieren, so fällt es ihnen doch schwer, sie zu akzeptieren. Ihre Werke sind also eine Art Trauerarbeit, in der von etwas Abschied genommen wird, das für immer zerbrochen ist. Die bange Frage bleibt nur, ob dieser Abschied auch mit der Trauer über den Verlust des Zerbrochenen versöhnt.

Die Sachlichkeit und Nüchternheit ihrer Verlustempfindlichkeit unterscheidet sie von all denen, die entweder aggressiv oder depressiv auf den Absturz der großen Sinnzusagen reagieren. Zu Ersteren zählen viele Denker des 19. Jahrhunderts, die sich durch vehemente Polemik vom Christentum und der traditionellen Metaphysik lossagten, wie etwa Nietzsche und Stirner. Zu Letzteren gehören die Existentialisten des 20. Jahrhunderts mit ihrem Weltangstgeschrei und ihrer Weltvergeblichkeitsklage; genannt seien hier nur der frühe Sartre und Camus. Nüchterne Sachlichkeit einerseits, skeptische Gelassenheit andererseits fehlen in der Sinnentzugserfahrung hier wie dort. Gleichwohl lassen sie sich bereits im 19. und zu Beginn des 20. Jahrhunderts ausfindig machen, etwa bei Franz Overbeck[120], Max Weber[121] und Jacob Burckhardt[122], die schon damals die entzauberte Welt als jenes Schicksal anerkannten, mit dem ins Einvernehmen zu kommen wir herausgefordert seien.

Dennoch ist ein gänzliches Ablassen von den großen Fragen auch in Zukunft nicht zu erwarten. Mit Schulz gesprochen trifft zwar zu, dass in der »nachmetaphysischen Epoche [...] große Fragen hintergründiger Art [...] verpönt, [...] altmodisch und nicht mehr an der Zeit«[123] erscheinen. Richtig ist ebenfalls, »daß in eins mit dem Hinschwinden der Metaphysik die großen Fragen [...] verstummen«[124], was eine »Vergleichgültigung metaphysischer Fragen bedeutet«[125]. Dessen ungeachtet lässt sich aber schwerlich leugnen, dass die großen Fragen jederzeit wieder aufbrechen können. Freilich ist »die unmittelbare Notwendigkeit, sie zu stellen, nicht gegeben. Der Entschluß, sie aufzuwerfen, muß eigens auf Grund der Freiheit zum Problematisieren gefaßt werden.«[126] Dennoch lassen sie sich nicht einfach beiseiteschieben. Mag die Philosophie »von den großen Entwürfen Abschied genommen«[127] haben und mögen die verbliebenen Großfragen uns und alles ringsum infrage stellen, »ohne eine Antwort zu vermitteln«[128], so werden wir doch weiterhin von ihnen angetrieben und bewegt werden. Wir werden uns weiter durch den Kopf gehen lassen, was es mit dem Ganzen im Letzten auf sich hat und woran wir mit uns selbst sind.

Denn mit Löwith gesprochen ist nicht wegzudiskutieren, »daß der Mensch eine Natur hat, auf Grund deren er nicht umhin kann, nach der Natur aller Dinge zu fragen und sich und die Welt als ein Problem [...] zu durchdenken«[129]. Vorbehaltlos darf ihm zugestimmt werden: »Kein Mensch ist von Natur aus ein gläubiger Christ, wohl aber alles, was ist, bedenkend.«[130] Dem folgt Blumenberg, wenn er in *Nachdenklichkeit*, einem seiner schönsten Kurzbeiträge, den Menschen als zögerndes Wesen beschreibt, das als solches in den Stand gesetzt ist, sich einer Nachdenklichkeit zu überlassen, die sich weder durch Methodenreflexion hindern noch wegen erwiesener Unerreichbarkeit der großen Sinnantworten das Fragen verbieten lässt. Nachdenklichkeit ist eine Form der Bedächtigkeit, die einen Aufschub der fraglosen Selbstverständlichkeiten erwirkt und uns zu jenen Fragen führt, die aus unserer eigenen Grundverfassung hervorgehen und auf eine umfassende Deutung des Wirklichen im Ganzen hindrängen: »Leben und Tod, Sinn und Unsinn, Sein und Nichts.« (N, 61)

In Nachdenklichkeit versetzt, verständigen wir uns über uns selbst, die Welt und unsere Stellung in der Welt, ohne uns verschreckt an Altes zu klammern. Hier wollen wir der Frage gerecht werden, »woran wir sind. Und obwohl wir inzwischen sicher sein müssen, daß darauf keine Antworten zu formulieren und formulierte Antworten nicht durchzusetzen sein werden, lassen wir uns doch zum Verzicht nicht leicht, nur zeitweise, nur im Vertrauen auf Antwortersatz bewegen. Woran wir sind, daran denken wir, weil wir dabei gestört wurden, nicht daran zu denken. Nachdenklichkeit heißt: Es bleibt nicht alles so selbstverständlich, wie es war. Das ist alles.« (N, 61)

Dass dies alles ist, bedeutet gerade nicht, dass dies wieder der Anfang einer spekulativen Philosophie wäre, deren Möglichkeit uns nach dem Ende der traditionellen Metaphysik nicht mehr offensteht. Nachdenklichkeit ohne Metaphysik ist Ausdruck einer bewussten Lebensführung aus dem Grunde eines vor nichts haltmachenden Fragens und Reflektierens, hegt aber als solche nicht mehr die Erwartung einlösbarer Sinnversprechen. Mit solchen nicht mehr zu rechnen ist der Preis, den wir dafür zahlen müssen, in der Gegenwart und nicht in der Vergangenheit zu leben.

Anhang

Anmerkungen

1 W. Dilthey, Gesammelte Schriften VII, Stuttgart/Göttingen 1977, S. 226.

2 Vgl. allgemein zur Metapher G. Kurz, Metapher, Allegorie, Symbol, Göttingen 1988.

3 Aristoteles, Poetik 1457 b 6.

4 M.F. Quintilianus, Ausbildung des Redners, Darmstadt 1988, Buch 8, 6.4.

5 Vgl. G. Vico, Neue Wissenschaft, Frankfurt/M. 1981, S. 69 f.; J.G. Hamann, Schriften zur Sprache, Frankfurt/M. 1967; F. Nietzsche, Über Wahrheit und Lüge im außermoralischen Sinne in: ders., Sämtliche Werke, Kritische Studienausgabe Bd. 1, München/Berlin/New York 1980, S. 874 ff.; E. Cassirer, Versuch über den Menschen, Frankfurt/M. 1990, S. 171.

6 Vgl. H. Weinrich, Linguistik der Lüge, Göttingen 1966, S. 42ff.

7 H. Friedrich, Die Struktur der modernen Lyrik, Hamburg 1974, S. 74.

8 Ebd., S. 81.

9 I. Kant, Kritik der Urteilskraft, Hamburg1974, S. 211ff.

10 Vgl. E.R. Curtius, Europäische Literatur und Lateinisches Mittelalter, Bern/München 1978, S. 138ff.

11 R. Musil, Der Mann ohne Eigenschaften, Hamburg 1970, Erstes Buch, Kapitel 36, S. 133.

12 Vgl. hierzu S. Matuschek, Über das Staunen. Eine ideengeschichtliche Analyse, Tübingen 1991.

13 Vgl. zur Gnosis vor allem H. Jonas, Gnosis und spätantiker Geist, Göttingen 1988; R. Bultmann, Theologie des Neuen Testaments, Tübingen 1984, S. 166-186.

14 Vgl. F. Gogarten, Verhängnis und Hoffnung der Neuzeit, Stuttgart 1953; R. Bultmann, Jesus Christus und die Mythologie, Hamburg 1975.

15 Vgl. H.-H. Schrey (Hg.), Säkularisierung, Darmstadt 1982.

16 Vgl. C. Schmitt, Politische Romantik, Berlin 1968; K. Löwith, Weltgeschichte und Heilsgeschehen, Stuttgart 1979.

17 K. Löwith, Rezension von Hans Blumenberg: Die Legitimität der Neuzeit, in: Philosophische Rundschau 15 (1968), S. 198.

18 Vgl. E. Cassirer, Substanzbegriff und Funktionsbegriff. Untersuchungen über die Grundfragen der Erkenntniskritik, Darmstadt 1990.

19 D.F. Strauß, Der alte und der neue Glaube. Ein Bekenntnis, Bonn 1881, S. 299.

20 A. Müller-Armack, Diagnose unserer Gegenwart, Stuttgart 1981.

21 Ebd., S. 155.

22 Ebd., S. 128.

23 Die Rede des Perikles für die Gefallenen, in: W. Schadewaldt, Die Anfänge der Geschichtsschreibung bei den Griechen, Frankfurt/M. 1982, S. 389f.

24 Vgl. M. Horkheimer/Th. Adorno, Dialektik der Aufklärung, Frankfurt/M. 1981; M. Heidegger, Vorträge und Aufsätze, Pfullingen 1978.

25 Vgl. H. Jonas, Das Prinzip Verantwortung, Frankfurt/M. 1984.

26 Vgl. K. Flasch, Hans Blumenberg, Frankfurt/M. 2017.

27 Vgl. F.J. Wetz, Das nackte Daß. Zur Frage der Faktizität, Pfullingen 1990.

28 Simone Weil, Zeugnis für das Gute, München 1990, S. 205.

29 Vgl. hierzu auch F. Fellmann, Scholastik und kosmologische Reform, Münster 1970; A. Koyré, Von der geschlossenen Welt zum unendlichen Universum, Frankfurt/M. 1980; B. Kanitscheider, Kosmologie, Stuttgart 1984; A.O. Lovejoy, Die große Kette der Wesen, Frankfurt/M. 1985; H. Jonas, Von Kopernikus zu Newton. Aus den Anfängen des neuzeitlichen Weltbildes, in: ders., Philosophische Untersuchungen und metaphysische Vermutungen, Frankfurt/M. 1992, S. 103-127; F.J. Wetz, Lebenswelt und Weltall, Hermeneutik der unabweislichen Fragen, Stuttgart 1994.

30 S. Freud, Vorlesungen zur Einführung in die Psychoanalyse, Studienausgabe Bd. 1, Frankfurt/M. 1989, S. 283.

31 F. Nietzsche, Sämtliche Werke. Kritische Studienausgabe Bd. 5, München/Berlin/New York 1980, S. 404.

32 Vgl. hierzu auch A. Koyré, Von der geschlossenen Welt zum unendlichen Universum, a.a.O.

33 I. Kant, Kritik der Urteilskraft, Hamburg 1974, S. 410.
34 J. Irwin in D. Brueton, Der Mond, München 1995, S. 345.
35 Ebd., S. 12.
36 C. Schmitt, Land und Meer, Leipzig 1942, S. 3.
37 Ebd., S. 49ff.
38 Ebd., S. 63ff.
39 Ebd., S. 37.
40 Seneca, Consolatio ad Polybium 9,6 in: Seneca-Brevier, Stuttgart 1996, S. 46.
41 Lord Byron, Childe Harold's Pilgrimage CLXXIX, in: English Romantic Poetry and Prose, New York 1956, S. 825.
42 I. Kant, Kritik der Urteilskraft, in: Kants Werke. Akademie Textausgabe, Bd. V, Berlin 1968, S. 245.
43 Ebd.
44 A. Gehlen, Der Mensch, Wiesbaden 1978, S. 20.
45 Ebd., S. 33.
46 Ebd., S. 36.
47 Ebd., S. 37.
48 Ebd., S. 35.
49 Ebd., S. 38.
50 Vgl. E. Cassirer, Versuch über den Menschen, Frankfurt/M. 1990, S. 51.
51 E. Cassirer, Die Philosophie der symbolischen Formen, Darmstadt 1985, Bd. 1, S. 43.
52 E. Cassirer, Versuch über den Menschen, Frankfurt/M. 1990, S. 51.
53 B. v. Fontenelle, Philosophische Neuigkeiten für Leute von Welt und für Gelehrte, Leipzig 1991, S. 237.
54 Ebd., S. 242.
55 G. Vico, Neue Wissenschaft, Frankfurt/M. 1981, S. 70.
56 Ebd., S. 49.
57 E. Cassirer, Philosophie der symbolischen Formen, Bd. 2, Darmstadt 1977, S. 19.
58 E. Rothacker, Geschichtsphilosophie, München 1934, S. 98f.
59 F. Nietzsche, Sämtliche Werke. Kritische Studienausgabe, Bd. 1, München/Berlin/New York 1980, S. 57.
60 H. Bergson, Die beiden Quellen der Moral und Religion, Olten 1980, S. 206.
61 Ebd., S. 150.

62 O. Spengler, Der Untergang des Abendlandes, München 1988, S. 109.
63 Ebd., S. 10.
64 Ebd.
65 Ebd.
66 Ebd., S. 109.
67 C. Lévi-Strauss, Strukturale Anthropologie, Frankfurt/M. 1977, S. 253f.
68 Vgl. M. Horkheimer/Th.W. Adorno, Dialektik der Aufklärung, Frankfurt/M. 1981.
69 J.W.v. Goethe, Dichtung und Wahrheit, IV. Teil, 20. Buch, Leipzig o.J., S. 546.
70 Ebd.
71 E.R. Curtius, Schrift und Buchmetaphorik in der Weltliteratur, in: Deutsche Vierteljahresschrift 20, S. 359 ff.; vgl. auch Erich Rothacker, Das Buch der Natur, Bonn 1979.
72 Vgl. A. Buck, Das gelehrte Buch im Humanismus, in: ders., Studien zu Humanismus und Renaissance, Wolfenbüttel 1991, S. 120ff.
73 Der Briefwechsel des Eneas Silvius Piccolomini I-III, Wien 1909-1918, I, S. 99.
74 Platon, Phaidros, 275 d.
75 Vgl. hierzu auch A. Buck, Das gelehrte Buch im Humanismus, in: ders., Studien zu Humanismus und Renaissance, Wolfenbüttel 1991, S. 120ff.
76 E. Husserl, Cartesianische Meditationen, Hamburg 1977, S. 136.
77 E. Husserl, Erfahrung und Urteil, Hamburg 1985, S. 49.
78 Vgl. A. Schütz/Th. Luckmann, Strukturen der Lebenswelt, Bd. 1 und 2, Frankfurt/M. 1979.
79 Vgl. R. Welter, Der Begriff der Lebenswelt, München 1986.
80 Vgl. J. Habermas, Theorie des kommunikativen Handelns, Bd. 2, Frankfurt/M. 1981.
81 Vgl. H. Lübbe, Der Lebenssinn der Industriegesellschaft, Berlin/Heidelberg 1990.
82 A. Schütz/Th. Luckmann, Strukturen der Lebenswelt, Bd. 1, Frankfurt/M. 1979, S. 219.
83 Ebd., S. 308.
84 Vgl. auch F.J. Wetz, Das nackte Daß. Zur Frage der Faktizität, Pfullingen 1990.
85 Vgl. ebd.

86 M. Moxter (Hg.), Erinnerung an das Humane, Tübingen 2011, S. 322.

87 Ebd., S. 323.

88 Jean Baudrillard, Amerika, München 1987, S. 33.

89 Vgl. Heinrich Niehues-Pröbsting, Platonverlesungen, in: Franz Josef Wetz/Hermann Timm, Die Kunst des Überlebens, Frankfurt/M. 1999, S. 341 ff.

90 Husserliana – Edmund Husserl: Briefwechsel in zehn Bänden, herausgegeben von Karl und Elisabeth Schuhmann. Band IX, Dordrecht/Boston/London 1993, S. 509.

91 Ebd., S. 511.

92 Ebd., S. 512.

93 Vgl. Albrecht Schöne, Schillers Schädel, München 2002, S. 7 f.

94 Sigmund Freud, Vergänglichkeit, in: Studienausgabe Bd. X, Frankfurt/M. 1982, S. 226.

95 David Adams, Ökonomie der Rezeption, in: Franz Josef Wetz/Hermann Timm, Die Kunst des Überlebens, Frankfurt/M. 1999, S. 382.

96 Francesco Petrarca, Mein Geheimnis, Drittes Buch, in: Francesco Petrarca, Das einsame Leben, Stuttgart 2004.

97 Fridtjof Nansen, In Nacht und Eis, Leipzig 1897, S. 352.

98 E. Topitsch, Vom Ursprung und Ende der Metaphysik, Wien 1958.

99 H. Albert, Kritik der neuzeitlichen Erkenntnislehre, Tübingen 1987, S. 146.

100 J. Habermas, Nachmetaphysisches Denken, Frankfurt/M. 1988, S. 36.

101 J.-F. Lyotard, Das postmoderne Wissen, Graz/Wien 1986, S. 54.

102 Ebd., S. 112.

103 M. Foucault, Von der Subversion des Wissens, Frankfurt/M./Berlin/Wien 1978, S. 29.

104 Ebd., S. 98.

105 R. Rorty, Kontingenz, Ironie und Solidarität, Frankfurt/M. 1989, S. 12.

106 Ebd., S. 15.

107 Ebd., S. 11.

108 M. Foucault, Freiheit und Selbstsorge, Frankfurt/M. 1985, S. 10.

109 M. Foucault, Sexualität und Wahrheit 3: Die Sorge um sich, Frankfurt/M. 1986, S. 66.

110 M. Stirner, Der Einzige und sein Eigentum, Stuttgart 1985, S. 412.

111 F. Nietzsche, Sämtliche Werke. Kritische Studienausgabe Bd. 5, München/Berlin/New York 1980, S. 81.

112 J.-P. Sartre, Drei Essays, Hamburg 1975, S. 11.

113 Ebd.

114 Ebd.

115 R. Rorty, Kontingenz, Ironie und Solidarität, a.a.O., S. 151; ders., Solidarität und Objektivität, Stuttgart 1988, S. 103.

116 Ebd., S. 86.

117 Ebd., S. 117.

118 M. Foucault, Sexualität und Wahrheit 3. Die Sorge um sich, a.a.O.

119 Vgl. hierzu auch A. Wilde, Horizons of assent, Baltimore 1981; Th. Nagel, Über das Leben, die Seele und den Tod, Königstein/Ts. 1984; B. Russell, Warum ich kein Christ bin – Über Religion, Moral und Humanität, Hamburg 1989.

120 Vgl. R. Wehrli, Alter und Tod des Christentums bei Franz Overbeck, Zürich 1977.

121 Vgl. D. Henrich, Die Einheit der Wissenschaftslehre Max Webers, Tübingen 1952.

122 Vgl. K. Löwith, Jacob Burckhardt. Der Mensch inmitten der Geschichte, Stuttgart 1966.

123 W. Schulz, Subjektivität im nachmetaphysischen Zeitalter, Pfullingen 1992, S. 9 f.; vgl. ders., Metaphysik des Schwebens, Pfullingen 1985.

124 W. Schulz, Subjektivität im nachmetaphysischen Zeitalter, a.a.O., S. 13.

125 Ebd., S. 103.

126 Ebd., S. 16.

127 Ebd., S. 189.

128 Ebd., S. 122.

129 K. Löwith, Gesammelte Abhandlungen. Zur Kritik der geschichtlichen Existenz, Stuttgart 1964, S. 199.

130 K. Löwith, Wissen, Glaube, Skepsis, Göttingen 1956, S. 4.

Siglen

Ä	Ästhetische und metaphorologische Schriften, Frankfurt/M. 2001.
AM	Arbeit am Mythos, Frankfurt/M. 1986.
B	Beschreibung des Menschen, Frankfurt/M. 2006.
BB	Blumenbergs letzter Brief, in: Internationale Katholische Zeitschrift Communio 43 (2014), S. 173-181.
BC	Blumenberg–Carl Schmitt. Briefwechsel, Frankfurt/M. 2007.
BG	Begriffe in Geschichten, Frankfurt/M. 1998.
BS	Hans Blumenberg/Carl Schmitt: Briefwechsel, Frankfurt/M. 2007.
CC	Contemplator Coeli, in: D. Gerhardt u.a. (Hg.), Orbis Scriptus. Dimitrij Tschijewskij zum 70. Geburtstag, München 1966, S. 113-124.
DH	Das dritte Höhlengleichnis, in: Studie richerche di storia della filosofia XXXIX, Turin 1961.
F	Gerade noch Klassiker. Glossen zu Fontane, München/Wien 1998.
FF	Frühe Feuilletons, in: Neue Rundschau 129 (2018), Heft 4, S. 5 - 123.
G	Goethe zum Beispiel, Frankfurt/M. und Leipzig 1999.
GG	Galileo Galilei: Siderius Nuncius. Nachricht von neuen Sternen, Frankfurt/M. 1965.
GKW	Die Genesis der kopernikanischen Welt, 3 Bde., Frankfurt/M. 1981.
GS	Goethes Sterblichkeit, in: Neue Zürcher Zeitung, 19. März 1982.
GT	Geistesgeschichte der Technik, Frankfurt/M. 2009.
H	Höhlenausgänge, Frankfurt/M. 1989.
K	Kopernikus im Selbstverständnis der Neuzeit, in: Akademie der Wissenschaften und der Literatur in Mainz, Jahrgang 1964, Nr. 5, Mainz 1965.
KG	Kant und die Frage nach dem gnädigen Gott, in: Studium Generale 7 (1954), S. 554-570.
KS	Kosmos und System. Aus der Genesis der kopernikanischen Welt, in: Studium Generale 10 (1957), S. 61-80.

L Lebensthemen, Stuttgart 1998.
LN Die Legitimität der Neuzeit, Frankfurt/M. 1966, erweitert 1988.
Lö Löwen, Frankfurt/M. 2001.
LT Das Lachen der Thrakerin, Frankfurt/M. 1987.
LW Die Lesbarkeit der Welt, Frankfurt/M. 1981.
LZ Lebenszeit und Weltzeit, Frankfurt/M. 1986.
M Matthäuspassion, Frankfurt/M. 1988.
MM Der Mann vom Mond. Über Ernst Jünger, Frankfurt/M. 2007.
N Nachdenklichkeit, in: Deutsche Akademie für Sprache und Dichtung, Jahrbuch, Heidelberg 1980, S. 57-61.
NW Die nackte Wahrheit, Frankfurt/M. 2019.
OD Die ontologische Distanz. Eine Untersuchung über die Krisis der Phänomenologie Husserls, unveröffentlichte Habilitationsschrift, Kiel 1950.
P Präfiguration. Arbeit am politischen Mythos, Berlin 2014.
PM Paradigmen zu einer Metaphorologie, Bonn 1960.
Q Quellen, Ströme, Eisberge, Berlin 2012.
RW Rigorismus der Wahrheit, Berlin 2015.
S Ein mögliches Selbstverständnis, Stuttgart 1996.
SB Selbsterhaltung und Beharrung. Zur Konstitution der neuzeitlichen Rationalität, in: Akademie der Wissenschaften und der Literatur in Mainz, Jg. 1969, Nr. 11, Mainz 1970, S. 333-383.
SF Die Sorge geht über den Fluß, Frankfurt/M. 1987.
SL Schriften zur Literatur 1945-1958, Berlin 2017.
ST Schriften zur Technik, Berlin 2015.
SZ Schiffbruch mit Zuschauer, Frankfurt/M. 1979.
T Sollte der Teufel erlöst werden? Kapitel einer Dämonologie, in: FAZ vom 27. Dezember 1989 (Nr. 299), S. N 3f.
TU Theorie der Unbegrifflichkeit, Frankfurt /M. 2007.
UO Beiträge zum Problem der Ursprünglichkeit der mittelalterlich-scholastischen Ontologie, unveröffentlichte Dissertation, Kiel 1947.
VA Die Vorbereitung der Aufklärung als Rechtfertigung der theoretischen Neugierde, in: H. Friedrich/F. Schalk (Hg.), Europäische Aufklärung, München 1967, S. 23-45.
VE Vorstoß ins ewige Schweigen. Ein Jahrhundert nach der Ausfahrt der Fram, in: Neue Zürcher Zeitung vom 24. Dezember 1993, Nr. 300, S. 53f.

VP	Die Verführbarkeit des Philosophen, Frankfurt/M. 2000.
VS	Die Vollzähligkeit der Sterne, Frankfurt/M. 1997.
W	Wirklichkeiten, in denen wir leben, Stuttgart 1981.
WR	Wirklichkeitsbegriff und Möglichkeit des Romans, in: Poetik und Hermeneutik 1. Nachahmung und Illusion, München 1969, S. 9-27.
WW	Wirklichkeitsbegriff und Wirklichkeitspotential des Mythos, in: Terror und Spiel, Poetik und Hermeneutik IV, Paderborn 1971, S. 11-66.
WuW	Weltbilder und Weltmodelle, in: Nachrichten der Gießener Hochschulgesellschaft, Bd. 30, Gießen 1961, S. 62-75.
ZS	Zu den Sachen und zurück, Frankfurt/M. 2002.

Zeittafel

1920	Hans Blumenberg wird am 13. Juli in Lübeck geboren.
1939-47	Studium der Philosophie, Germanistik und Klassischen Philologie (mit Unterbrechung) in Paderborn, Frankfurt/M., Hamburg und Kiel.
1947	Promotion zum Dr. phil. in Kiel
1950	Habilitation in Kiel
1958	Außerordentlicher Professor für Philosophie in Hamburg
1960	Ordentlicher Professor für Philosophie in Gießen. Mitglied der Akademie der Wissenschaften und der Literatur zu Mainz
1962-67	Mitglied des Senats der Deutschen Forschungsgemeinschaft
1963	Mitbegründer der Forschungsgruppe »Poetik und Hermeneutik«
1965	Ordentlicher Professor für Philosophie in Bochum
1970	Ordentlicher Professor für Philosophie in Münster
1974	Kuno-Fischer-Preis der Universität Heidelberg
1980	Sigmund-Freud-Preis der Deutschen Akademie für Sprache und Dichtung in Darmstadt
1982	Ehrenpromotion an der Universität Gießen
1985	Emeritierung Blumenbergs in Münster
1996	Hans Blumenberg stirbt am 28. März in Altenberge bei Münster.

Franz Josef Wetz, geb. 1958, Studium der Philosophie, Germanistik und Theologie in Mainz, Frankfurt/M. und Gießen, 1989 Promotion in Philosophie. Dissertationspreis der Justus-Liebig-Universität Gießen. 1992 Habilitation in Philosophie am Zentrum für Philosophie und Grundlagen der Wissenschaft der Universität Gießen. Seit 1994 Professor für Philosophie an der Pädagogischen Hochschule Schwäbisch Gmünd. Autor mehrerer Fernseh- und Radiosendungen sowie zahlreicher Aufsätze und Bücher. Arbeitsschwerpunkte: Politische Philosophie, Kulturphilosophie, Grundlagen der Ethik und Angewandte Ethik.

Monografien

Das nackte Daß. Zur Frage der Faktizität, Pfullingen 1990; Tübinger Triade. Zum Werk von Walter Schulz, Pfullingen 1990; Hans Blumenberg zur Einführung, Hamburg 1993 (erste Fassung); Lebenswelt und Weltall. Hermeneutik der unabweislichen Fragen, Stuttgart 1994; Hans Jonas zur Einführung, Hamburg 1994; Die Gleichgültigkeit der Welt, Frankfurt/M. 1994; Edmund Husserl, Frankfurt/M. 1995; Schelling zur Einführung, Hamburg 1996; Die Kunst der Resignation, Stuttgart 2000, 3. Auflage; Tote hoch zu Ross. Vom Triumph der Statue zum Verbot des Plastinats, Heidelberg 2003; Die Magie der Musik. Warum uns Töne trösten, Stuttgart 2004; Illusion Menschenwürde. Aufstieg und Fall eines Grundwerts, Stuttgart 2005; Baustelle Körper. Bioethik der Selbstachtung, Stuttgart 2009; Lob der Untreue, München 2011; Rebellion der Selbstachtung. Gegen Demütigung, Aschaffenburg 2014; Exzesse. Wer tanzt, tötet nicht, Aschaffenburg 2016; Tot ohne Gott. Eine neue Kultur des Abschieds, Aschaffenburg 2018; Keine Liebe ohne Lüge, Aschaffenburg 2020.

Herausgeber

Hermeneutik und Naturalismus (zus. mit Bernulf Kanitscheider), Tübingen 1998; Die Kunst des Überlebens. Nachdenken über Hans Blumenberg (zus. mit Hermann Timm), Frankfurt/M. 1999; Schöne Neue Körperwelten. Der Streit um die Ausstellung (zus. mit Brigitte Tag), Stuttgart 2001; Glück, Stuttgart 2002; Francesco Petrarca. Das einsame Leben, Stuttgart 2004; Kolleg Praktische Philosophie Bd. 1-4 (zus. mit Volker Steenblock), Stuttgart 2008; Texte zur Menschenwürde, Stuttgart 2011; Odo Marquard. Der Einzelne, Stuttgart 2013; Odo Marquard, Endlichkeitsphilosophisches, Stuttgart 2013; Odo Marquard. Zukunft braucht Herkunft, Stuttgart 2015; Blaise Pascal. Das Ich besteht in meinem Denken, Stuttgart 2017.